# Poodle

Textbook of trimming

푸들
트리밍
교과서

푸들
트리밍
교과서

## Chapter 1

04　시작하며

### 05　푸들의 기본 정보

06　푸들의 표준 (견종 표준)
07　푸들의 골격 구성과 각부 명칭
08　푸들의 역사와 연혁
10　*column*　푸들의 피모

## Chapter 2

### 11　푸들의 그루밍

12　브러싱
24　코밍
26　발톱깎기
30　안전하게 이동하기
32　항문낭 짜기와 귀 청소
34　샴핑
40　타월링과 드라잉

## Chapter 3

### 47 푸들 컷의 기본
#### 카네코 방법으로 배우기

- 48 '카네코 방법'의 기본
- 50 램 클립으로 배우는 시저링의 기본
- 62 클리핑의 기본 테크닉
- 64 얼굴 미용의 순서와 포인트
- 70 발 클리핑의 순서와 포인트

## Chapter 4

### 73 실천! 쇼 클립

- 74 콘티넨탈 클립
- 86 잉글리시 새들 클립
- 98 세컨드 퍼피 클립
- 108 퍼피 클립
- 116 강아지의 퍼스트 트리밍
- 122 프런트 브레슬릿의 순서와 포인트
- 124 셋업의 순서와 포인트

## Chapter 5

### 129 푸들의 펫 클립

- 130 전통적인 펫 클립
- 132 테디베어 컷의 기본
- 141 *column* 발등 클리핑을 하지 않고 완성하고 싶을 때는
- 142 트리밍 용어 일람

# 시작하며

제가 처음 푸들을 기른 것은 동경애견미용학원(현 동경애견전문학교)에 재학 중이며, 자율연습을 하기 위해서였습니다. 예나 지금이나 가위를 사용하는 트리밍 견종이라고 하면 역시 푸들입니다. 푸들을 트리밍할 수 있으면 다른 견종에 테크닉을 응용할 수 있고, 무엇보다 트리머로서는 "모양을 바꿀 수 있다"는 것에 매력을 느꼈습니다. 단모종과는 달리 '여기를 남기고 여기를 자르면 이렇게 보인다'는 식으로 균형을 조절할 수 있는 거죠.

그 후 트리밍 살롱 근무 등을 거쳐, 지금은 비비드 그루밍 스쿨(도쿄도 키타구)에서 트리머를 양성하는 한편, 푸들의 브리딩과 함께 도그쇼에 출전하여 핸들링도 하고 있습니다. 트리밍에 있어서는 은사인 하라 준조 선생(JKC 트리머 사범)의 생각이 바탕에 깔려 있는데, 거기에 나름대로의 이론을 추가하고 있습니다. "구면이어도, 몇 개의 평면으로 구성되어 있다"라고 생각하는 것이 중요하고, "처음부터 둥글게 만든다"가 아니라, "면을 만들어 각을 잘라낸다"는 것으로 보다 정확한 좌우대칭을 만드는 것이 가능하게 됩니다.

이 이론이 있으면, 본래 만들어야 할 올바른 면보다 얼마나 왜곡이 생긴지를 정확히 알 수 있을 것입니다. 푸들 트리밍을 공부하는 중이거나 이제 시작하는 여러분은 감각만으로 오로지 커트하는 것이 아니라 "지금 나는 어디를 어떻게 커트하고 싶은가"를 머리로 이해해주셨으면 합니다.

이 책에서는 이러한 독자적인 방법에 더해서, 본인이 지도할 때 중요하게 여기고 있는 작업도 충분히 포함시켰습니다. 촬영으로부터 편집까지 힘든 작업이었습니다만, 기획 단계로부터 "해피 트리머" 편집장 카와타 오에씨를 시작해 편집부의 여러분에게 의지해 무사히 완성시킬 수 있었습니다. 트리머 분들이 푸들의 트리밍을 배울 때 도움이 된다면 이보다 더 큰 기쁨은 없을 것입니다.

2016년 9월

비비드 그루밍스쿨 학장
카네코 코이치 金子幸一

# 푸들의 기본 정보

- 푸들의 표준 (견종 표준)
- 푸들의 골격 구성과 각부 명칭
- 푸들의 역사와 연혁

Chapter 1

# 푸들의 표준 (견종 표준)

푸들을 트리밍하기 위해서는 표준에 대한 이해가 필수적입니다.
먼저 잘 읽고 이해해주세요.

### 일반외모

우아한 외모와 기품이 풍부한 풍모를 갖추고 스퀘어 구성으로 균형이 잘 잡혀 있다. 통상적인 미용은 푸들 특유의 고귀함과 위엄이 한층 더 높아지게 한다. 특색 있는 클립에 따라 외모 표현에 다소 차이를 보이나 표현은 지적이며 더 우아하고 기품을 발휘해야 한다.

### 두부

- 스컬은 알맞게 둥그스름하다. 스톱은 완만하지만 분명하다.
- 코 색깔은 블랙. 애프리코트의 코는 간 색상도 허용, 브라운 코트의 계열도 간 색상.
- 머즐은 길고 곧으며, 아름답고, 눈 밑은 약간 패여 있으며, 강하다. 입술은 잘 다물어 있고, 광때뼈와 볼 근육은 평평하다.
- 두 눈은 적당히 떨어져 있고, 모양은 아몬드형. 귀는 눈높이 또는 눈보다 약간 낮은 위치에 있으며 두부에 바짝 붙어서 늘어져 있다.

### 바디

- 목은 힘차고 충분히 길고 좋은 균형을 유지하며 머리를 높이 들고 있다.
- 등은 짧고 튼튼하며 수평. 가슴은 깊고 적당히 넓다. 늑골은 잘 뻗어 있고 허리는 넓고 튼튼하다.
- 꼬리의 뿌리는 굵고, 꼬리는 높이 위를 향하고 있어 감겨있거나 쳐지지 않아야 한다.

### 사지

- 앞다리는 팔꿈치에서 곧게 뻗는다. 어깨는 충분히 경사져 있고 발은 작고 둥글게 잘 오므리고 있다.
- 뒷다리는 근육이 많다. 무릎(스타이플)은 건전하고 잘 구부러져 있으며, 비절(호크조인트)은 낮은 위치가 바람직하다.

### 피모(코트)

- 매우 풍부한 컬리 코트(말린 털)와 코디드 코트(승상모)가 밀생하고 있다.
- 모색은 단일색이 이상적. 블랙, 화이트, 브라운, 레드, 애프리코트, 실버 등이 있으며 같은 모색 내에서는 농도의 차이가 있다.
- 쇼 클립은 퍼피 클립(생후 15개월 이하), 세컨드 퍼피 클립(스칸디나비아 클립) 또는 콘티넨탈 클립, 잉글리시 새들 클립이 있다.

### 사이즈

- 스탠다드 푸들
  체고 45~60cm. +2cm까지 허용된다.
- 미디엄 푸들
  체고 35~45cm.
- 미니어처 푸들
  체고 28~35cm.
- 토이 푸들
  체고 24~28cm(이상은 25cm). -1cm까지 허용된다.

※ JKC전견종표준서 제10판에서 일부 발췌

# 푸들의 골격 구성과 각부 명칭

토리밍을 하는 데 있어서 알아두어야 할 각 부분의 명칭을 다룹니다.

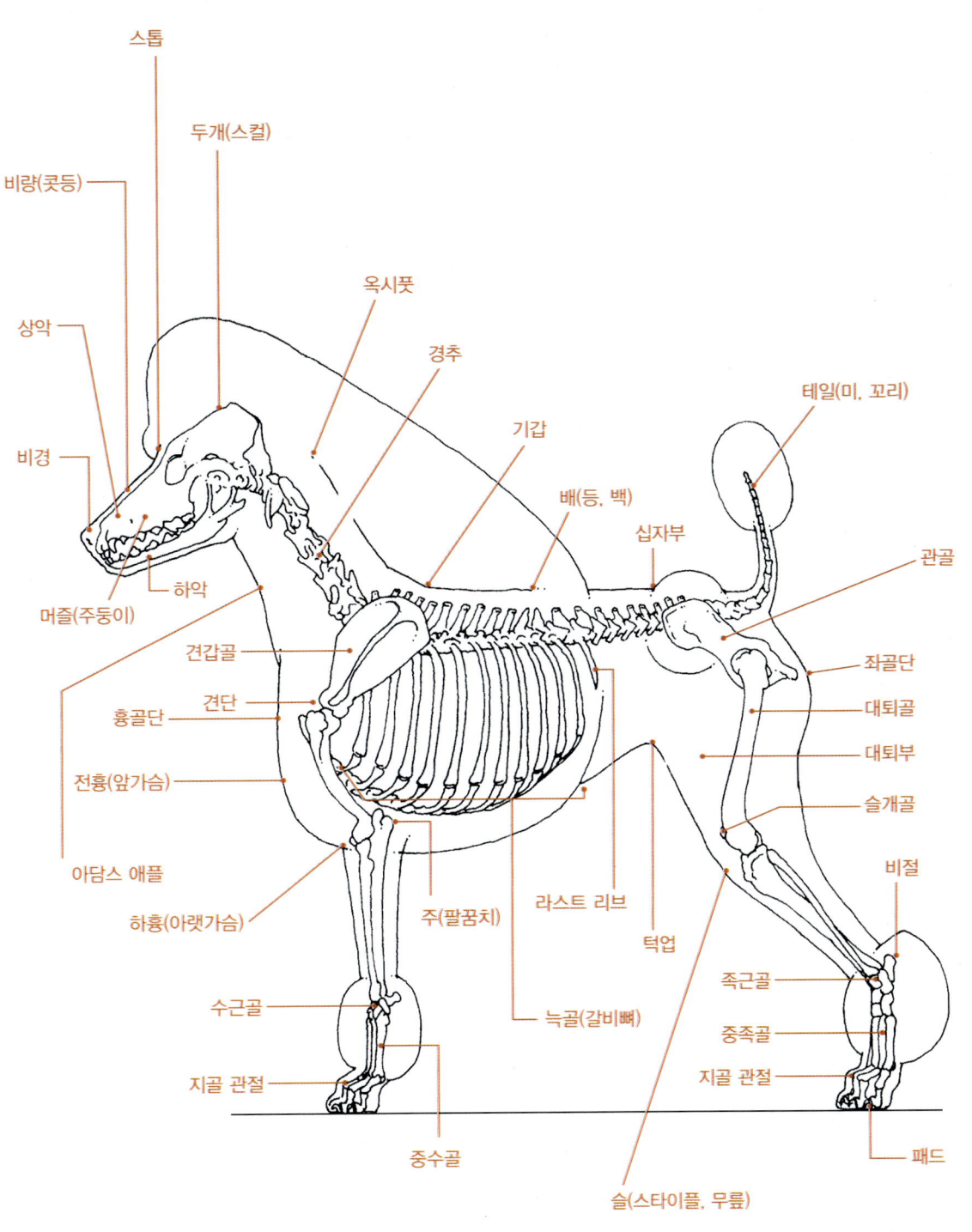

# 푸들의 역사 연혁

푸들은 매우 역사가 오래된 견종입니다. 현재의 모습에서는 상상하기 어렵지만 원래는 확실한 사냥개였습니다.
쇼클립의 독특한 형태에도 모두 이유가 있습니다.

### 견종의 발상

서기 40년에는 지중해 연안의 로마인을 매장한 묘비에, 푸들임을 분명히 알 수 있게 되는 개의 부조가 남아 있었다고 합니다. 또한 같은 시기의 유럽 각지의 기념비에도 푸들로 보이는 개 조각을 볼 수 있어 발상지의 대략적인 시대를 짐작할 수 있습니다. 그런데 많은 '고대종'이라고 불리는 견종과 같이, 발상지에 대해서는 '지중해를 둘러싼 중부 유럽'이라고 추측되는 정도라고 하는 것도, 각지에서 타입이 다른 '푸들같은 개'가 인정되고 있기 때문에, 답을 하나로 정하기는 어렵습니다.

푸들에 친숙한 프랑스에서는 이 견종을 국정견으로 지정하고 있습니다. 그래서 '프렌치 푸들'로 불리던 시절이 오래 지속되었는데, 이 견종의 원형은 기원 초기 독일을 공략한 프랑스 병사들이 전리품으로 데려온 개로 알려져 있습니다. 그 후 프랑스인들은 수많은 유형을 만들어내고 번식시켰기 때문에 푸들의 선진국으로 인정받은 것입니다.

푸들 발상지의 다른 설로는 아프리카의 알제리와 모로코가 꼽히고 있습니다. 나중에 언급되는 '쇼넬'은 스페인과 포르투갈, 그리스가 발상이라고 하는 설도 있습니다만, 상세하게 알려져 있지는 않습니다. 또 스페인에도 작은 푸들이 있었던 것이 화가 고야가 18세기에 그린 그림으로 알 수 있습니다. 그 밖에 이탈리아에서는 1389년~1455년에 화가 피사이가, 독일에서는 1490년에 수도사 피트리시오가 멋지게 다듬어진 소형 푸들을 그리고 있습니다. 이어 16세기에는 독일의 저명한 화가인 뒤러가 당시 유행하던 클리핑을 한 중형 푸들을 그렸습니다.

### 견종명의 비밀

프랑스에서는 개를 뜻하는 '샹'과 물새의 오리 '카나르'라는 프랑스어를 조합하여 푸들을 '카니쉬'라고 부르고 있습니다. 이는 푸들이 원래 사냥꾼이 쏜 오리를 호수나 늪에서 회수하는 사냥개였다는 배경에 따른 것이겠지요.

프랑스보다 일찍 수렵견으로 브리딩을 시작한 독일에서는 푸델이라는 개 종명이 사용되었고 영어의 푸들은 이것의 사투리입니다. 푸델의 어원은 '물을 튀기다', '물보라를 튀기며 나아가다'를 뜻하는 독일어 '푸데린'으로 물과 관련된 말에서 유래했습니다. 또 흠뻑 젖었다는 뜻의 푸델 나스, 두껍고 긴 털모자를 가리키는 푸델 뮤체가 어원으로도 여겨집니다.

영국에서 '푸들'이라고 부르기 시작한 것은 19세기 들어 1859년에 개 연구의 권위자인 스톤헨지가 이 견종을 소개하기 전까지는 각 나라의 속명으로 불렸던 것 같습니다.

### 크기와 모질의 종류

개의 본고장인 영국은 독일에서 처음으로 푸들을 수입했고, 그 후 프랑스와 벨기에로부터 수입이 활발해진 것으로 알려져 있습니다. 영국 귀족이 수입을 하였고, 수렵견으로 활용했습니다. 이를 통해 수렵 능력의 우수성을 인정받아 사냥개로서의 위상을 확립하게 됩니다.

프랑스 파리에서는 화려한 스타일에 털을 깎은 대형 푸들이 오르골의 수레를 당기거나 소형의 타입은 서커스 무대에서 각광을 받는 등 일약 널리 알려지게 되었습니다.

사이즈에 관해서는 1873년 영국의 켄넬 클럽(KC)이 조상의 차이나 사역 목적에 따른 크기의 종류를 규정하기 전까지는 대형과 소형을 대략적으로 나누는 정도였습니다. 크기를 나타내는 명칭으로는 대형은 양과 같은 외형이어서 '무톤'이라고 하고 소형은 '바베'라고 불렀습니다.

또 19세기~20세기 유럽에서는 피모의 질에 따라 2종류로 나뉘어 불렀습니다. 새끼줄 모양의 개를 '쇼넬', 두루마리 모양의 개를 '샤프'라고 부르며, 이 호칭은 지금도 사용되고 있습니다. 쇼넬는 대형으로 체고가 30인치(76.2㎝)에 이르는 것도 있고 일각에서는 러시아의 목양견의 뿌리가 있었다고 합니다. 특징으로는 다리가 길고 하운드 타입으로 매우 경쾌한 구성의 개입니다.

미국에서는 한때 스탠다드 푸들의 체고를 높여 미니어처와 차이를 두려는 시도가 있었습니다. 이를 통해 품격을 나타내려고 하였으나 구성상의 균형에 난점이 생기면서 지금은 소멸되었습니다. 또한 국제축견연맹(FCI)의 표준서에 체고 상한 규정이 생겼기 때문이라고도 합니다.

현재 푸들은 각 켄넬 클럽에 따라 사이즈 규정이 다르고 추가로 개정될 수 있으므로 주의가 필요합니다.

## 도그 쇼와 쇼 클립

현재 각 품종 단체가 공인하는 도그 쇼의 규정으로 '잉글리시 새들 클립', '컨티넨탈 클립', '세컨드 퍼피 클립', 생후 15개월 이하의 강아지는 '퍼피 클립'으로의 출진이 일반적입니다. 제2차 세계대전 이후 부터 1955년 전후까지 일본에서는 개의 몸 표면적의 50% 이상의 털을 남기고 심사를 할 수 있는 상태라면 특별히 틀이 정해져 있지 않고 출진할 수 있었습니다. 당시의 출진한 개는 미니어쳐 푸들 뿐이었고, 그 90%는 '더치 클립'이나 '로얄 더치 클립'(130쪽 참조)이 되어 있었습니다.

쇼 클럽 규정을 만든 것은 영국(KC)의 크래프트전으로, KC의 창립 100주년이 되는 1973년은 푸들의 출진 두수가 많아서, 개체수를 줄여 대회장 내에 수용될 수 있도록 참가 자격에 수많은 규정을 마련했습니다. 그 규정의 한 예로는 '전년도 챔피언 도그 쇼에서 상을 받은 개에게만 출진 자격이 주어진다', '심사를 공평하게 유지하고 견종의 향상과 보존을 위해서도 견종의 사용 목적에 적합한 트리밍을 하여 출진하는 것'을 들 수 있습니다. 여기에 세계 켄넬 클럽이 동조한 결과 푸들의 쇼 클립이 정해졌습니다.

현재 푸들에서 인정받고 있는 스타일은 포르투갈의 물사냥개. 포르투기스 워터 독과 마찬가지로 수영을 전제로 고안된 스타일이라고 생각합니다. 그들은 쏘아 떨어뜨린 오리를 운반하기 위해 찬물에 뛰어들기 때문에 심장과 폐 위치에 피모를 남김으로써 급격한 추위로부터 보호한 것입니다. 사지의 관절은 보호와 리드 운동하기 쉽다는 점을 고려하여 짧고 둥글게 다듬었다고 합니다.

이러한 낯설고 이상한 모습을 본 일반인은 웃으며 '개 익살꾼', '개 세계의 어릿광대' 등으로 칭해지고 했습니다. 그러나 이 스타일이 없었다면 푸들 특유의 분위기와 표준서의 완전한 모습을 나타내는 '전통적인 형태의 클립으로 정성스럽게 그루밍되면 푸들은 독특한 품격과 위엄을 갖춘다'는 표현은 나오지 않았을 것입니다. 그리고 요즘 같은 전 세계를 열광시키는 인기는 없었을 것입니다.

소형 푸들은 트러플 사냥에도 활용되었으며, 옛날에는 트러플 독이면서 도그쇼 챔피언이었던 개도 있었다고 전해집니다. 어두운 소나무 숲 속에서도 자신의 개를 알아보기 쉽도록 붙인 리본이 푸들 머리를 리본으로 묶는 것의 시초로 되어 있습니다. 현재도 트러플 사냥에 쓰일 수 있고, 스포팅 클립으로 불리는 체간(몸통)의 털을 짧게 깎은 스타일로 일하고 있다고 합니다.

## column | 푸들의 피모

### 형상과 구조

영국 켄넬 클럽(KC)의 표준서에 의하면, "피모는 고품질의 까칠하고 거친 모질로, 매우 모량이 풍부하고 농밀하며 권상모이다(이하 생략)"라고 되어 있습니다. 국제축견연맹(FCI)에서는 여기에 승상모(코디드 코트) 항목도 추가하고 있지만 일본에는 거의 존재하지 않습니다.

까칠까칠한 거친 모질은 모근이 굵고 모소피는 딱딱하고 각화된 편세포가 비늘 모양 또는 지붕의 기와 모양과 같이 겹쳐져 있는 것을 의미하며, 모간에 나타나는 특징적인 문양을 형성하고 있습니다.

털의 중심에는 모수질이 존재합니다. 이것은 다각형의 수세포로 이루어져 있으며, 태생기에는 볼 수 없습니다. 수질 안에는 다수의 공포가 있어 공기를 포함하고 있습니다. 이로 인해 체온을 유지할 수 있으며, 공기 함유가 높을수록 내한성은 높아집니다. 푸들 같은 삽살개에게는 필수적인 조건으로 피지선도 발달되어 있습니다. 이런 털은 기공성(수분을 흡수하는 힘)이 높으며, 푸들의 털은 약 25%의 수분량일 때 최상의 컨디션을 가지게 됩니다.

### 피모색

피모의 색상은 모질층에 포함된 '멜라닌'이라는 색소의 종류와 양, 크기에 따라 결정됩니다. 멜라닌은 동식물에 널리 존재하는 색소로서, 개에서는 피모뿐만 아니라 피부와 눈에도 존재합니다.

멜라닌에는 '유멜라닌'과 '페오멜라닌'의 2종류가 있습니다. 유멜라닌은 피부와 피모를 검은색이나 갈색으로 하는 색소이고, 페오멜라닌은 빨간색이나 노란색을 발생시키는 것입니다.

◆

털의 색상은 빛을 흡수하는 기능을 가진 멜라닌의 양이 많으면 검게 보입니다. 또한 멜라닌이 없으면 빛은 모두 반사되기 때문에 희게 보입니다.

검은색이나 흰색뿐만 아니라 다른 색상에도 멜라닌의 양이 관련이 있습니다. 멜라닌의 양이 많은 순서대로 들면 '블랙', '레드', '탄', '화이트'가 됩니다.

또 멜라닌은 과립으로 존재하고, 그 입자가 큰 경우는 검고, 작은 경우에는 빨강이나 탄에 가까워집니다. 멜라닌의 과립이 많은 털은 과립도 큰 경향이 있고, 반대로 과립이 적으면 작다고 하는 상호 관계를 볼 수 있습니다.

푸들에 대해서 말하면, KC가 만든 기준에서는 '블랙', '블루', '브라운', '화이트'의 4색이 표준이 되었습니다. 푸들의 피모는 깨끗하고 명확한 단색인 것을 조건으로 해, 재팬 켄넬 클럽(JKC)에서는 '블랙', '화이트', '블루', '그레이', '브라운', '애프리코트(Apricot)', '크림', '실버', '실버 베이지', '레드' 등이 인정되고 동일한 색 안에서도 농담은 존재합니다. '카페오레'는 브라운계열 색상에 포함되며, 나의 본심은 '명확하게 완전한 하나의 색상으로 결정되지 않는다'라는 것입니다. 다른 색이 혼합된 얼룩(미스칼라)는 무조건 실격처리되는 규정이 있습니다.

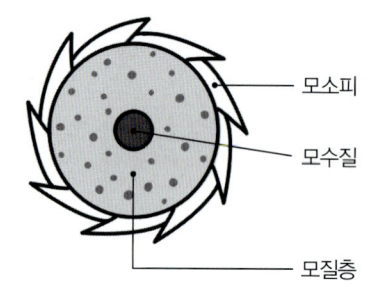

모소피 문양

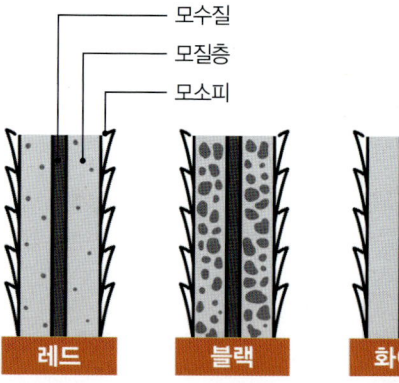

피모의 단면도

멜라닌과 털의 관계

# 푸들의 그루밍

브러싱, 코밍

발톱깎기

안전하게 이동하기

항문낭 짜기와 귀 청소

샴핑

타월링과 드라잉

Chapter 2

# 브러싱 ①

**POINT**
브러싱의 목적을 알고,
슬리커를 바르게 잡는 방법과
움직이는 방법을 마스터한다

**STUDY!**
브러싱은 엉킨 피모와 뭉친 털을 풀어 주고 죽은 털을 제거하여 한 올 한 올 뿌리부터 모발 끝까지 빗겨주기 위해 실시합니다. 또한 피부의 신진대사를 높이는 효과도 있습니다.
이 목적 외에 개의 피부를 손상시키거나 피모를 당겨 부담을 주지 않도록 하기 위해 롤링이라는 방법으로 슬리커를 움직입니다. 롤링하기 쉬운 슬리커 잡는 방법과 움직이는 방법을 마스터하면 개의 피부뿐만 아니라 트리머의 손에도 부드럽게 작업할 수 있습니다.

**CHECK!**
☐ 슬리커를 바르게 잡아서 자연스럽게 들 수 있다.
☐ 롤링 방법으로 슬리커를 움직인다.
☐ 피모에 맞춘 롤링을 할 수 있다.

## 슬리커 잡는 법

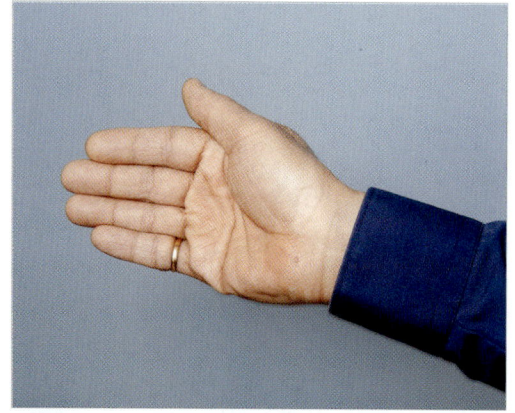

**1** 손가락을 모으고 손바닥을 가볍게 오므려서 물을 담는 형태로 만듭니다. 이때 손가락이나 손바닥에는 힘을 주지 않고 자연스러운 상태를 유지합니다.

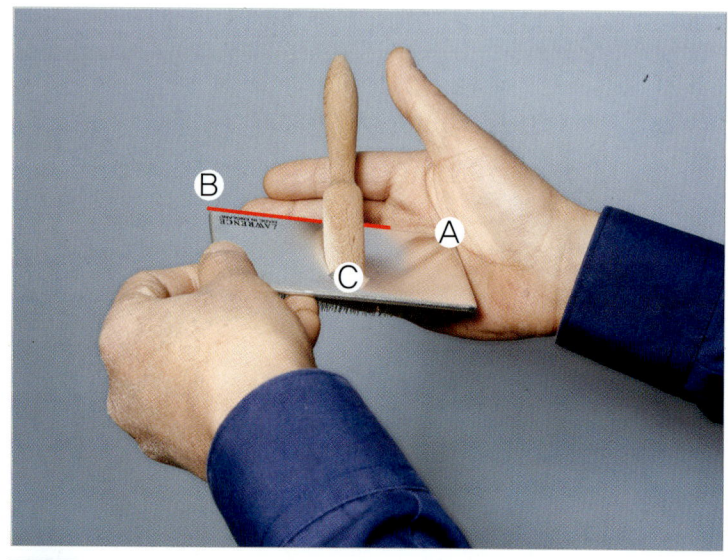

**2** 손바닥 중앙에 생긴 홈에 슬리커 모서리 ④를 닿게합니다. 또한 슬리커의 아래쪽 가장자리 ⑧를 중지(가운뎃손가락)에 닿게 합니다.

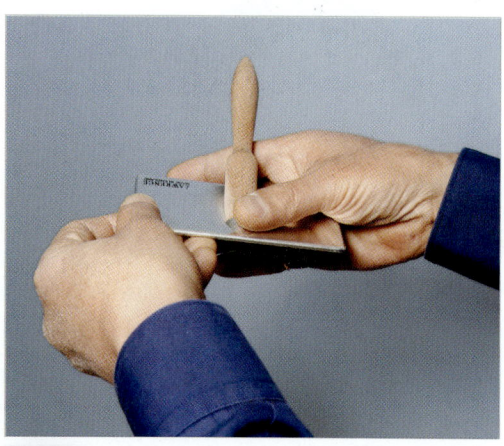

**3** 슬리커의 손잡이 뿌리 부분 ⓒ에 엄지를 댑니다.

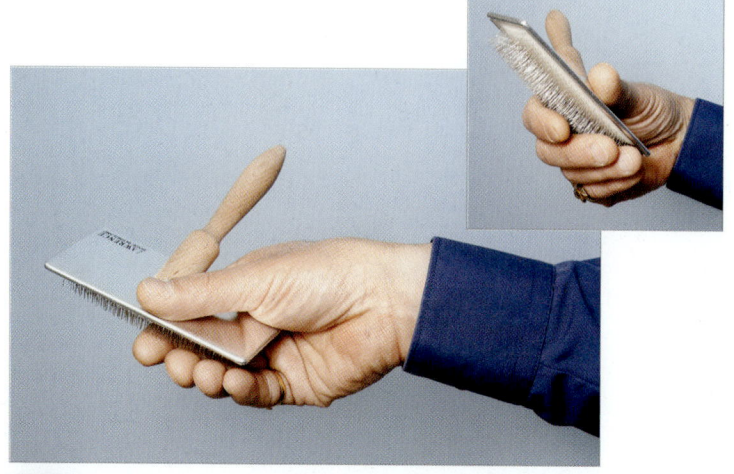

**4** 손가락을 모아주고 손바닥을 가벼게 오므려서 물을 담는 형태로 만듭니다. 이때 손가락이나 손바닥에는 힘을 주지 않고 자연스런 상태를 유지해 줍니다.

## 슬리커 움직이는 법 ①

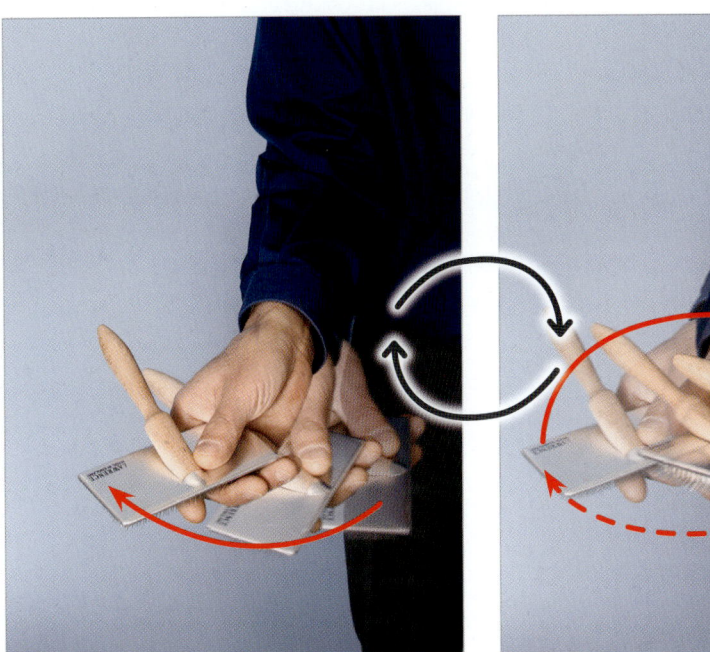

> **MEMO**
> 롤링으로 그리는 타원(이하 '스트로크')의 크기는 피모의 길이에 따라 달라집니다. 어떤 스트로크라도 슬리커를 확실히 뿌리치고, 슬리커의 핀에서 모든 피모가 떨어져 나오는 것이 중요합니다.

**1** 팔이나 어깨에 힘을 주지 않고 손목을 돌려 타원형을 그리는 '롤링'이라는 방법으로 움직입니다. 스냅을 이용해서 손목을 돌립니다.

**2** 돌린 손목은 한 바퀴 돌고 처음 위치로 돌아갑니다. 이 방법으로 브러싱하면 엉킴이나 뭉친 털의 표면이 조금씩 풀리게 됩니다.

## 슬리커 움직이는 법 ②

### 피모 길이에 따른 스트로크의 차이

짧은 피모는 작은 스트로크,
긴 피모는 큰 스트로크를 그립니다.

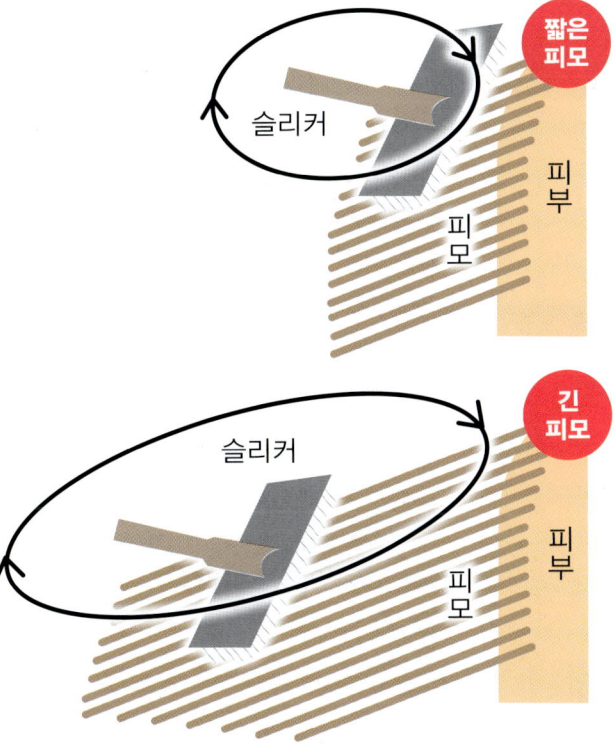

### 한곳에 대한 스트로크 순서

처음에는 털 끝에만 브러시를 대고 작은 스트로크로 움직이되 서서히 모근 쪽으로 퍼지면서 큰 스트로크로 바뀌게 합니다.
(그림 내의 숫자는 어디까지나 순서를 나타낸 것으로, 스트로크 횟수가 아닙니다.)

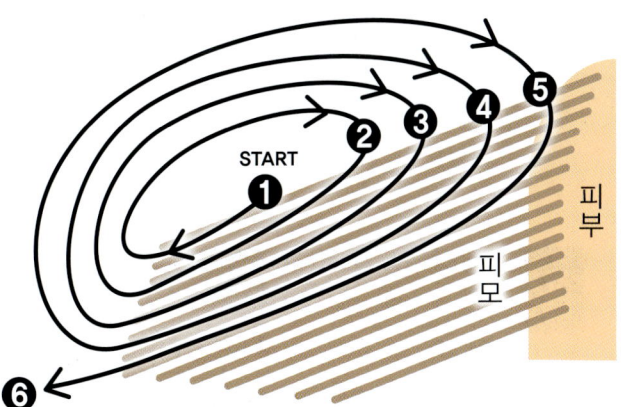

> **MEMO**
> 스트로크의 횟수는, 피모의 길이나 엉킨 정도, 늘어짐 상태 등에 따라 다릅니다. 따라서 엉켰는지 아닌지를 육안과 슬리커에 가해지는 피모의 저항으로 판단하는 것이 중요합니다.

## 브러싱 2

**POINT**
슬리커를 피모에 대고 실제로 브러싱하여 올바르게 움직이는 방법을 배운다.

**STUDY!**
앞에서 배운 슬리커 잡는 법과 움직이는 법으로 실제로 피모를 브러싱해줍니다. 개에 대는 슬리커의 각도에 주의하고, 손목 스냅을 살려 롤링하여 피부와 피모에 부담을 주지 않으면서 풀어나갑시다. 피모는 슬리커 핀에 걸리게 되면 약간 위로 올라가게 됩니다. 이때 피모에 마찰이 발생되기 때문에 모근부터 빗을 수 있는 것입니다.
롤링에서는 슬리커의 핀이 피모로부터 확실히 떨어지는 것이 중요합니다. 롤링 스트로크의 크기는 피모의 길이에 따라 다르기 때문에 피모의 길이에 따라 적절하게 빗질해야 합니다.

**CHECK!**
☐ 슬리커를 바르게 피모에 댈 수 있다.
☐ 롤링 방법으로 피모를 브러싱할 수 있다.
☐ 피모의 길이에 따라 스트로크를 바꿀 수 있다.

### 슬리커 대는 법

**1** 슬리커를 바르게 잡습니다. 브러시 면의 절반을 손가락으로 덮고 절반의 다른 면을 피모에 대도록 합니다.

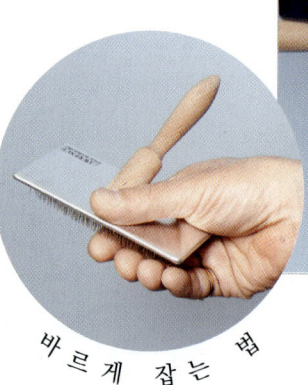
바르게 잡는 법

**MEMO**
털을 일부분만 풀고 남기거나 반대로 같은 부분을 몇 번이나 브러싱하는 실수를 방지하기 위해서도 슬리커를 잡고 있지 않은 손의 사용법이 중요합니다.

**2** 피부에 슬리커 면을 평행하게 댑니다. 기울어진 각도로 슬리커를 대면 피부가 손상될 수 있으므로 주의해야 합니다. 슬리커가 없는 쪽의 손으로 빗질하는 부분의 위쪽을 눌러주면 피부가 쉽게 당겨지지 않게 됩니다. 또한 빗질하는 부분을 확실하게 눈으로 볼 수 있게 됩니다.

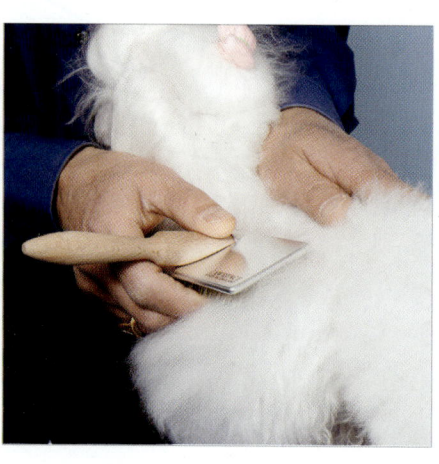

### 롤링의 실천

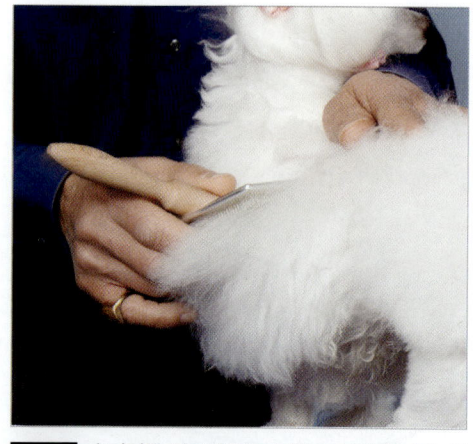

**1** 슬리커를 바르게 잡고 핀을 피모에 댑니다. 갑자기 피모의 뿌리부터 닿게 하지 말고, 처음에는 털 끝에만 닿도록 합니다.

저항이 강할 경우 핀이 털에 깊이 걸려 있을 가능성도 있다. 억지로 당기지 않도록 주의!

**2** 손목의 스냅을 이용해서 슬리커를 움직입니다. 엉킴이 있는 경우는 슬리커에 가해지는 피모의 저항을 느끼게 됩니다.

**3** ②의 방법으로 반복해서 피모가 핀에서 떨어질 때까지 슬리커를 움직입니다. 뭉친 털이 걸리면 그 부분에서 한번 피모에서 핀을 떼고, 핀의 표면만 닿도록 롤링하면서 조금씩 느슨하게 풀어갑니다.

**4** 슬리커가 털에서 떨어지면 손목을 돌려 타원을 그리는 듯한 이미지로 다시 핀을 피모에 닿게 하여 움직입니다.

롤링은 핀의 일부만 피부에 닿기 때문에, 개에게 부드럽게 작업하는 것도 도움이 됩니다.

**5** ④를 계속해 나가면서 ①보다 모근에 가깝게 핀을 댑니다. 이와 같이 롤링을 하면서 스트로크를 점점 크게 합니다. 모근부터 털 끝까지 저항없이 슬리커를 움직일 수 있다면, 이 부분의 브러싱은 완료입니다.

### MEMO

샴핑 전 브러싱 뿐만 아니라 드라잉 시에도 롤링은 필수입니다. 피모가 들뜸으로써 아래쪽으로 바람이 들어오게 됩니다. 제대로 롤링하는 것은 드라잉 속도 향상에도 도움이 됩니다.

### NG! '롤링 부족'에 주의

슬리커를 떨어내지 않고 핀에 피모가 걸린 채 다음 스트로크를 실시하면 피모가 더 얽히게 됩니다. 이렇게 되면 슬리커를 떨어내지 못할 뿐만 아니라, 피부와 피모에도 부담을 주게 됩니다. 피모의 길이에 따라 스트로크의 크기는 다르기 때문에 적절한 롤링으로의 주의가 필요합니다.

# 브러싱 ③

**POINT**

개에게 브러싱하기 쉬운 자세를 취하게 하고, 완전한 브러싱의 순서를 배워보자

**STUDY!**

전신을 브러싱할 때 순서를 따라갑니다.

전신을 브러싱할 때 조심해야 할 것은 개를 다치지 않게 하는 것과 브러싱하다 남은 부분이 없도록 하는 것입니다. 개를 눕히고 브러싱하기 쉬운 자세를 취하게 함으로써, 개의 자세를 여러 번 바꾸는 일 없이 최소한의 보정으로 브러싱 할 수 있습니다.

브러싱은 몸의 반씩 나눠서 합니다. P14에서 배운 롤링을 의식하여 한 군데를 풀면 0.5~1㎝ 정도의 간격으로 다음 블록으로 진행합니다. 여기에서는 가슴~겨드랑이 아래~다리 바깥쪽까지의 흐름을 설명합니다.

**CHECK!**

☐ 개에게 브러싱하기 쉬운 자세를 취하게 한다.

☐ 브러싱하기 쉬운 자세로 개가 움직이지 않도록 보정한다.

☐ 개를 눕힌 상태에서 가슴~겨드랑이의 아래~다리의 바깥쪽까지 브러싱한다.

## 개를 눕히는 법

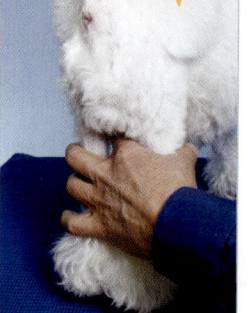

한쪽 다리의 경우에는 바깥쪽 다리를 잡습니다.

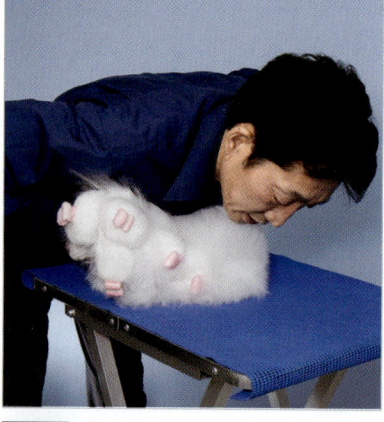

**1** 좌우에 있는 전지(앞다리), 후지(뒷다리)를 각각 모아서 잡습니다. 전지는 팔꿈치, 후지는 무릎 근처에 손을 얹고, 검지는 모두 좌우 다리 사이에 끼웁니다.

**2** ①에서 계속하여 자신의 가슴을 개의 몸에 닿게 하여 눕힙니다.

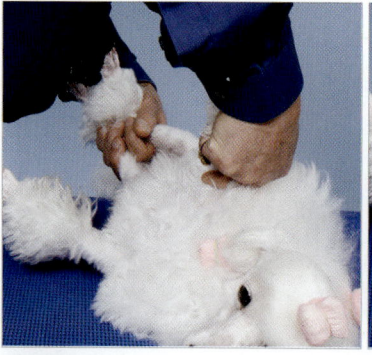

**3** 테이블과 닿아 있는 전지(여기서는 왼쪽 앞다리)에서 손을 떼고 오른쪽 전지만 잡습니다. 또, 후지를 잡은 손(왼손)을 떼고, 위쪽의 전지(오른쪽 앞다리)의 팔꿈치로 바꿔서 잡습니다.

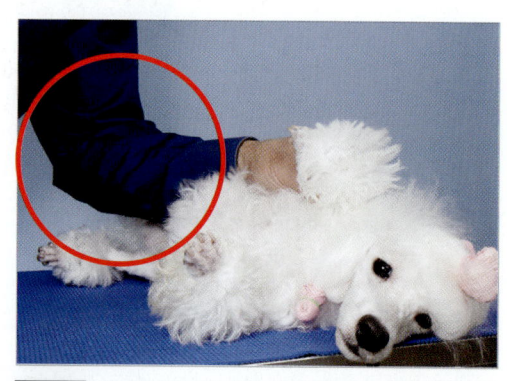

**4** 왼팔을 뒷다리 사이에 두면 개가 움직이지 않게 되고 브러싱하기 쉬운 자세를 만들 수 있습니다.

## 브러싱 순서

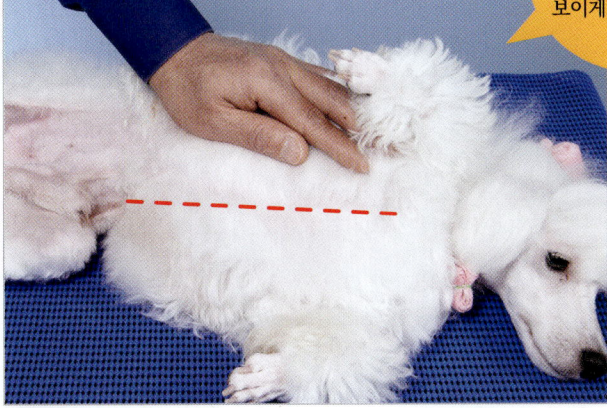

뭉치거나 엉킨 털은 피부 근처에 많기 때문에 피부를 보이게 해야 합니다.

**1** 가슴~배의 털을 좌우로 반으로 나누고, 슬리커를 잡지 않는 쪽의 손으로 위쪽 피모를 눌러줍니다.

엉킴이나 뭉친 털이 많은 경우에는 간격을 좁힙니다.

**2** ①에서 나눈 부분부터 롤링으로 풀어갑니다. 모근까지 풀었다면 0.5~1㎝ 정도의 간격으로 위를 향해 진행합니다.

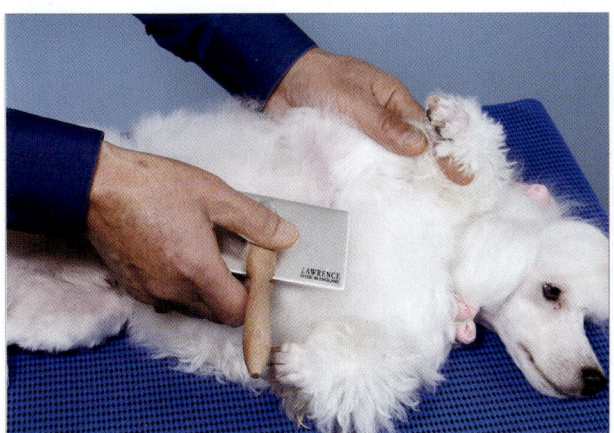

**3** ②에서 계속하여 겨드랑이에 닿을 때까지 위를 향해 브러싱해 나갑니다.

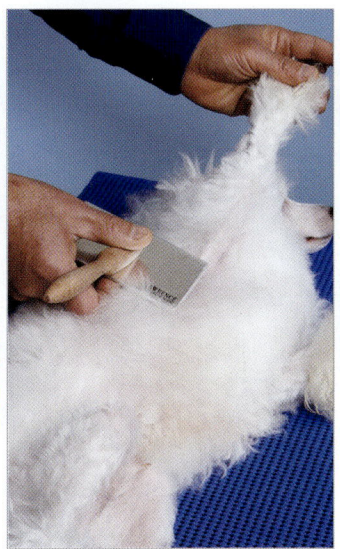

**4** 겨드랑이 밑에는 힘줄이 있기 때문에 슬리커로 긁혀서 손상시키지 않도록 주의하면서 브러싱합니다. 팔꿈치를 구부린 상태에서 빗은 후 발끝을 잡고 다리를 앞으로 뻗은 후 겨드랑이~수근구 위까지 슬리커를 댑니다.

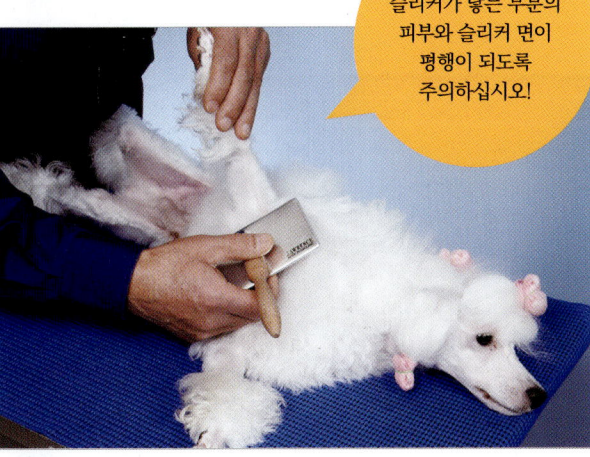

슬리커가 닿는 부분의 피부와 슬리커 면이 평행이 되도록 주의하십시오!

**5** ④에 이어서, 다리를 뒤쪽으로 편 상태에서 전지의 밑부분~잡은 부분의 위까지 빗어줍니다.

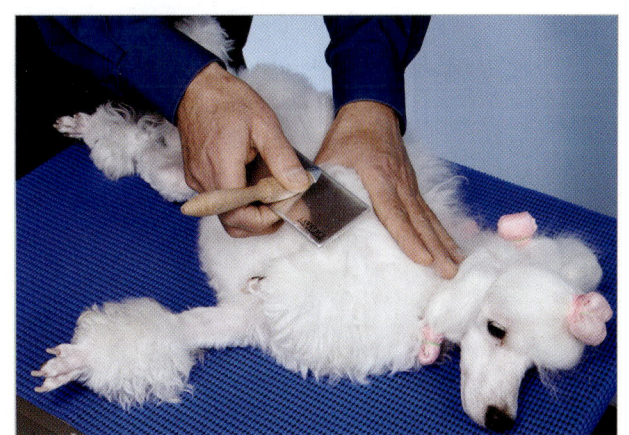

**6** 어깨를 누르듯이 손을 얹고, 전지의 바깥쪽을 브러싱합니다.

**MEMO**
개의 자세를 바꾸지 않고, 전지를 움직이는 것만으로 흉(가슴)~겨드랑이 아래~전지를 브러싱할 수 있습니다. 엉킨 털이 남아 있는 것을 방지할 수 있을 뿐만 아니라 시간 단축에도 도움이 됩니다.
개의 사지가 어떻게 움직이는지 이해하고 무리한 방향으로 움직이지 않도록 주의합니다.

## 브러싱 ④

**POINT**
▼
부위별로 브러싱 요령을 파악하자

**STUDY!**
P16~17에서는 전신을 브러싱할 때의 순서 중 가슴, 겨드랑이, 전지 바깥쪽까지의 흐름에 대해 설명했습니다. 이어서 발끝, 전지의 바깥쪽~등선, 앞가슴, 꼬리를 브러싱합니다. 부위별로 보정의 요령이나 주의해야 할 포인트를 설명하고 있기 때문에, 작업을 할 때에는 이 점에 유의하십시오.
수근구의 주위나 꼬리는, 특히 모류(털의 흐름)을 의식해야 합니다. 모류를 거스르면 모근이 손상되어 버리기 때문에 주의하도록 합시다.

**CHECK!**
□ 부위마다 슬리커를 대는 방향을 바꾼다.
□ 정확한 순서로 보정을 하여 작업을 소모하지 않는다.

### 발끝의 브러싱

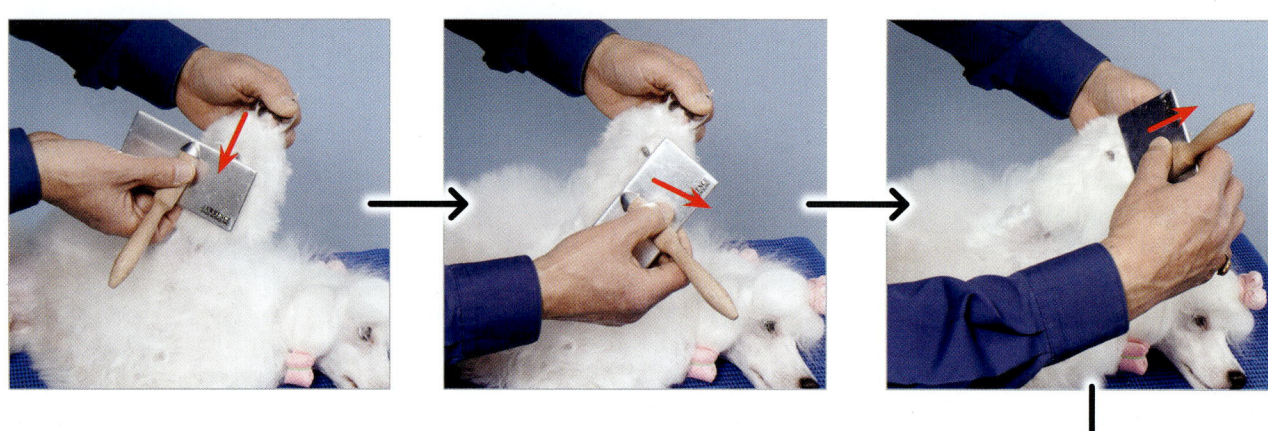

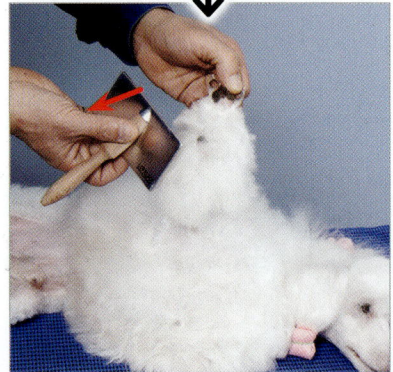

**1** 수근구 주위의 피모는 수근구에서 바깥쪽을 향해 방사상으로 브러싱합니다. 개를 눕힌 상태에서 발끝을 잡듯이 들어올리면 슬리커를 치기 쉬워집니다.

**2** 모델견은 발끝을 클리핑했지만 클리핑하지 않은 강아지의 경우는 선을 경계로 슬리커의 방향을 바꿉니다. 패스턴보다 위쪽은 아래쪽을 향해 브러싱하고 그보다 아래쪽은 지골 관절을 손상시키지 않도록 위로 빗겨 줍니다.

## 전지(앞다리)의 바깥쪽~ 등선의 브러싱

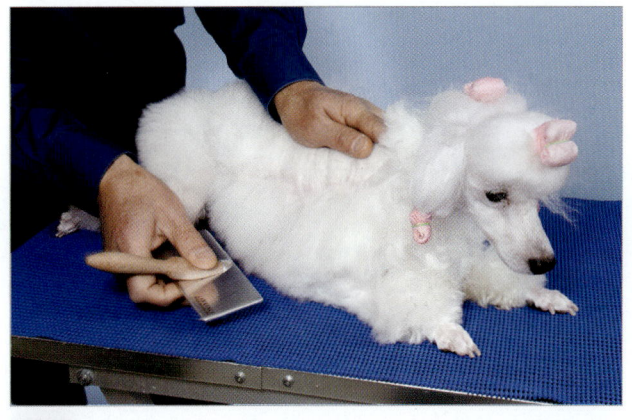

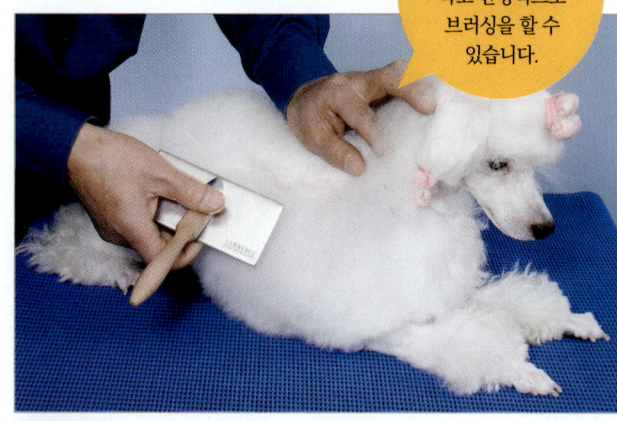

> 손으로 눌러서 피부의 움직임을 막고 안정적으로 브러싱을 할 수 있습니다.

**1** 개에게 엎드려 자세를 취하게 하고, 전지 바깥쪽 끝~등선을 향해 브러싱합니다. 이 때, 빗는 부분보다 위쪽 피모는 가볍게 눌러 줍니다.

**2** 롤링으로 빗겨 나갑니다. 뿌리까지 풀었다면 0.5~1㎝ 정도의 간격으로 위로 올라가며 등선까지 브러싱합니다. 이 순서로 몸의 측면을 모두 브러싱합니다.

## 꼬리 브러싱

> 사진에서는 꼬리의 오른쪽을 빗고 있습니다.

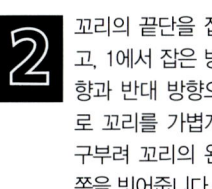

**1** 미추(꼬리뼈)를 따라 피모를 좌우로 나누고 한쪽을 잡고 반대쪽 피모에 슬리커를 댑니다.

> 꼬리의 끝단은 손상되기 쉬운 부위이므로 조심스럽게 작업합시다.

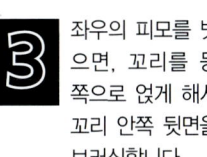

**2** 꼬리의 끝단을 잡고, 1에서 잡은 방향과 반대 방향으로 꼬리를 가볍게 구부려 꼬리의 왼쪽을 빗어줍니다.

**3** 좌우의 피모를 빗으면, 꼬리를 등쪽으로 얹게 해서 꼬리 안쪽 뒷면을 브러싱합니다.

## 전흉(앞가슴) 브러싱

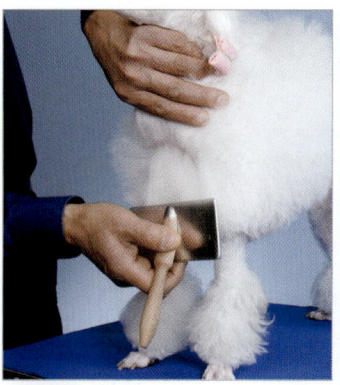

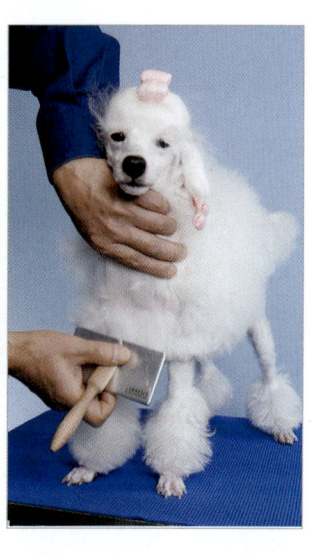

**1** 개를 일으켜 세우고, 앞가슴을 브러싱합니다. 위쪽의 피모를 누른 후 아래로 조금씩 내려 브러싱을 해 나갑니다.

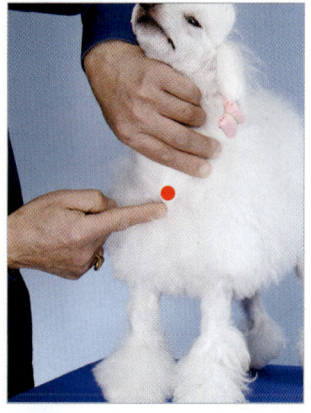

**2** 흉골단과 견단은 가슴에서 가장 튀어나온 부분입니다. 슬리커로 인해 상처를 입히기 쉬우므로 위쪽을 향하며 브러싱하는 중간에 위치를 확인해 주십시오.

**3** 흉골단과 견단을 충분히 주의하면서 넥라인까지 브러싱합니다.

# 브러싱 5

**POINT**
부위별로 브러싱 요령을 파악하자 ②

**STUDY!**
P18~19에서는 발, 전지(앞다리)의 외측~등선, 전흉(앞가슴), 꼬리의 브러싱에 대하여 각각 보정의 요령이나 다치기 쉬운 포인트를 설명했습니다. 여기에서는 후지(뒷다리)~엉덩이~턱업 브러싱에 대해 동일하게 설명합니다. 개를 재울 수 있으면 재운 상태로 브러싱하지만, 그 중에는 자지 않는 개도 있습니다. 잠들지 않을 경우에는 소개하는 순서로 작업해 보세요.

브러싱하기 어려운 허벅지와 털을 남기는 경우가 많은 발끝 등도 정확한 보정에 의해 개에게 부담을 주는 일 없이 원활한 작업으로 진행할 수 있습니다. 보정은 브러싱 속도 향상에 큰 영향을 미치기 때문에 꼭 현장에서 시도해 보십시오.

**CHECK!**
☐ 후지를 브러싱할 때의 보정 방법을 익힌다.
☐ 다치기 쉬운 부분을 피하면서, 미처 브러싱하지 못한 부분이 남지 않도록 한다.

## 후지 브러싱

**1** 엄지와 검지로 후지의 발끝을 잡습니다.

**2** 발끝을 잡은 채 무릎을 굽혀 다리를 들어 올립니다. 이때 소지(새끼손가락)는 비절 측면에 붙여놓습니다.

**3** 비절 측면에 댄 소지를 축으로 발끝을 바깥쪽으로 벌립니다.

②에서 무릎을 구부려 놓지 않으면, 다리가 바깥쪽으로 벌어지지 않으므로 주의!

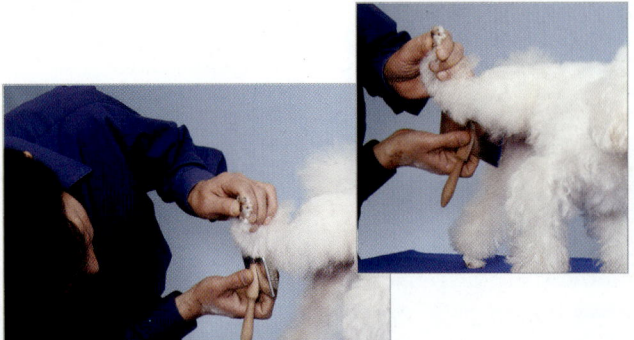

**4** 이 자세로 한 번에 생식기 주위~다리 관절~비절부까지의 허벅지를 브러싱할 수 있습니다.

## 후지 브러싱 ②

**1** 검지와 엄지를 패드에 붙이듯이 발끝을 잡고, 후지를 뒤로 당겨 줍니다.

보정이 빗질에 방해가 되지 않기 때문에, 슬리커를 넣기 어려운 부위도 쉽게 빗겨집니다.

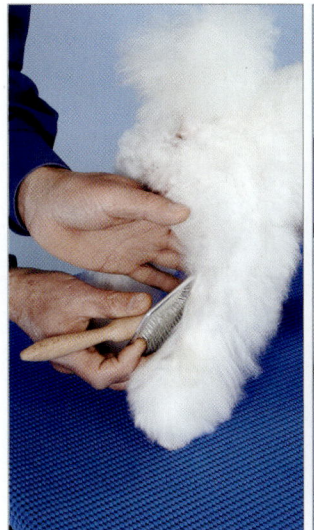
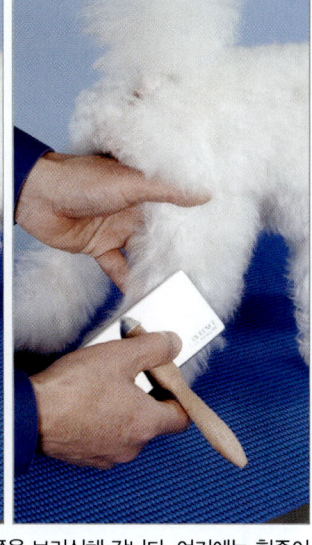

**2** 이 자세로 중족부를 브러싱합니다. 잡고 있는 발끝을 가볍게 비틀면 잡고 있는 위쪽도 부드럽게 풀어집니다.

**3** 다리를 내리고, 후지의 뒤쪽을 브러싱해 갑니다. 여기에는 힘줄이 있어, 슬리커를 다리와 평행하게 대면 다치기 쉬우므로 피모를 힘줄 좌우로 나누어 빗습니다.

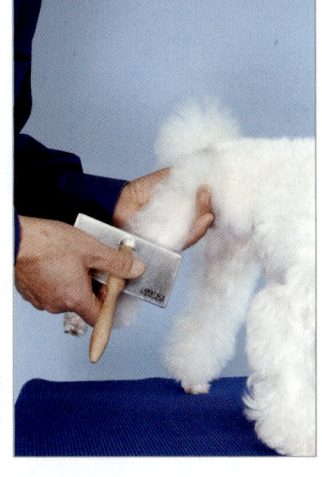

**4** 후지 바깥쪽은 밑동 안쪽에서 다리를 받치면서 브러싱합니다.

**5** 후지의 슬(무릎)~턱업은 다리를 뒤로 당긴 상태에서 풀어갑니다.

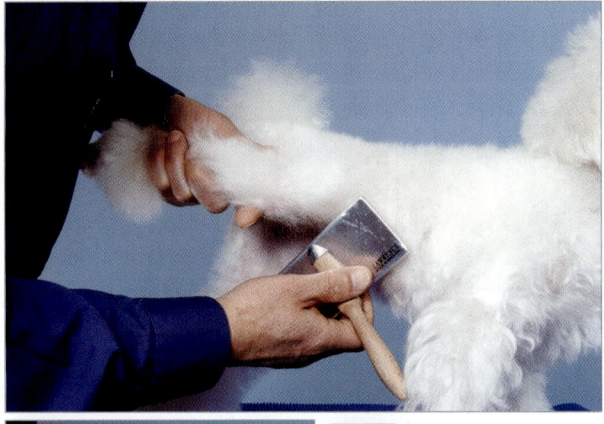
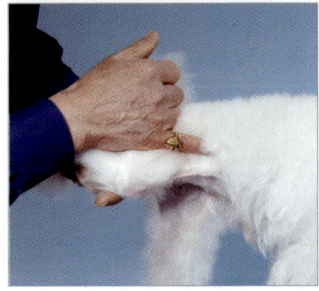
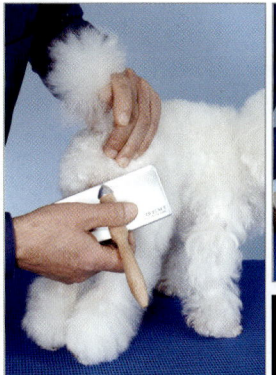
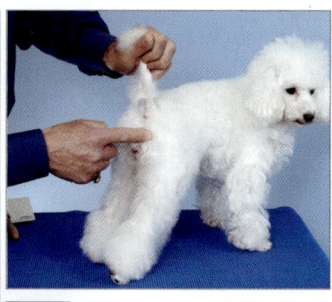

**6** 턱업은 다치지 않도록 꼼꼼하게 브러싱합니다.

**7** 엉덩이는 좌골 결절의 위치를 확인하고 피하면서 주위를 빗겨 줍니다.

### MEMO

브러싱의 보정에서는 개의 몸이 어느 방향으로 움직이는지 이해하는 것이 중요합니다. 개에게 무리한 자세를 취하는 일 없이, 또한 한 번의 보정으로 최대한 많은 부위의 브러싱을 끝낼 수 있도록 공부합시다.

## 브러싱 ⑥

**POINT**
▼
부위별로 브러싱 요령을 파악하자 ③

**STUDY!**

바디 브러싱에 이어 귀와 두부(머리)의 브러싱에 대해 설명을 하도록 하겠습니다. 여기서는 귀 가장자리나 눈이 다치지 않도록 하는 것이 가장 중요합니다. 무심코 하는 실수를 예방하기 위해서도 올바른 순서로 신중하게 작업합시다. 또한 브러싱 후에 하는 코밍에도 주의가 필요합니다.

측두부~두정부는 앞까지의 순서와 같게, 등선의 연장선상에서 반으로 면을 나누어 한면씩 나누어 브러싱합니다. 둥근 면이나 좁은 범위에서도 슬리커 잡는 방법이나 움직이는 방법(롤링) 등 기본적인 포인트는 동일합니다. 제대로 피모가 곧게 펴질 수 있도록 세심한 작업을 하도록 유의합시다.

**CHECK!**

☐ 피부에 상처가 나지 않도록 힘 조절에 신경을 쓴다.
☐ 세심하게 군더더기 없는 작업을 한다.

### 귀의 엉킨 털 처리

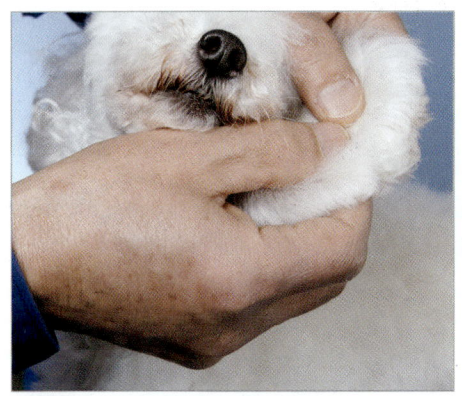

**1** 귀에 뭉친 털이 있는 경우 브러싱을 하기 전에 손가락으로 털뭉치를 풀어줍니다. 귀 가장자리의 피부 위치를 확인하고, 모근부터 뭉친 털을 찢어가며 풀어줍니다.

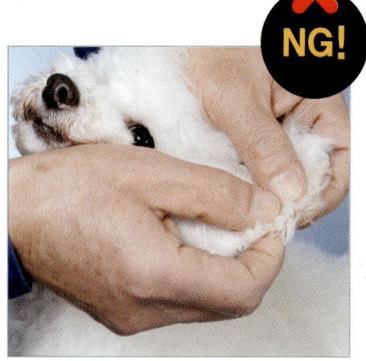

NG!
털의 끝쪽부터 엉킨 털을 찢으면 귀 가장자리까지 찢어질 수 있습니다.

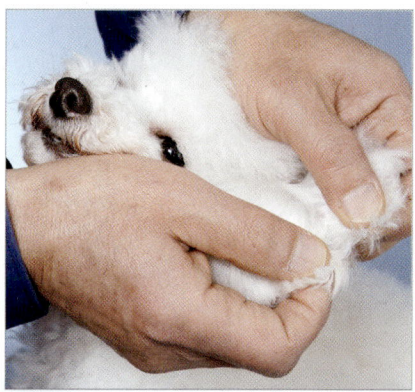

**2** 뭉친 털을 찢을 때는 반드시 귀 가장자리에 힘이 들어가지 않도록 하며 털 끝을 향해 조금씩 풀어주십시오.

### 귀 브러싱

**1** 귀의 겉쪽부터 브러싱합니다. 피부 밑부분은 다치기 쉬우므로 검지를 받치고 손가락으로 슬리커의 감촉을 확인하면서 빗습니다.

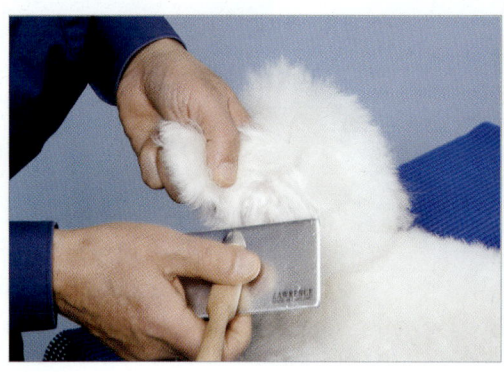
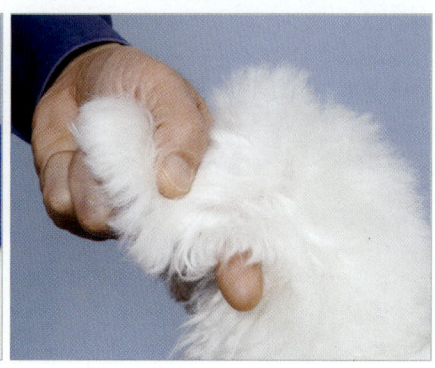

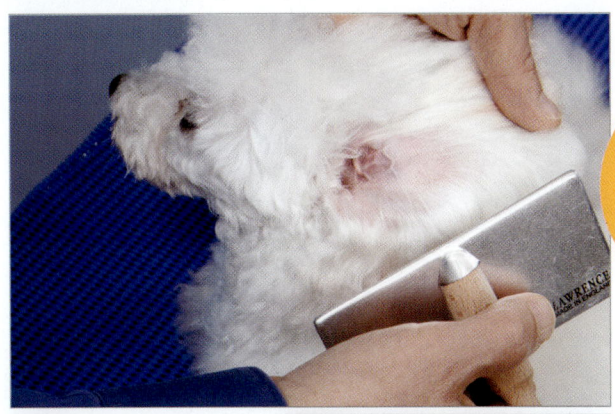

2️⃣ 뒷면도 마찬가지로 손가락을 붙여서 귀를 펼치고 털의 흐름(모류)를 따라 방사상으로 빗겨 줍니다.

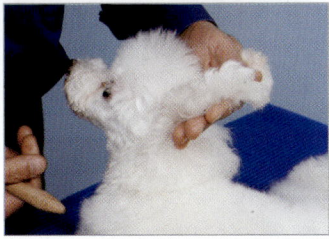

다른 한 손으로 귓바퀴를 단단히 고정하고 작업합니다.

3️⃣ 슬리커로 빗은 후에는 반드시 코밍합니다. 빗살로 귀 가장자리의 위치를 확인하면서 앞뒤 양면을 빗겨 줍니다.

귓바퀴에 대해 빗을 세로로 넣으면, 빗살에 귓바퀴가 끼어 상처가 생기므로 각별한 주의가 필요하다.

## 두부(머리)의 빗질

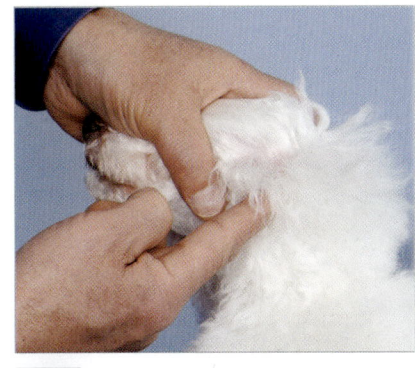

1️⃣ 귀와 두부의 경계를 브러싱합니다. 먼저 귀를 앞으로 들어 올리고 머리와 함께 잡습니다. 귀 밑 부분의 돌출되어 있는 부분을 다치게 하기 쉬우므로 위치를 확인해 둡니다.

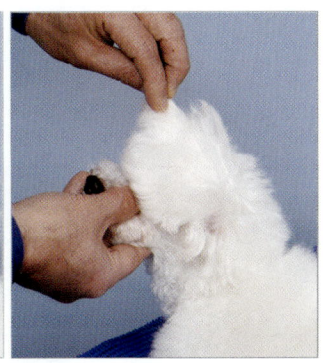

2️⃣ 귀와 두부를 한꺼번에 잡은 채로 귀 밑 부분을 빗겨 줍니다.

빗겨지지 않은 곳이 많은 부분입니다. 좌우 잊지 말고 브러싱을 합니다.

그루머가 오른손잡이일 경우 왼쪽은 개의 앞쪽에 서서 작업하고 오른쪽은 개의 뒤쪽에 서서 합니다.

3️⃣ 측두부~두정부를 브러싱합니다. 먼저 귀의 경계선 위쪽에서 정수리를 향해 빗겨 줍니다.

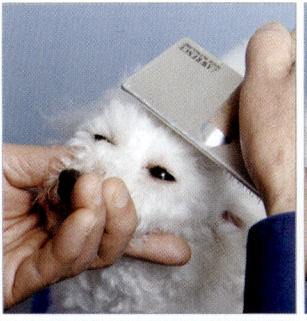
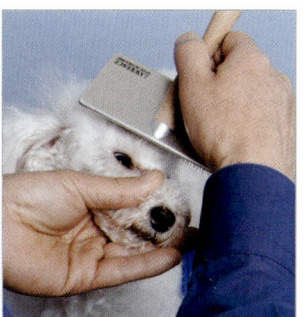

4️⃣ 전두부~두정부를 향해 브러싱합니다. 먼저 스톱의 바로 윗부분에서 정수리를 향해 빗고, 그 후 좌우 눈 위에서 정수리를 향해 빗습니다.

이 때 슬리커로 눈을 다치게 하지 않도록 주의!

## POINT

코밍의 목적과 부위별 움직이는 방법을 습득하자

# 코밍

### STUDY!

코밍에는 '뭉친 부분이 없는지 확인하는 것', '털을 세우는 것', '털의 흐름(모류)를 정돈하는 것' 등의 목적이 있습니다.

브러싱 후 남은 부분을 확인하는 코밍은 슬리커로 한 곳을 브러싱한 후 같은 부분을 넓은 빗으로 바로 코밍하는 것이 이상적입니다. 여기서 걸리지 않고 빗겨지면 좁은 빗으로 바꿔서 같은 부분을 더 코밍합니다.

빗기고 있는 도중에 빗을 잡은 손에 걸리는 감각이 있으면, 엉킨 부분을 털 끝쪽으로 이동시키는 이미지로 부드럽게 풀어줍니다. 걸림이 강하고 엉킴이 큰 경우 무리하게 빗질하려고 하면 털이 끊어지게 되어 개에게 부담이 가기 때문에 슬리커로 교체하여 다시 빗겨 줍니다. 걸리는 부분이 없어지면 다시 넓은 빗 → 좁은 빗으로 같은 부분을 빗겨 줍니다.

이 경우 기본적으로 털을 세울 필요는 없습니다. 슬리커와 빗을 자주 번갈아가며 빗질→코밍을 반복하여 털과 엉킴이 없는 상태로 마무리합니다.

### CHECK!

☐ 넓은 빗, 좁은 빗 양쪽 방향 모두 사용하여 제대로 빗겨준다.
☐ 부위에 맞는 코밍을 한다.

## 바디의 코밍

**1** 콤을 잡지 않은 손으로 피모를 누르면서 슬리커로 빗긴 부분을 코밍합니다. 넓은 빗을 사용하여 피모 뿌리까지 핀을 넣습니다.

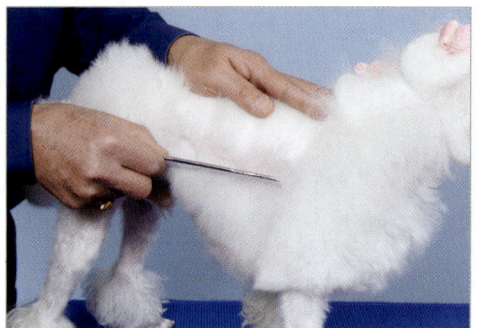

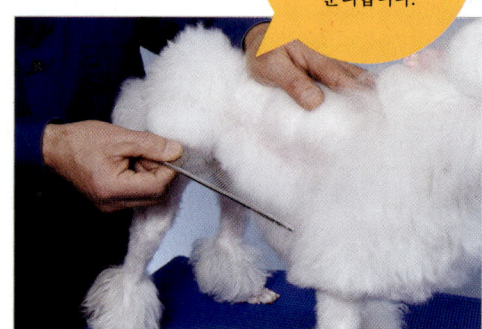

*손목을 돌려서 털에서 핀을 가볍게 분리합니다.*

**2** 빗는 도중에 걸리는 느낌이 있는 경우, 엉킴을 풀어주듯이 부드럽게 빗을 털 끝쪽으로 움직여 줍니다.

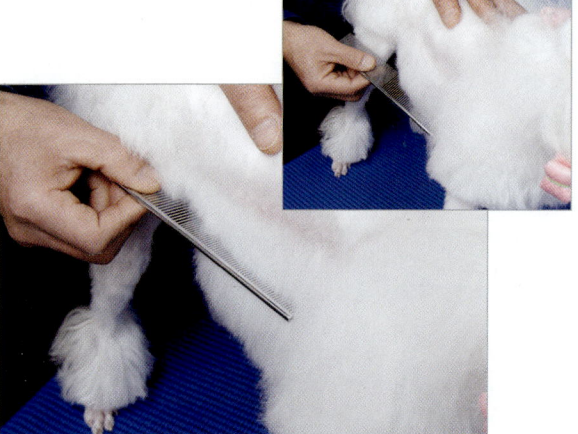

**3** 넓은 빗으로 빗은 후 계속하여 좁은 빗으로 빗어줍니다. 털이나 엉킴이 없는 상태가 확인되면 다음 부분으로 넘어갑니다.

## 입모(털을 세움)

*빗살을 안쪽까지 깊숙하게 넣으면 털을 눌러버리게 됩니다.*

커트 전에 실시하는 입모는 엉킨 부분을 확인하는 경우와 달리 빗살을 털의 뿌리까지 통과시키지는 않습니다. 털 끝에 빗살을 걸어서 털을 빗듯이 사용하면 완전히 털을 세울 수 있습니다.

## 턱업의 코밍

**1** 턱업의 측면에 움푹 들어간 곳이 있기 때문에 그 각도로 빗을 넣어 빗겨줍니다.

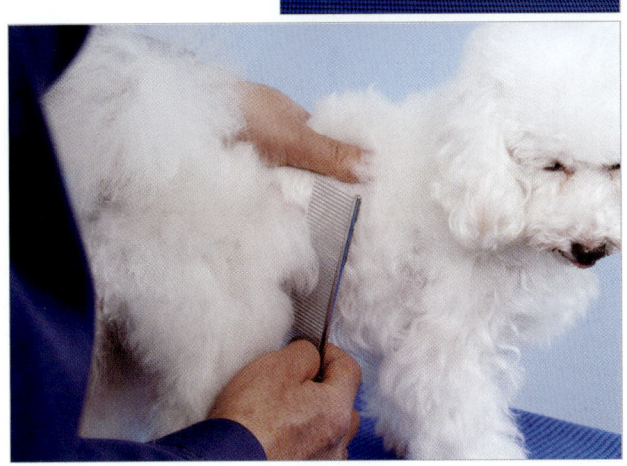

> 상처 입히기 쉬운 부분이므로 핀의 상태를 확인하며 주의한다.

**2** 턱업의 아랫부분을 빗길 때는 개를 후지로 세우면 원활해집니다.

### MEMO
콤을 떨어뜨리거나 거칠게 다루면 핀의 일부가 휘어질 수 있다. 그대로 코밍에 사용하면 털을 충분히 풀 수 없거나 올바르게 털을 세울 수 없기 때문에 핀의 간격이 일정하게 되도록 고쳐야 한다.

## 수근구 코밍

> 핀 사이에 수근구가 끼이지 않도록 좁은 빗을 사용합니다.

브러싱과 마찬가지로 수근구 주위의 털은 방사상으로 코밍합니다.

## 넥(목)의 코밍

넥의 피모는 밀도가 있기 때문에 브러싱, 코밍을 꼼꼼하게 해야 합니다. 두부를 약간 낮춰서 보정하고 피부와 직각이 되는 각도로 빗을 넣어 털을 띄우듯이 움직이며 빗습니다.

> 빗살이 피부에 닿을까 말까한 느낌으로

## POINT

발톱깎기에 알맞은 보정 방법을 마스터하자

# 발톱깎기 ①

**STUDY!**

발톱깎기는 견종을 불문하고 필요한 그루밍 중 하나입니다. 작업의 속도 향상은 물론, 발끝을 잡기 힘든 개도 많기 때문에, 개에 대한 부담도 고려하여 신속하게 끝내야 합니다.

불필요한 작업을 하지 않기 위해서는 발끝을 바르게 보정하고 최소한의 동작으로 발톱을 깎는 것이 중요합니다. 개가 움직이거나 다치지 않게 붙잡는 법(보정)을 파악하고 무리 없는 자세로 움직임을 억제합니다. 일단 다리를 잡으면 발톱마다 다시 잡거나 다리를 당기지 않도록 주의합시다.

발톱을 자를 때는 엄지로 패드를, 검지로 발톱 밑을 눌러 지탱합니다. 만약 혈관이 잘려서 피가 난 경우는 검지의 손가락 끝으로 발톱 뿌리를 강하게 누르면 지혈할 수 있습니다. 누른 채 지혈제를 바르면 출혈량을 최소한으로 줄일 수 있으므로 기억해 두십시오.

**CHECK!**

☐ 발톱을 깎기 위해 개가 다치지 않는 보정을 마스터한다.

### 오른쪽 후지의 보정

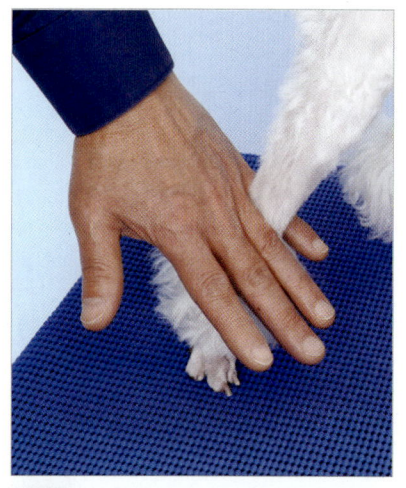

**1** 개의 측면에서 개 쪽을 향해 보정하는 손(발톱깎이를 쥐고 있지 않은 쪽)의 약지와 소지 사이에 비절을 끼웁니다.

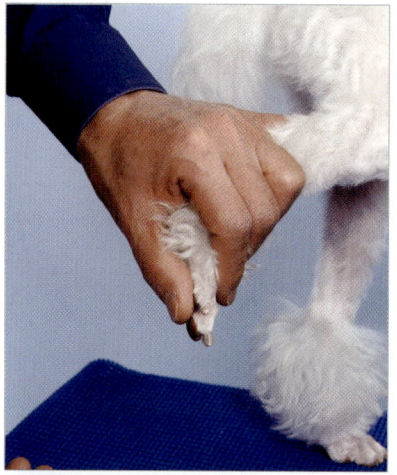

**2** 무릎을 살짝 구부리면서 발끝을 가볍게 잡습니다.

발톱을 깎는 모든 과정에서 이것은 기본입니다!

**3** 엄지로 패드를, 검지 끝으로 발톱 뿌리를 눌러 줍니다.

## MEMO

개의 안전을 확보하면서 발톱을 확실히 깎기 위해서 보정은 매우 중요합니다. 올바른 보정은 속도를 높여줍니다. 요령을 익히면 발 1개당 15초 정도로 깎아 끝낼 수 있을 거예요.

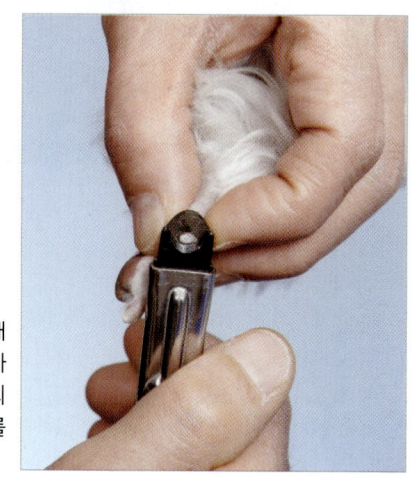

**4** 몸의 방향을 바꾸어 개의 발끝과 마주보는 자세를 취하고, 발톱 뿌리를 누른 채 발톱깎이를 맞춥니다.

## 왼쪽 후지의 보정

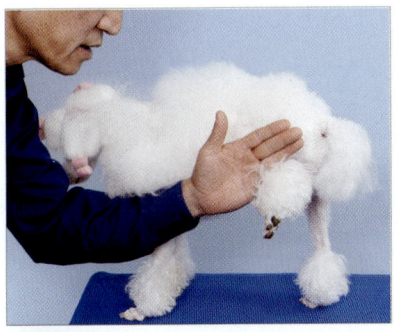

**1** 개의 앞쪽에서 보정하는 손의 약지와 소지 사이에 비절을 끼우고 다리를 들어 올립니다.

**2** 엄지를 패드에 받쳐줍니다.

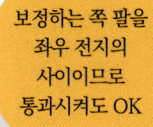

보정하는 쪽 팔을 좌우 전지의 사이드로 통과시켜도 OK

**3** 엄지로 패드를, 검지 끝으로 발톱 뿌리를 눌러 줍니다.

## 전지의 보정

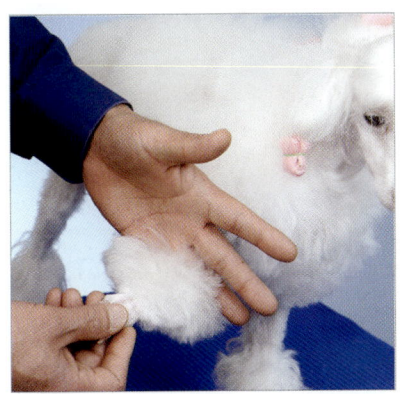

**1** 오른쪽 전지는 개의 측면에서 보정하는 손의 약지와 소지 사이에 수근골 위를 끼워줍니다.

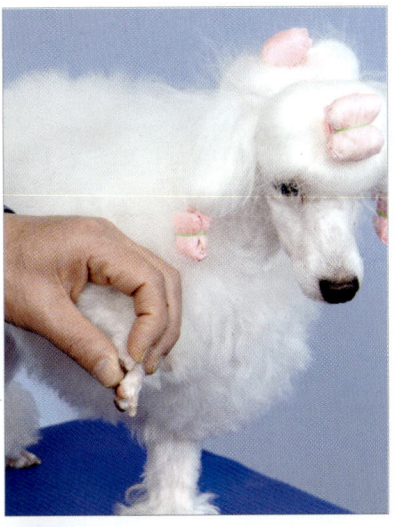

**2** 오른쪽 후지의 보정과 마찬가지로 팔꿈치를 가볍게 구부린 후 발톱의 뿌리를 눌러 줍니다.

**3** 왼쪽 전지는 왼쪽 후지와 마찬가지로 개의 앞쪽에서 약지와 소지 사이에 수근골을 넣어 다리를 들어올리고 엄지와 검지로 발톱 뿌리를 잡아줍니다.

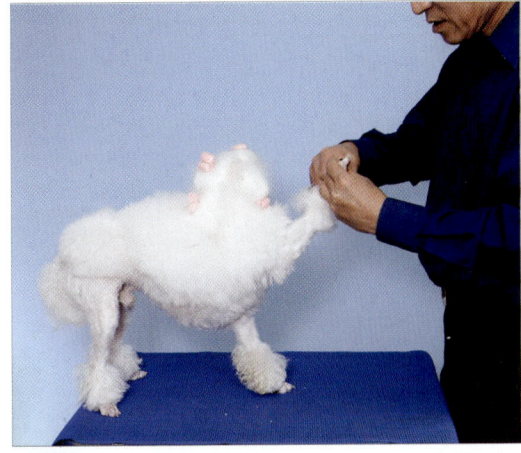

**4** 개가 싫어하지 않는다면 전지는 좌우 모두 개의 앞쪽에서 작업해도 괜찮습니다. 발톱깎는 것을 잘 하지 못하는 개가 뒷걸음질을 칠 경우 다리를 잡아당기거나 테이블에서 떨어질 위험이 있으니 주의합니다.

## 다음 발톱으로의 이동

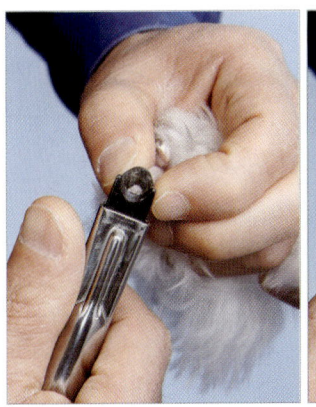
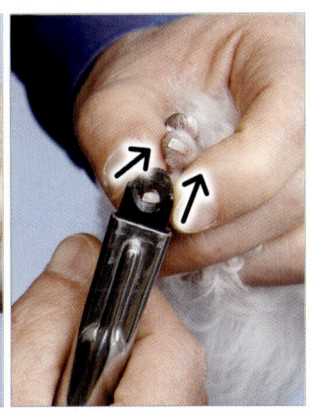

발톱에서 발톱으로 이동할 때는, 엄지와 검지만을 미끄러지듯 움직여 이동합니다. 다시 잡는 것은 시간 낭비이기 때문에 엄지와 검지의 이동만으로 빨리 잘라 봅시다.

## POINT

발톱을 깎는 '위치'와 '깎는 법'을 배우자

# 발톱깎기 ②

**STUDY!**

P26~보정 방법으로 발톱을 깎습니다. 개의 발톱은 땅을 박차고 앞으로 나아갈 때 중요한 역할을 하고 있습니다. 그러나 발톱이 너무 자라게 되면 패드가 떠서 땅을 차기 어렵고 보행 시에 미끄러지기 쉬워집니다. 또한 관절을 다치게 되거나 발톱이 바닥에 닿음으로써 예상치 못한 부상을 입을 수 있습니다.

그래서 발톱을 깎는 위치는 '개가 자연스럽게 서있는 상태로, 발톱이 지면에 바짝 붙지 않는 길이' 를 기본으로 합니다. 발톱의 길이와 자라는 방향, 혈관 길이 등에 따라 혈관이 끊어져 출혈되는 경우도 있기 때문에 지혈제를 준비해 둡니다.

모든 발톱을 2단계로 빠르게 자른 후 잘린 단면 주위를 줄질을 합니다. 이때 발톱이 움직이지 않도록 발톱 뿌리와 패드를 단단히 누르면서 줄을 움직여 줍니다.

**CHECK!**

☐ 발톱 깎는 방법을 마스터한다.
☐ 지혈제, 그라인딩(줄질) 방법을 익힌다.

## 발톱을 깎는 위치

단면이 위쪽을 향하면 출혈이 있는 경우에 지면과 접촉하여 자극을 받는 것을 피할 수 있다

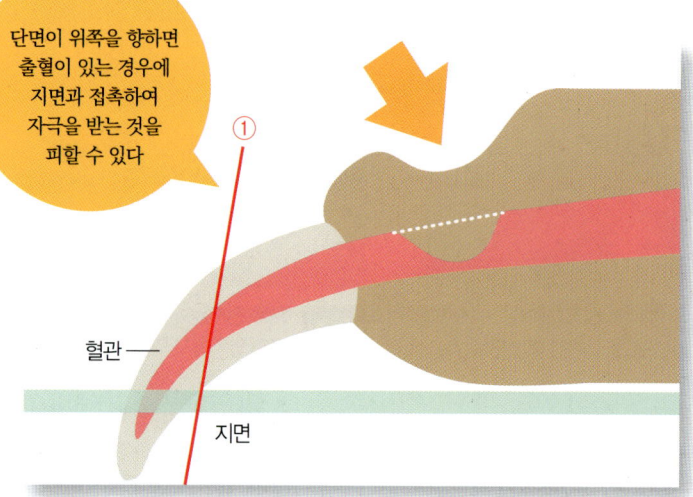

**1** 바닥에 닿지 않는 위치를 확인하고 검지 끝으로 발톱 뿌리를 세게 누른 상태에서 위쪽이 짧고 아래쪽이 길어지도록 잘라줍니다.

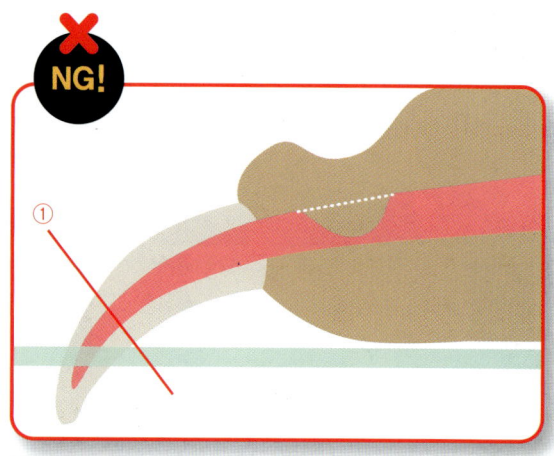

단면이 아래쪽을 향하게 되면, 지혈제를 사용해도 걸을 때 출혈이 다시 생기게 됩니다.

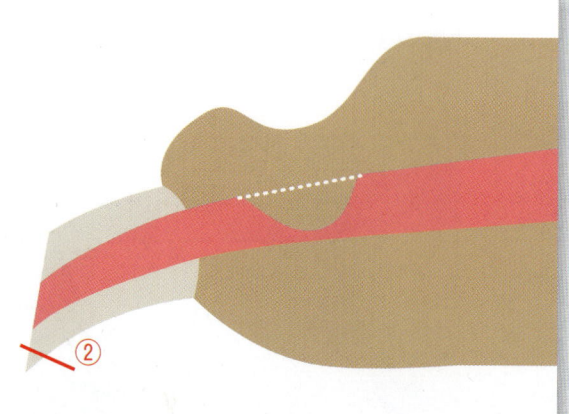

**2** 아래쪽 예각이 된 부분을 조금 자릅니다. 걸을 때는 이 단면으로 땅을 차기 때문에 혈관 부분은 바닥에 닿지 않습니다.

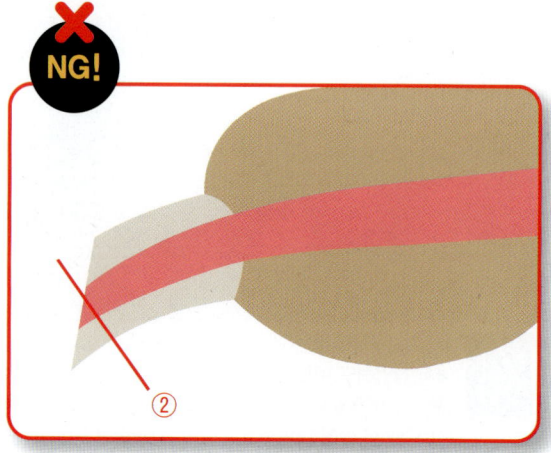

예각이 되는 부분을 너무 깊게 자르면 혈관을 두 번 자르게 되어 걸을 때 혈관 부분으로 땅을 차게 됩니다.

## 발톱 깎는 법

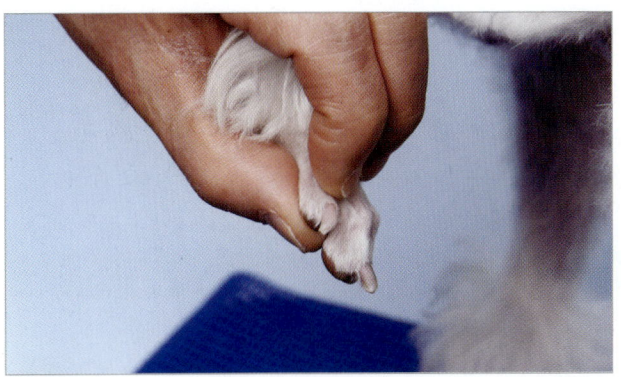

**1** 출혈이 일어날 것을 고려하여 엄지로 패드, 검지로 발톱의 뿌리를 각각 눌러 미리 지혈을 해 둡니다.

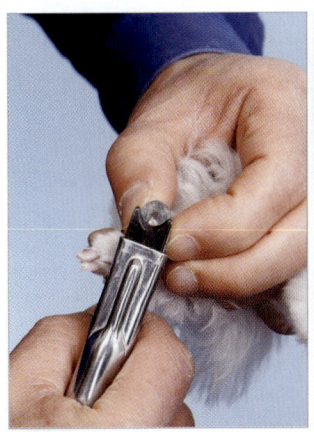

**2** 발톱깎이를 넣어 왼쪽 페이지 설명처럼 2단계로 나누어 발톱을 자릅니다.

## 지혈제 바르는 법

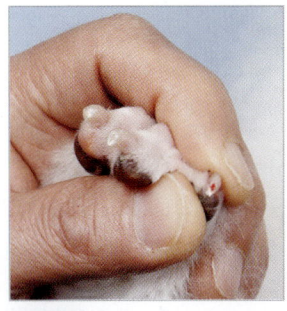
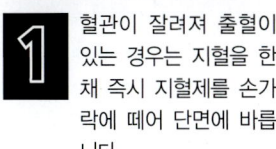

**1** 혈관이 잘려져 출혈이 있는 경우는 지혈을 한 채 즉시 지혈제를 손가락에 떠어 단면에 바릅니다.

세게 문질러 바르는 모습

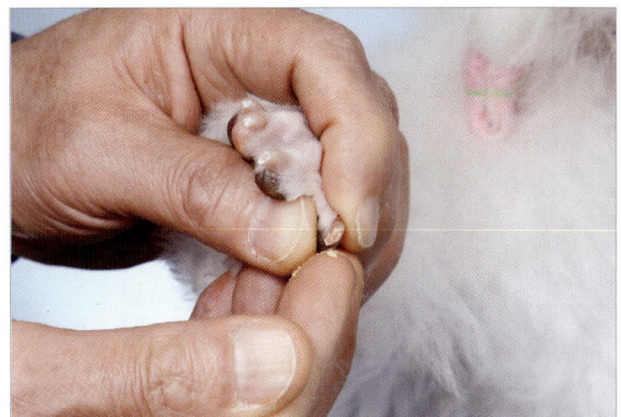

**2** 지혈제는 두껍게 바르면 벗겨지기 때문에 혈관 단면을 얇게 덮힐 정도로 바릅니다. 잡균이 들어가는 것을 막는 데도 도움이 됩니다.

## 줄로 다듬는 법

혈관
(보이지 않는 경우도 있다)

쥐듯이 잡으면 힘이 너무 들어가므로 주의

**1** 발톱 단면의 주위(그림의 푸른 부분)에 그라인딩을 합니다. 줄은 손잡이 부분을 엄지와 검지로 집듯이 잡습니다.

줄과 함께 발톱이 움직이면 충분히 깎이지 않습니다.

**2** 발톱이 움직이지 않도록 지탱하면서 줄질을 합니다. 발톱의 가장자리를 따라 줄의 방향도 바꾸면서 작업해야 합니다.

## POINT

개를 안정시키고
안전하게 안는 방법과
이동 방법을 마스터하자

# 안전하게 이동하기

**STUDY!**

개를 트리밍 테이블에 올릴 때나 도그 버스에 넣을 때, 케이지에서 꺼낼 때 등 트리머가 개를 이동시키는 때가 많습니다. 부적절한 포옹을 하면 개가 싫어하고 부상을 입히거나 낙하 등의 사고 원인이 될 수 있으므로 적절한 방법을 배웁시다.

여기에서는 이동 시 안는 방법, 케이지에서 꺼내는 방법을 설명합니다. 모두 '개를 안정시키는 것'과 '자유로운 움직임을 제한하는' 것이 포인트입니다. 개를 이동시킬 때 엉덩이와 복부를 한 손으로 감싸 사지가 자유롭게 움직일 수 있도록 안고 있는 경우가 있습니다만, 이것은 하지 마십시오. 개가 사지를 움직여 날뛰거나 혹은 튀어 나오는 경우도 있어 위험합니다.

또한 케이지에서 꺼내는 방법은 문을 여는 순간 튀어 나가려는 개와 안쪽에 들어가 버리는 개 두 가지 패턴을 소개합니다. 모두 전지의 밑동을 드는 것으로 강아지의 움직임을 제한하고 있습니다.

**CHECK!**

☐ 올바르게 안아서 개를 이동시킨다.
☐ 개를 케이지에서 안전하게 꺼낸다.

## 안는 법

**1** 한 손으로 머즐을 받쳐 개를 일으켜 세우고, 다른 한 손을 좌우의 후지 사이로 통과시켜 전지의 관절에 대어 줍니다.

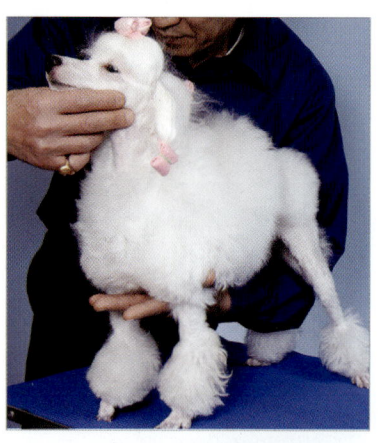

**2** 전지를 엄지와 검지, 약지와 소지 사이에 각각 끼워줍니다.

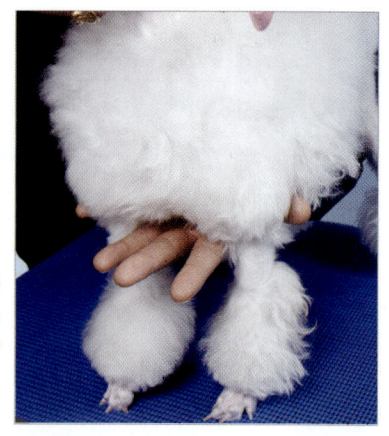

**3** 개의 몸을 트리머의 가슴에 밀착시켜서 안아줍니다.

**4** 전지의 밑동을 손가락으로 끼운 상태라면 한 팔로 감싸는 것도 가능합니다.

팔로 엉덩이를 받치고 있기 때문에 안정적입니다.

## 케이지에서 꺼내는 방법

### 안쪽으로 틀어박히는 개

위쪽에서 손을 대면 경계하기 쉬우니 하지 않습니다.

1 우선 개를 안심시키기 위해 얼굴을 가볍게 쓰다듬습니다. 엎드려 있을 경우는 쓰다듬으면서 얼굴을 들게 합니다.

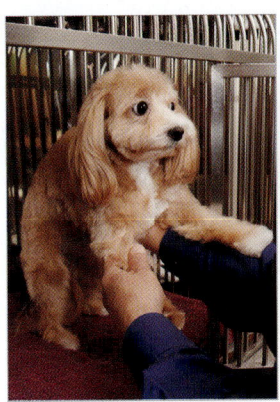 

개가 몸을 뒤로 빼는 걸 막습니다

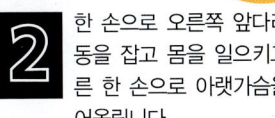

2 한 손으로 오른쪽 앞다리 밑동을 잡고 몸을 일으키고 다른 한 손으로 아랫가슴을 들어올립니다.

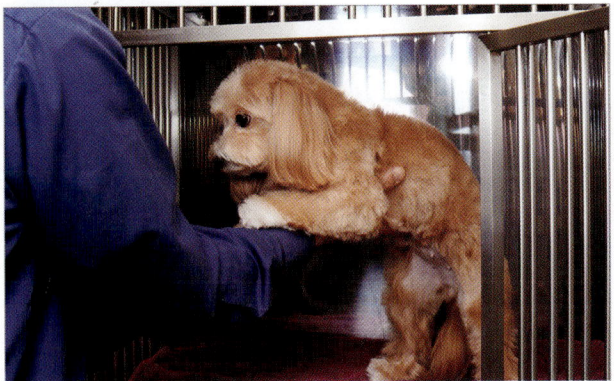

3 아랫가슴을 받쳐 개를 앞으로 끄집어내고 오른쪽 앞다리 밑동을 잡고 있던 손을 등쪽으로 돌립니다.

4 그대로 개의 몸을 자신의 겨드랑이에 끼우고 복부에 팔을 돌려 오른쪽 전지의 관절 아래쪽에서 잡습니다.

### 튀어나오려는 개

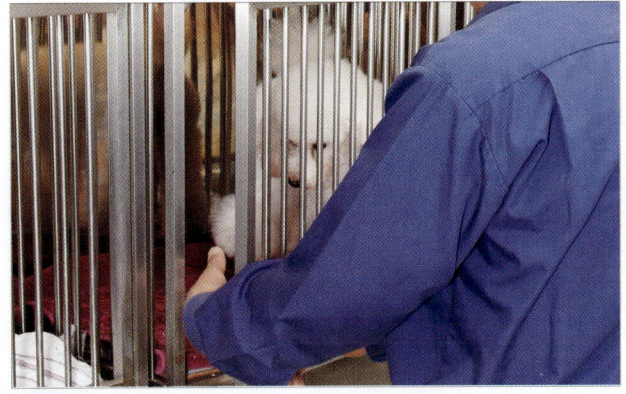

 문을 조금 열고 케이지 안에 손을 넣습니다.

2 본인의 몸을 케이지에 밀착시켜 튀어나오는 것을 막아주고 오른쪽 전지의 밑동을 잡아줍니다.

움직임이 제한됩니다

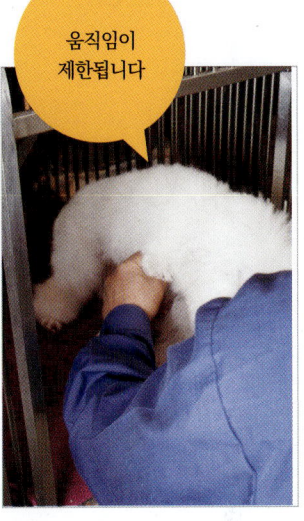
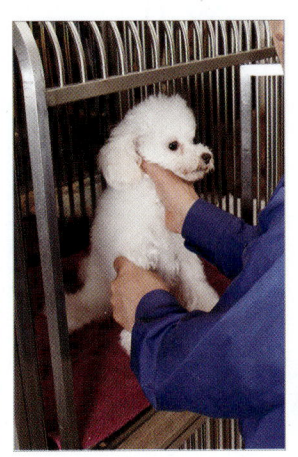

3 다른 한 손으로 목 밑동을 지탱하게되면, 개가 움직이는 것이 어려워지게 됩니다.

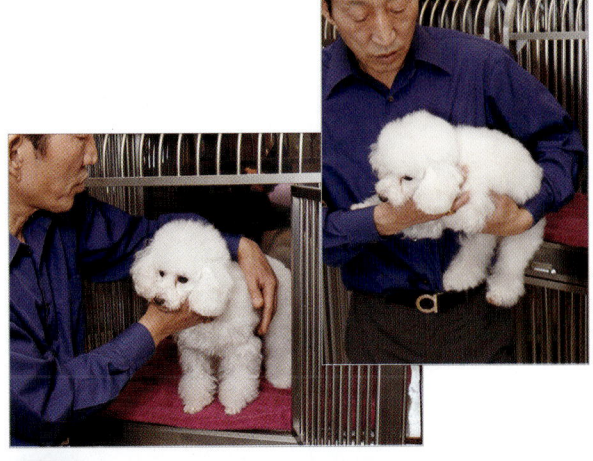

4 목을 받친 채 오른쪽 전지의 밑동을 잡고 있던 손을 개의 등쪽으로 감싸줍니다. 그대로 개의 몸을 트리머의 겨드랑이에 끼워 왼쪽 전지의 관절 아래쪽으로 잡아줍니다.

**POINT**

샴핑 전에 해 두는 케어의 포인트를 잡아보자

# 항문낭 짜기와 귀 청소

**STUDY!**

항문낭 짜기와 귀 청소는 개를 씻기 전에 해 두는 케어입니다. 분비물이나 오염 물질을 제거할 때 따뜻한 물로 씻어 낼 필요가 있기 때문에 샴핑 전에 끝내는 것이 합리적입니다.

항문낭은 분비물을 위로 밀어내듯 부드럽게 짜는 것이 포인트라고 할 수 있습니다. 분비물은 냄새가 강하기 때문에 튀지 않도록 손으로 덮는 배려도 필요합니다.

귀 청소는 귓속에 상처가 나지 않도록 주의하면서 부드럽게 오염을 제거합시다. 개가 만지는 것을 싫어하는 경우는 서서히 길들이거나 움직일 수 없도록 보정하는 등 안전하게 진행하고 나서 해 주십시오.

또한 이러한 작업 전에 바디의 피모를 브러싱해서 죽은 털을 제거하거나 코밍하여 등쪽의 피모를 좌우로 나누는 것도 잊지 않도록 합니다.

**CHECK!**

☐ 안전을 고려하여 부드럽게 케어한다.

☐ 브러싱과 코밍도 잊지 않는다.

## 항문낭 짜기

**1** 꼬리를 들어 올려 반대쪽 손바닥으로 따뜻한 물을 모아서 항문 주위를 골고루 적셔 줍니다. 샤워할 때 적셔도 괜찮습니다.

**2** 꼬리를 들어 올리면 항문낭이 밖으로 튀어 나와 만지기 쉬운 상태가 됩니다.

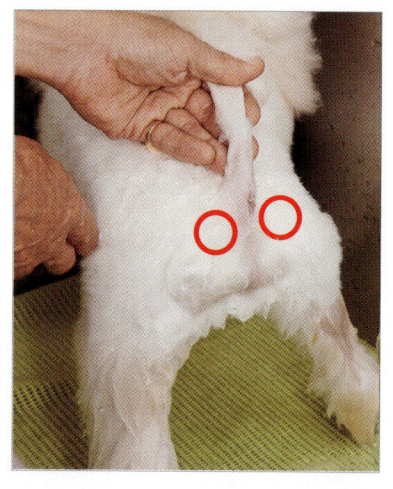

**3** 꼬리를 잡지 않은 손의 엄지와 검지로 항문낭 안쪽을 잡아서 위를 향해 가볍게 누르는 식으로 분비물을 짜 냅니다.

분비물이 튀지 않도록 손바닥으로 항문을 덮으면 안심

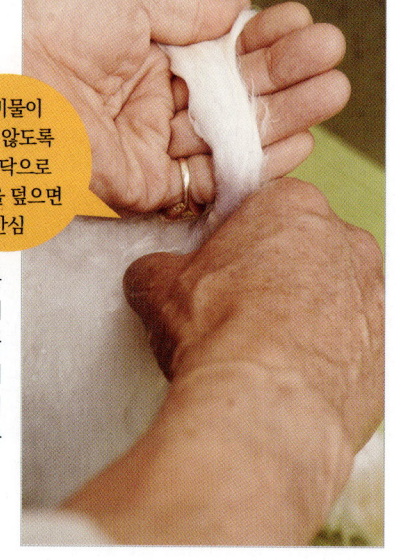

**4** 다 짜면 항문 주변(특히 출구 부근)을 따뜻한 물로 헹구어 분비물을 씻어냅니다.

## 귀 청소

**더럽지 않다면 세정하지 않아도 OK**

**1** 먼저 귀의 털을 뽑아 귓속의 오염을 확인하고 귀를 세정할 필요가 있는지 판단합니다. 세정 시에는 한손으로 귀를 넘기고 이어클리너를 귓구멍에 떨어뜨립니다.

### POINT

**이렇게 하면 옆으로도, 뒤로도 움직일 수가 없어요.**

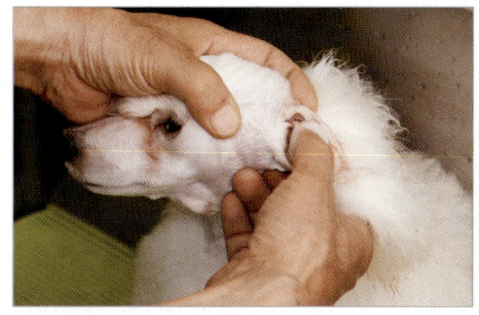

먼저 세정하는 쪽의 손으로 머즐을 보정하고, 반대 손으로 위에서 머리를 감싸서 검지를 옥시풋에 대고 고정합니다(오른쪽 귀를 세정 시 사진과 같습니다).

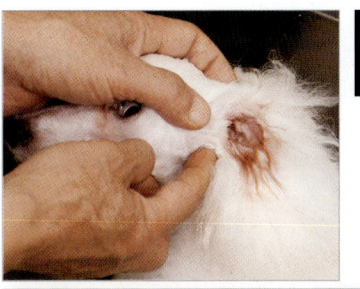

**2** 귓속의 오염물질을 띄우듯이 외이도 안쪽에 닿는 부분(턱 관절부근)에서 귓구멍(밖)을 향해 가볍게 문질러 줍니다.

**오염이 심한 경우는 외이도에 상처가 있지 않은지 확인**

귀 청소를 할 때는 가능한 외이도 등을 자극하지 않도록 주의한다. 거즈나 면봉 등을 사용하는 것도 삼가고 손가락으로 하는 것이 좋습니다.

### 케어 전에 미리 해 둘 것

피모가 긴 개는 등선을 갈라 두면 샴핑을 하기 쉬워집니다. 항문낭 짜기나 귀 청소에는 직접 관계가 없지만, 피모를 물에 적시기 전에 코밍하기가 쉬우므로 미리 가르마를 타도록 합니다.

**3** 귓구멍에서 나오는 거품을 물로 씻어냅니다. 귓속의 오염이 없어질 때까지 ①~③을 수차례 반복합니다.

## POINT

씻기 전에 샴핑 포인트를 알아 두자

# 샴핑 포인트

**STUDY!**

피모가 깨끗한 상태에서 트리밍을 시작하면 커팅도 원활하게 할 수 있습니다. 그러기 위해서는 샴핑으로 피부나 피모의 더러움을 제대로 제거하는 것이 중요합니다. 이 장에서는 먼저 효율적인 샴핑을 하기 위해 알려주고 싶은 포인트를 제시합니다.

샴푸제를 개의 몸에 바를 때는 미리 거품을 내 두면 낭비 없이 몸 전체에 퍼지게 할 수 있습니다. 따뜻한 물로 헹굴 때는 피모를 손가락으로 문질러 보고, 유분이 제대로 떨어져 있는지 확인합시다.

또한 씻기기 어렵거나, 기름기가 많거나, 더러워지기 쉬운 특징이 있는 부위를 파악하여 특히 주의 깊게 씻는 것이 중요합니다. 피모를 씻는다기보다는 피부를 씻는 느낌으로, 얼룩이나 유분을 제대로 제거하도록 합시다.

**CHECK!**

☐ 샴푸는 거품 상태로 바른다.
☐ 유분이 씻겨나가고 있는지 확인하면서 헹군다.
☐ 씻기 어렵고 기름지거나 더러워지기 쉬운 부위에 주의해서 씻는다.
☐ 피모를 분리하여 피부까지 꼼꼼히 씻는다.

## 샴푸제 바르는 법 & 헹굼 방법

거품을 낼 때는, 스펀지를 사용하면 편리!

두부 이외에는, 부위나 견종에 따라 선택하여 사용한다.

**2** 특히 두부를 씻길 때는 샤워기보다 수도꼭지를 사용하는 편이 양손을 사용할 수 있어 편리하다. 개의 얼굴은 위를 향해 코와 입(기관지)에 물이 들어가지 않도록 합니다.

**1** 샴푸는 미리 거품을 낸 뒤 개의 전신에 바르는 것이 좋다. 액체 그대로라면 늘어지고 바닥으로 떨어져 샴푸제가 낭비될 수 있습니다. 얼굴에 바를 때는 눈에 들어가지 않도록 주의하세요.

유분이 남아 있으면, 건조했을 때 피모가 들뜨기 때문에 주의

**3** 샴푸를 헹구면서 피모를 손가락으로 문질러 보고, 잘 씻겼는지 확인합니다. 문질렀을 때 '뽀득' 소리가 나면 잘 씻겨진 상태입니다. 미끈거릴 때는 유분기가 남아있으므로 다시 씻어줍니다.

# 특히 주의해야 하는 부위

## 씻기 어려운 부위

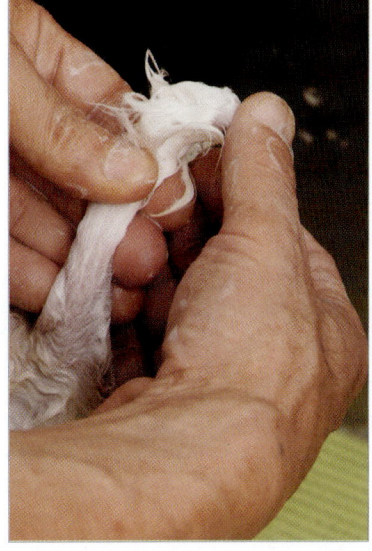

꼬리의 앞부분이나 턱업, 수근구 부위 등은 손가락이 잘 닿지 않아 씻기기 어려운 부위입니다. 유분이나 오염을 제거하는 것을 잊지말고 세심하게 씻어줍니다.

## 기름진 부위

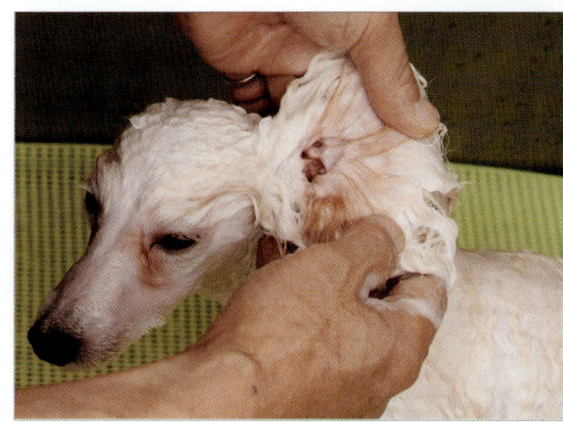

귀에는 피지선이 많고, 외이도에서 나온 진한 유분이 귓불까지 퍼지므로 기름지기 쉬운 부위이기에 귀 전체를 제대로 씻어야 합니다.

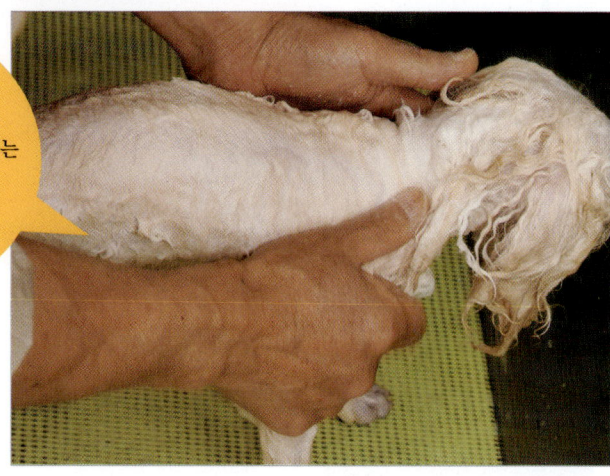

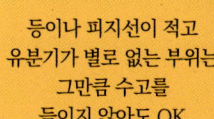
등이나 피지선이 적고 유분기가 별로 없는 부위는 그만큼 수고를 들이지 않아도 OK

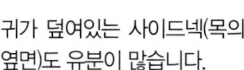
귀가 덮여있는 사이드넥(목의 옆면)도 유분이 많습니다.

## 더러워지기 쉬운 부위

머즐에 털을 남겼을 때는 입 주위가 특히 더러워지기 쉬우므로 주의

발 주위나 항문 주위, 입 주위도 생활속에서 더러워지기 쉬운 부위입니다. 육구(발볼록살) 주변도 주의가 필요합니다.

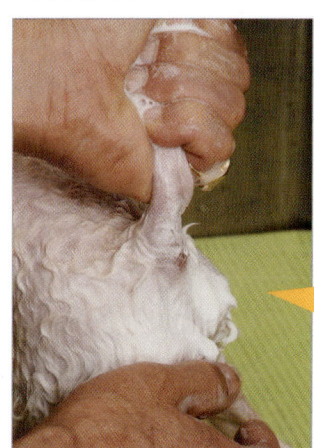

더러워지기 쉬운 부위는 1회차에 가볍게 씻고, 2회차는 집중적으로 씻는 것을 추천합니다.

팔꿈치와 비절은 개가 앉거나 엎드려있을 때 바닥에 닿기 때문에 더러워지기 쉽습니다.

### MEMO

이것 외에도 오염이나 유분으로 신경쓰이는 부위는 세심하게 씻기는 것을 유념합시다. 피모를 분리하여 유분이나 더러운 부분을 제거해 줍니다.

# 샴핑 ①

**POINT**
바디~후지~꼬리를 씻기는 요령을 터득하자

**STUDY!**
기본적인 샴핑 순서와 방법을 확인합니다. 씻기는 방법은 기본적으로 모류를 따라 피지선이 많은 부위, 더러워지기 쉽거나 씻기기 어려운 포인트를 주의하면서 진행합니다. 목~바디부터 시작해서 후지~꼬리의 순서로 씻깁니다. 바디에서는 턱업을 씻기기 어려우므로 주의합니다. 손가락을 덧대어 받치는 등의 방법으로 작업하기 쉽게 합니다.

후지는 더러워지기 쉬운 비절 주위를 특히 주의해서 잘 씻기도록 합시다. 발끝은 모류를 신경 쓰지 않고 씻을 수 있지만, 발바닥까지 씻는 것을 잊지 마십시오. 또한 힘줄 사이의 움푹 들어간 부분도 지나치기 쉽기 때문에 주의해 주시기 바랍니다. 꼬리는 피모 안쪽에 있는 미축(피부)과 꼬리 끝의 오염과 유분을 확실히 제거합니다.

**CHECK!**
☐ 바디를 씻길 때는 턱업을 주의한다.
☐ 후지는 비절, 발끝, 힘줄 사이 등의 부위에서 씻기는 방법을 변경한다.
☐ 꼬리는 미축과 끝을 특별히 주의한다.

## 샴푸제를 도포한다

우선 개의 피모와 피부를 물에 제대로 적시고 전신에 골고루 샴푸제를 바릅니다. 샴푸제는 미리 거품을 낸 상태에서 바릅니다(P34 참조).

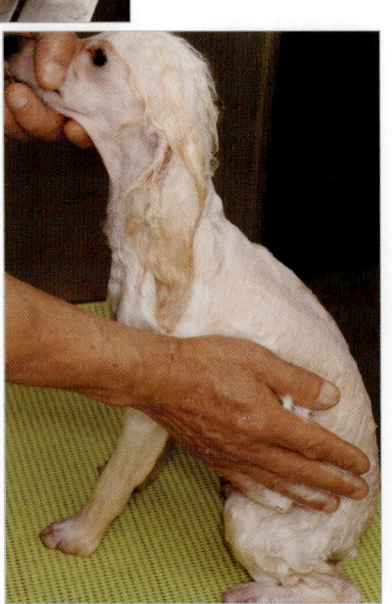

## 바디

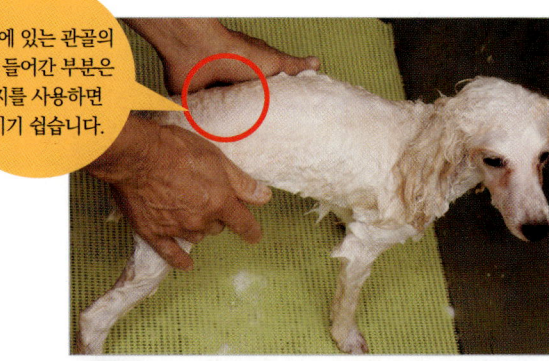

등선에 있는 관골의 움푹 들어간 부분은 엄지를 사용하면 씻기기 쉽습니다.

**1** 모류를 따라 목~등 가운데~복부를 씻깁니다. 피모를 주무르는 것이 아니라 공기를 포함시키는 듯한 느낌으로 손과 손가락을 움직입니다.

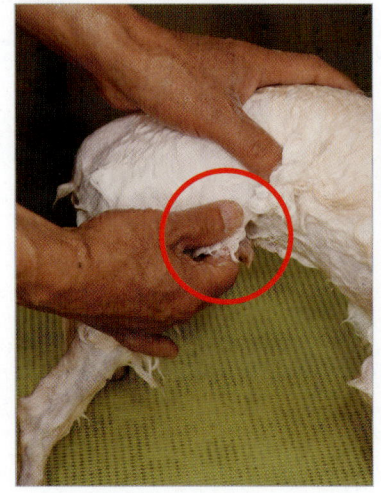

**2** 턱업은 뼈나 근육으로 지탱되지 않아 씻기기 어려운 부위입니다. 안쪽으로 검지를 대어 지지한 후 엄지로 씻깁니다.

## 후지(뒷다리)

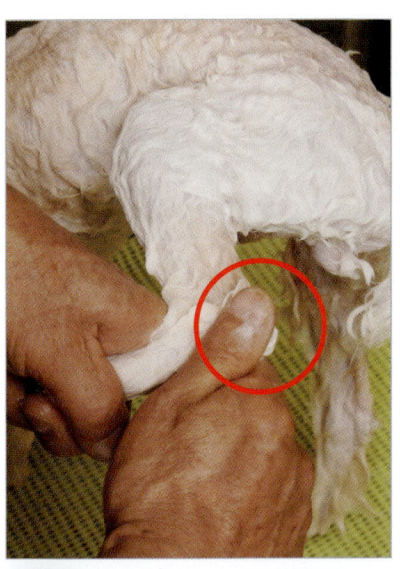
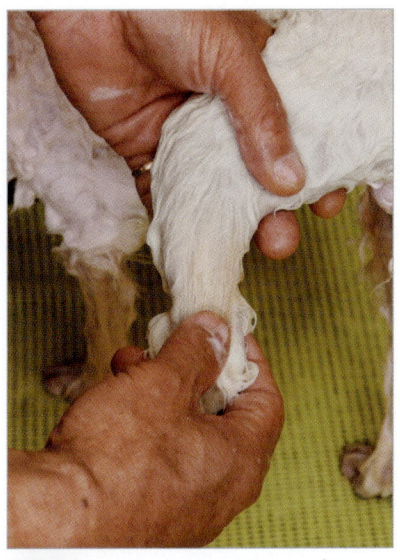
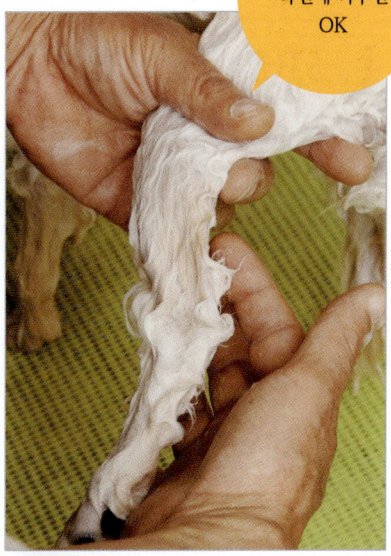

엄지와 검지 측면에 끼우면 OK

**1** 비절은 한 쪽 손으로 다리를 잡은 후, 반대 손의 엄지와 검지로 씻깁니다. 너무 많은 힘을 주지 않도록 주의합니다.

**2** 발끝은 모류에 구애되지 않고 쓱쓱 씻어도 OK. 발바닥의 패드 사이 얼룩도 확실히 지웁시다.

**3** 힘줄 사이에 있는 홈은 빠뜨리기 쉬우므로 홈 안에 손가락을 넣어 확실히 씻겨줍니다.

## 꼬리(테일)

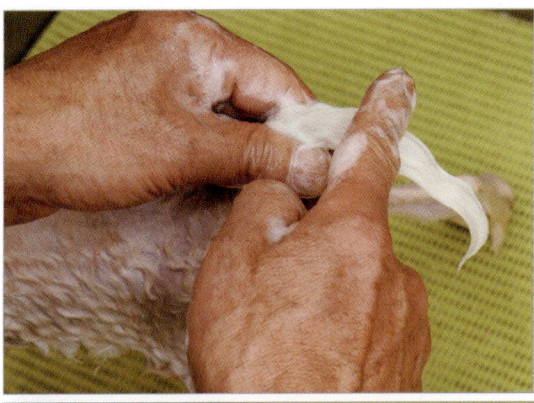

꼬리 축의 끝부분은 씻는 것을 잊기 쉬운 포인트입니다. 끝 부분의 위치를 확인한 후, 피모 안쪽에 있는 피부를 씻깁니다.

꼬리를 씻지 않으면 말렸을 때 털이 꼬여버립니다

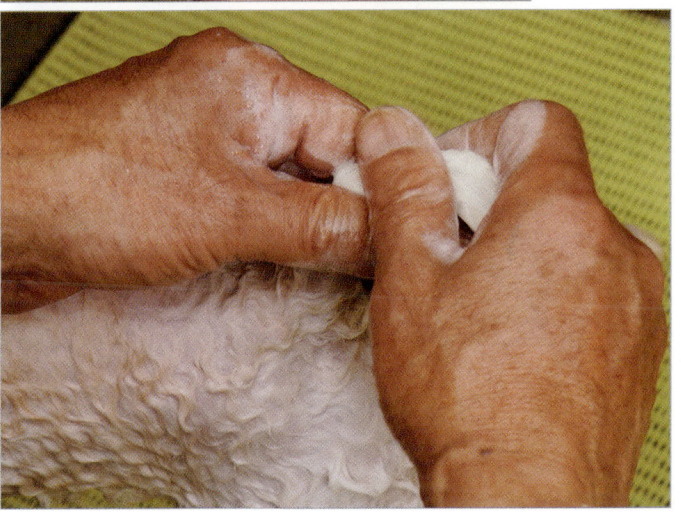

꼬리의 끝 부분 역시 충분히 씻기지 못한 경우가 많은 부위입니다. 손가락 끝으로 씻어 피지나 오염 물질을 없애줍니다.

### MEMO

꼬리의 뿌리~항문 주위도 더러워지기 쉬우므로 피모를 가르면서 확실히 씻기도록 합니다. 1회에 다 씻길 수 없을 때는 2회로 나누어 조심스럽게 씻깁니다.

# 샴핑 ②

**POINT**

전지~얼굴 주위~귀를 씻기는 요령을 터득하자

**STUDY!**

수근구나 귀 가장자리 등 지나치기 쉬운 부위에 주의하여 정성스럽게 샴핑하도록 합시다.

P36에서 설명한 것처럼 바디, 후지, 꼬리의 샴핑을 마치면 이어서 전지를 샴핑하고 마지막으로 얼굴 주변과 귀를 씻깁니다. 전지의 팔꿈치는 비절과 같은 요령으로 샴핑하고, 모류를 따라 위에서 아래로 씻기게 되면 수근구 주위를 빠뜨리기 쉽기 때문에 주의하십시오.

얼굴 주위는 위에서 봤을 때 눈 위에서 후두부의 방향으로 씻겨줍니다. 오염물이 잘 지워지지 않는 스톱은 꼼꼼하게 닦아줍니다. 샴푸제가 눈에 들어가지 않도록 주의하면서 씻겨줍니다.

귀는 기름지기 쉬운 부위이므로 꼬리와 마찬가지로 피모뿐만 아니라 그 안쪽에 있는 피부(귀 가장자리)까지 잘 씻는 것이 중요합니다.

**CHECK!**

☐ 전지는 팔꿈치와 수근구를 특히 주의한다.
☐ 얼굴 주변은 스톱을 조심하고, 샴푸제가 눈에 들어가지 않도록 주의한다.
☐ 귀는 피모뿐만 아니라 가장자리(피부)도 잘 씻는다.

## 전지(앞다리)

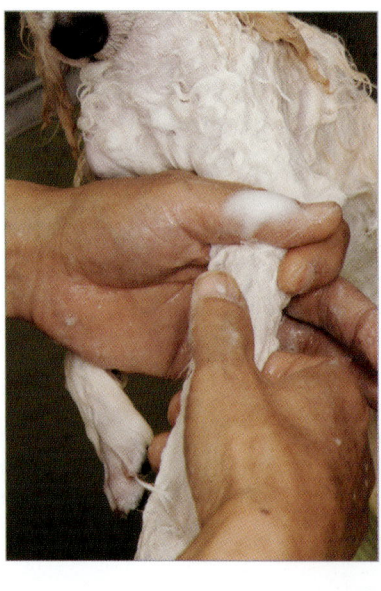

**1** 한 손으로 다리를 잡고, 다른 손으로 씻깁니다.

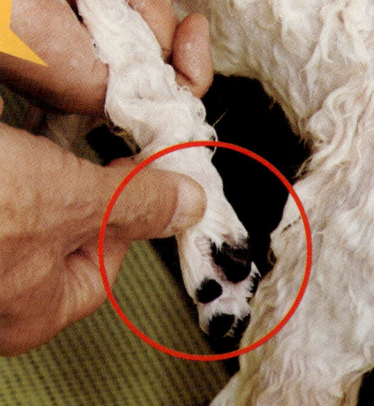

특히 수근구의 아래쪽을 씻기기 힘드니 주의

**2** 수근구 주위는 엄지의 가장자리를 사용하여 손가락을 세심하게 움직여 확실히 얼룩을 제거합시다.

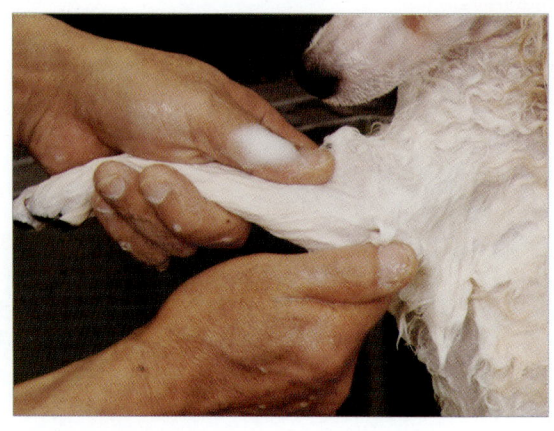

**3** 팔꿈치는 더러워지기 쉽기 때문에 비절과 마찬가지로 엄지와 검지 사이에 두고 정성스럽게 문지릅니다.

## 얼굴 주위

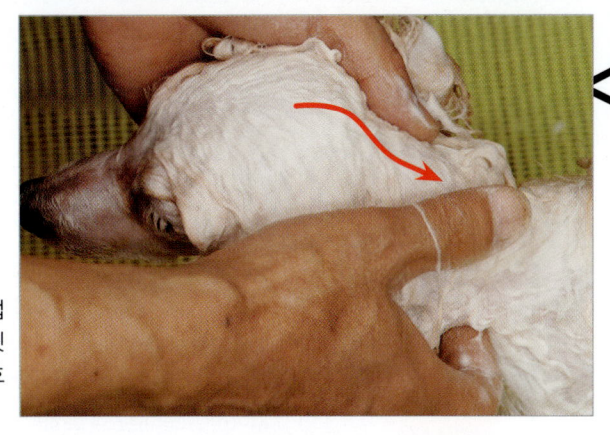

그대로 후두부 쪽으로 씻어냅니다. 양손으로 좌우 반씩 씻으면 잔여물이 없게 되어 효과적입니다.

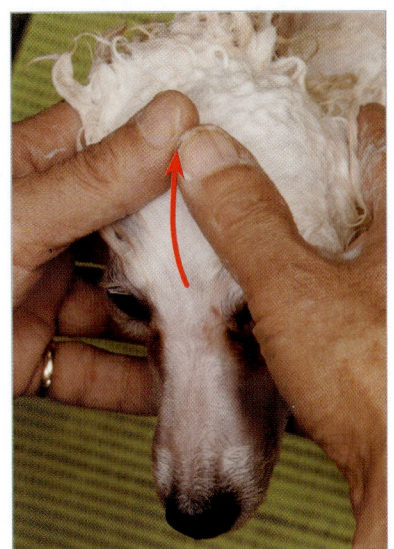

1 눈 위에서 두정부(정수리)를 향해 엄지로 쓰다듬듯이 씻겨 나갑니다. 눈에 샴푸제가 들어가지 않게 조심합니다.

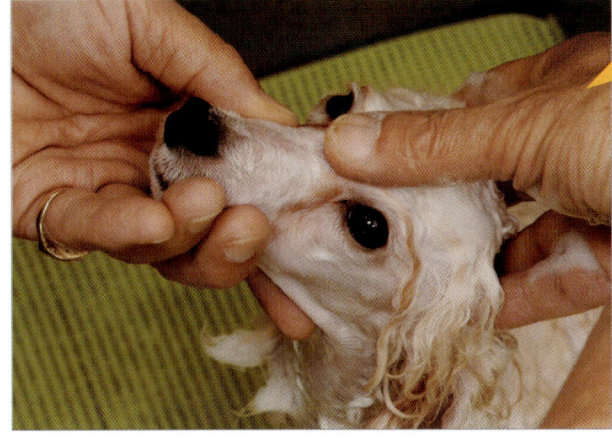

> 엄지를 세로로 하여 힘이 너무 들어가지 않도록 합니다.

3 더러움이 잘 지워지지 않는 스톱은 개의 얼굴을 위로 향하게 하여 엄지로 제대로 씻겨줍니다.

**NG!** 얼굴이나 머리를 씻길 때 거품 낀 손이 눈에 닿아 샴푸제가 눈 속에 들어갈 수도 있습니다. 눈 주위를 씻길 때뿐만 아니라 보정을 할 때도 충분히 주의합시다.

## 귀

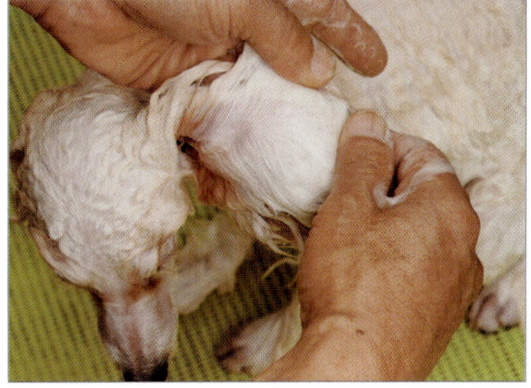

귀는 유분이 많기 때문에 특히 정성스럽게 오염물을 제거하는 것이 필요합니다. 귀를 젖히고 엄지로 문지르며 씻깁니다.

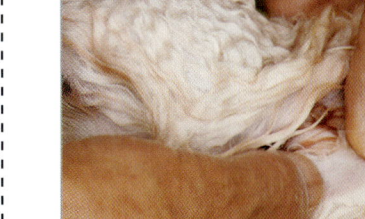

씻기는 것을 잊기 쉬운 귀의 가장자리는 피모를 나누어 안쪽에 있는 피부까지 잘 씻도록 합시다.

### MEMO
눈물 자국이 잘 생기는 눈시울과 사료 찌꺼기가 잘 쌓이는 입 주위도 꼼꼼히 닦아줘야 합니다. 부위에 따라 엄지의 넓은 면이나 가장자리를 골고루 사용하여 세심하게 씻겨주세요.

## POINT

타월링과 드라잉의 요령을 파악하자

# 타월링과 드라잉 포인트

**STUDY!**

샴핑을 마치고 피모를 말릴 때 주의해야 할 포인트를 설명합니다. 타월링으로 피모의 수분을 어느 정도 남겨두느냐에 따라 드라잉의 진행 방법이 달라지기 때문에 미리 양쪽의 주의점을 파악함으로써 효율적으로 작업을 할 수 있게 되는 것입니다.

가장 중요한 것은, 피모가 최적의 수분량을 유지한 상태에서 드라잉(블로우)을 하는 것입니다. 수분이 너무 많아도 너무 적어도 잘 되지 않기 때문에, 타월링시 수분량 조절 정도와 드라잉시의 유연한 대응이 요구됩니다. 만일 '20%'가 피모를 펴는 최소한의 수분량이라면, 그것을 기준으로 실제로 해보고 감각을 익혀주세요. 또한 피부를 손상시키지 않고 제대로 건조할 수 있도록 피모의 빗는 방법에도 신경을 씁시다.

**CHECK!**

☐ 쓱쓱 문지르지 않고 수건으로 수분을 흡수시키는 타월링을 한다.

☐ 피모를 펴는 데 필요한 수분량(20% 기준)를 의식하여 효율적으로 말린다.

☐ 피부에 손상을 주지 않도록 주의하면서 드라이어의 바람 방향에 맞춰 슬리커를 사용한다.

### 타월링

귓속의 물을 빼내기 위해서 개가 몸을 부르르 떨어도 OK

**1** 손으로 피모를 가볍게 짜준 후 수건에 물이 흡수되도록 닦아나갑니다. 욕조 안에서 닦는 경우는 얼굴부터 시작합시다.

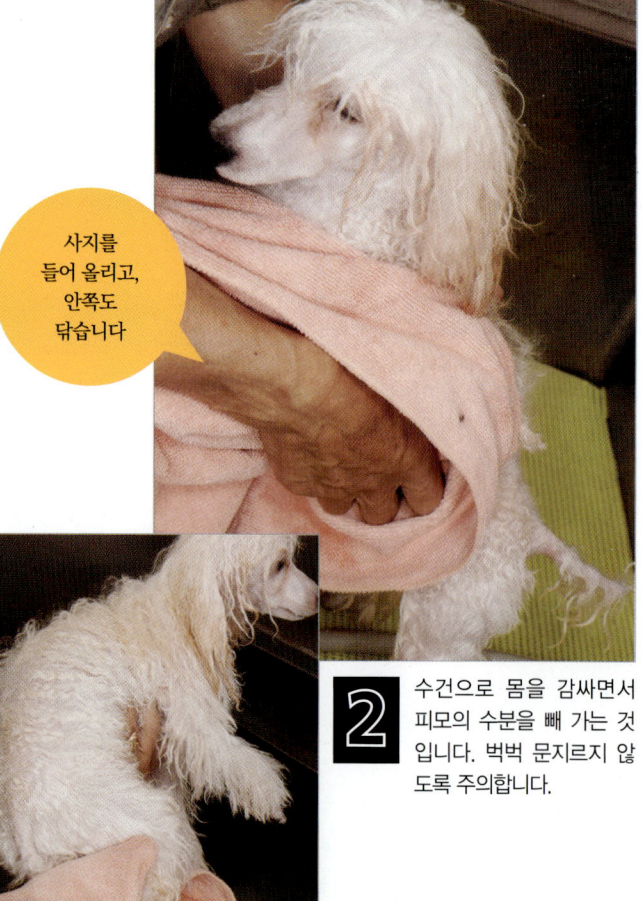

사지를 들어 올리고, 안쪽도 닦습니다

**2** 수건으로 몸을 감싸면서 피모의 수분을 빼 가는 것입니다. 벅벅 문지르지 않도록 주의합니다.

### MEMO

욕조 안에서 어느 정도 닦고 나서 트리밍 테이블로 개를 옮겨 손이 닿기 어려웠던 부위를 닦습니다. 시간이 지날수록 수분이 점점 줄어들기 때문에 빨리 끝내도록 합시다.

## 드라잉 & 블로잉의 포인트

※스탠드 드라이어를 사용할 경우에 대해서 설명하고 있습니다.

### 피모의 수분량을 계산하면서 말리다

피모를 잘 펴서 효율적으로 말리기 위해서는 드라이어의 바람을 쐬는 시간과 슬리커로 빗는 횟수를 최소화할 수 있는 상태(=피모에 포함된 수분량이 20% 정도일 때)에서 말리는 것이 필요합니다. 그러나 오른쪽 그림과 같이 한 곳을 말리다 보면 다른 부위에 바람이 쐬어져 마르기 때문에 타월링의 단계에서, 예를 들어 "처음에 말리는 꼬리는 20%의 수분을 남기고 다음에 말릴 허리를 꼬리를 말리는 동안 바람을 맞기 때문에 25% 정도로 해두면 딱 좋을 것이다"라는 계산이 필요합니다.

물론 그렇게 시간차나 바람을 맞는 방법을 고려하여 적절한 수분량을 계산하는 것은 간단하지 않습니다. 또 20%라는 숫자는 어디까지나 기준입니다. "만져 보고 이 정도 때에 말리면 잘 되었다" 등 스스로 알기 쉬운 지표를 잡아, 그때그때 임기응변으로 대응하는 것을 추천합니다.

다른 부위를 말리고 있을 때 바람이 닿기 쉬운 부위는 특히 주의합시다.

### 피모의 방향을 따라 브러싱하다

드라이어의 바람은 피부와 직각으로 대는 것이 중요합니다. 그렇게 함으로써 피모를 방사상으로 펼쳐지게 합니다.

그 털의 방향을 따라 슬리커나 콤으로 빗어 뿌리까지 바람을 쐬어 말려줍니다. 피모가 펼쳐지지 않고, 한 방향으로 날리기만 한다면 바람이 닿지 않는 부분이 생기기 때문에 주의하시기 바랍니다.

### 피부에 상처를 주지 않도록

피모의 뿌리까지 말리고 펴기 위해 슬리커나 콤을 사용하지만 핀으로 피부를 손상시킬 수 있으므로 조심합니다. 특히 견단(견갑골과 상완골 관절부)이나 흉골단, 십자부, 팔꿈치, 비절과 같이 튀어나온 부분은 걸리기 쉬우므로 피모를 다른 손을 누르고 피부를 잘 살펴보면서 조심스럽게 빗어주세요.

이때 피부를 잘 체크하면 멍울이나 염증, 벼룩 등의 이상을 발견할 수 있습니다.

피모가 방사상으로 펼쳐지게 되면서, 뿌리까지 바람이 닿게 되는 것입니다.

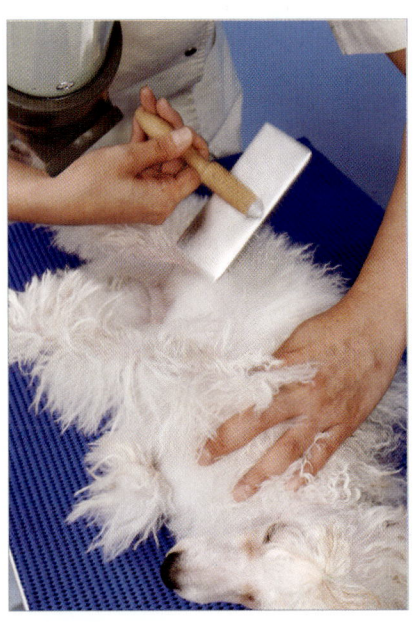

피모를 나눠가며 피부를 체크합니다.

## 드라잉

### POINT
후지~후구의 드라잉 기본을 익히자

**STUDY!**

P40~에서 확인한 포인트에 주의하여 드라잉을 실시합니다. 먼저 얼굴 주위에 드라이어를 대면 싫어하는 개가 많기 때문에, 후지(뒷다리)~후구(몸의 뒷쪽)에서 시작해서 서서히 몸의 앞쪽으로 나아갑니다.

후지의 드라잉 방법 중에서 유의해야 할 점은 "비절의 아래 부위는 위를 향해 브러싱한다"는 것입니다. 발을 향해 아래 방향으로 브러싱하면 발가락 관절에 상처가 날 수 있으므로 주의해 주십시오. 비절을 브러싱할 때도 돌출된 부분에 슬리커의 핀이 닿지 않도록 조심해야 합니다. 꼬리와 패드로 충분히 주의하세요.

또한 전지(앞다리)~전구(몸의 앞부분)이나 턱업에 바람이 닿아 브러싱하기 전에 마를 수도 있으니 바람의 방향에도 신경을 써야 합니다.

**CHECK!**

☐ 비절보다 아래의 발 부위는 위를 향하여 브러싱한다.

☐ 비절, 꼬리, 패드 등 손상되기 쉬운 부위는 특히 주의한다.

☐ 전지 등 다른 부위에 가급적 바람이 닿지 않도록 한다.

### 후지~후구 드라잉

※ 기본적으로 후지부터 시작합니다(스탠드 드라이어 사용).

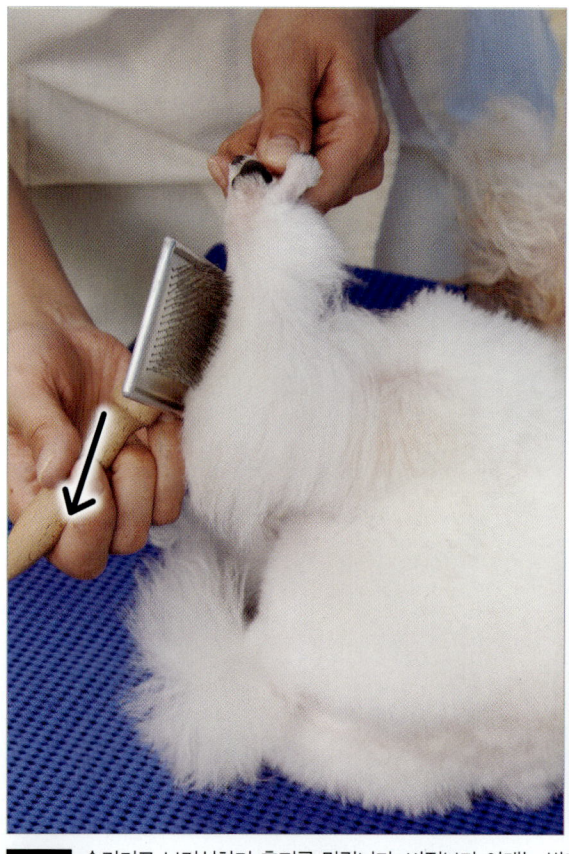 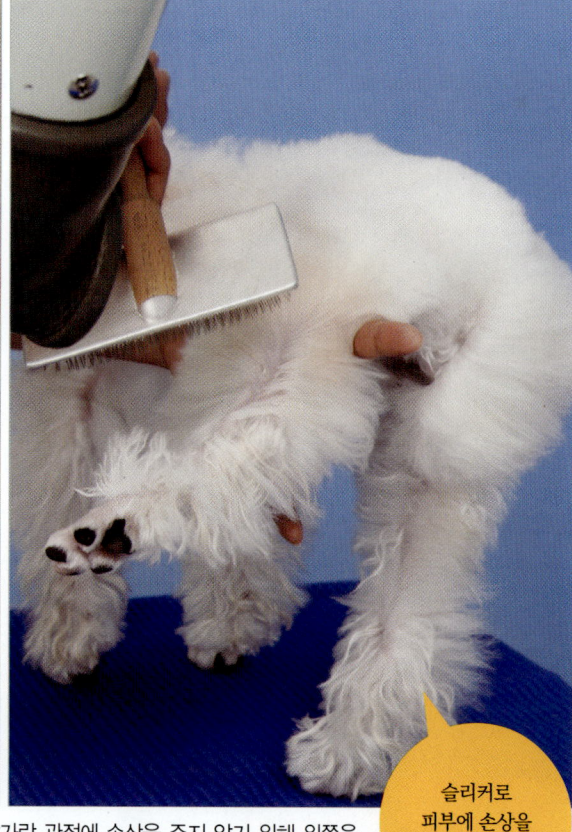

**1** 슬리커로 브러싱하며 후지를 말립니다. 비절보다 아래는 발가락 관절에 손상을 주지 않기 위해 위쪽을 향하게 브러싱합니다. 개를 세워둔 채 말리기 어렵다면 눕힌 상태라도 좋습니다.

슬리커로 피부에 손상을 주지 않도록 주의

전구에 될 수 있는 한 바람이 닿지 않도록 주의

**2** 모류를 따라 브러싱하면서 엉덩이를 말립니다. 브러싱하면서 털과 엉킴이 없는지 확인하고, 찾으면 슬리커나 빗으로 풀어줍니다.

특히 꼬리가 긁히지 않도록 주의

**3** 꼬리를 말립니다. 슬리커 핀이 꼬리에 걸리지 않도록 다른 한 손을 꼬리의 뒷면에서 대고 손바닥에 털을 펼친 상태에서 빗겨 줍니다.

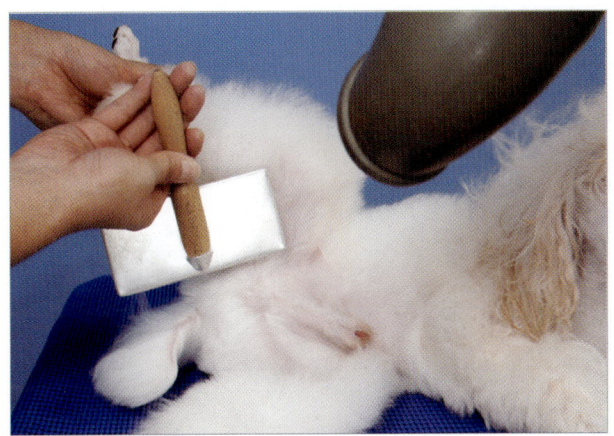

**4** 허벅지를 말립니다. 개를 세워서 한쪽 다리를 들어올리면 개의 몸에 부담이 가거나 브러싱하기 어려울 수도 있기 때문에 눕힌 상태에서 하면 안정적입니다.

### POINT

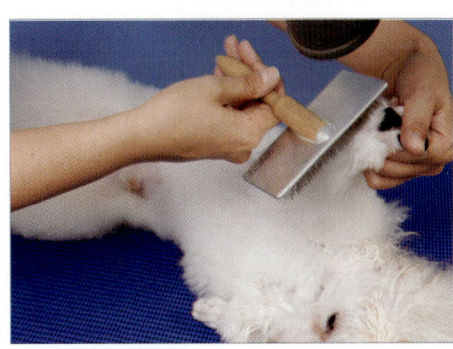

전지에서도 발끝을 말릴 때는 슬리커로 수근구를 손상시키지 않도록 주의합시다.

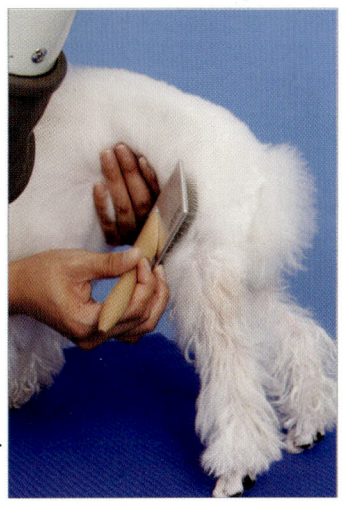

턱업은 피모가 짧고 마르기 쉬우므로 뒷다리를 말릴 때 등에 바람이 닿지 않도록 각별히 주의하시기 바랍니다.

+α

고령견과 강아지의 경우는 개에 대한 부담을 고려하여 복부를 먼저 말릴 수도 있습니다.

### MEMO

드라이어는 스탠드나 핸드의 종류에 관계 없이 자신이 사용하기 편리한 것을 사용해도 됩니다. 각각의 부위를 효율적으로 말리기 위해서는 너무 광범위하게 바람이 닿지 않는 것이 좋습니다.

## 드라잉 2

**POINT**
▼
전지~전구~두부의
드라잉 기본을 익히자

**STUDY!**

전지~전구~두부 드라잉을 진행합니다. 드라이어의 바람으로 피모를 방사상으로 펼치거나 슬리커나 콤의 핀으로 피부나 관절을 손상시키지 않도록 하는 등의 포인트는 후지~후구와 공통되므로 계속 주의합시다.

특히 주의가 필요한 것은 두부 부분의 드라잉입니다. 눈과 귀 등은 슬리커 핀이나 드라이어의 바람이 닿으면 부상이나 개의 부담으로 이어지기 쉬우므로 다른 부위보다 더욱 신중하게 작업해야 합니다. 걱정스러운 경우는 슬리커보다 세세한 작업에 적합한 빗을 사용하는 것을 추천합니다.

또한 얼굴이나 귀를 만지는 것을 싫어하여 움직이는 개도 많기 때문에 제대로 보정하는 것도 중요합니다.

**CHECK!**

☐ 피부나 관절을 손상시키지 않도록 주의한다.
☐ 두부를 말릴 때는 눈이나 귀를 다치지 않도록 충분히 주의한다.
☐ 조심스럽게 작업하고 싶을 때는 슬리커를 콤으로 교체한다.

### 전지~전구의 드라잉

슬리커로 브러싱하면서 전지를 말립니다. 발끝은 아래에서 위의 방향으로 쓸어내고, 수근구나 발가락이 다치지 않도록 주의하세요.

겨드랑이도 확실히 말립니다

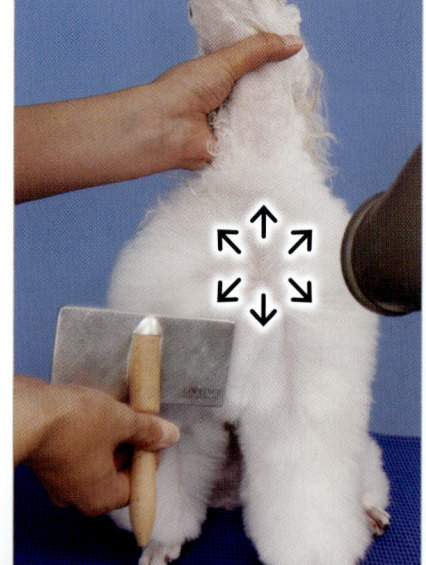

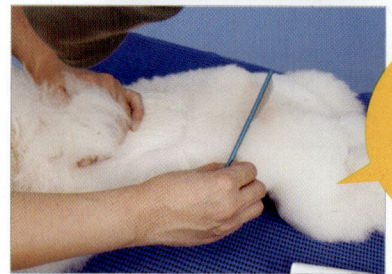

마지막으로 콤으로 빗겨내고 뭉친 털이 없는지 확인

전구를 말립니다. 드라이어의 바람을 피부와 직각으로 하여 피모를 방사형으로 펼쳐주고 슬리커를 털 끝에서 점점 뿌리 쪽을 향해 넣으면서 건조시킵니다.

## 두부의 드라잉

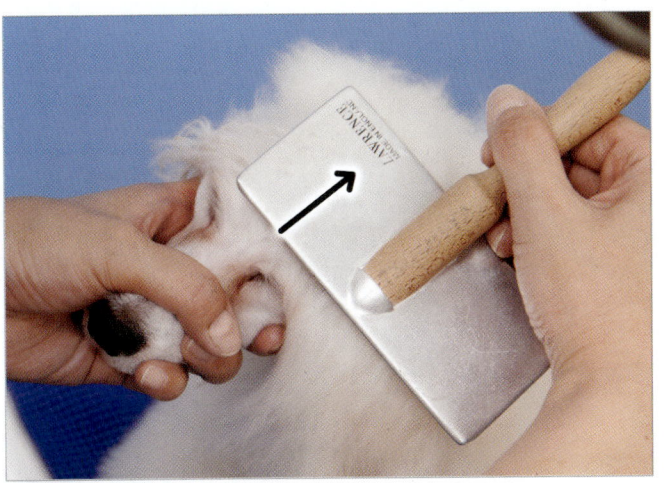

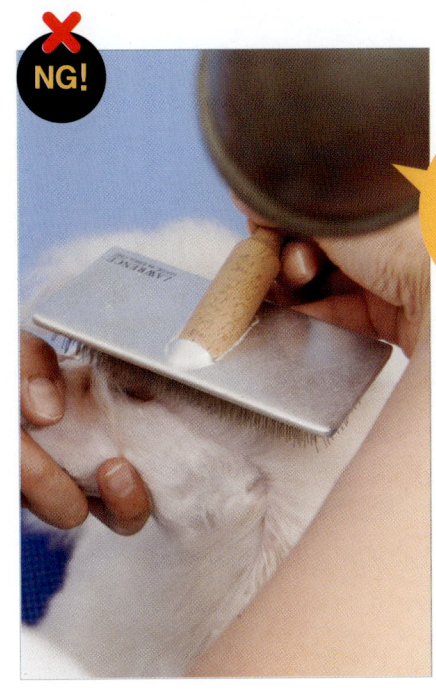

드라이어의 바람이 직접 눈에 닿지 않도록 주의

두부 드라잉 시 가장 주의할 점은 눈에 손상을 주지 않는 것. 특히 전두부~두정부를 말릴 때는 슬리커 핀이 닿지 않도록 매우 주의합니다.

**1** 두부를 말립니다. 이미지너리라인에서 시작하여 아래에서 비스듬히 하여 뒤를 향해 브러싱하며 말리고 있습니다. 이어서 정수리 등 두부의 중심 부분을 동일하게 말려 줍니다.

**2** 귀를 말립니다. 드라이어의 바람을 쐬어 피모를 펼치고, 바깥쪽을 향해 브러싱하며 말립니다. 귀 가장자리는 슬리커를 사용하면 상처가 생길 수 있기 때문에 콤으로 정성스럽게 털을 빗는 것이 포인트입니다.

반대쪽 손을 피모 밑에 받치고

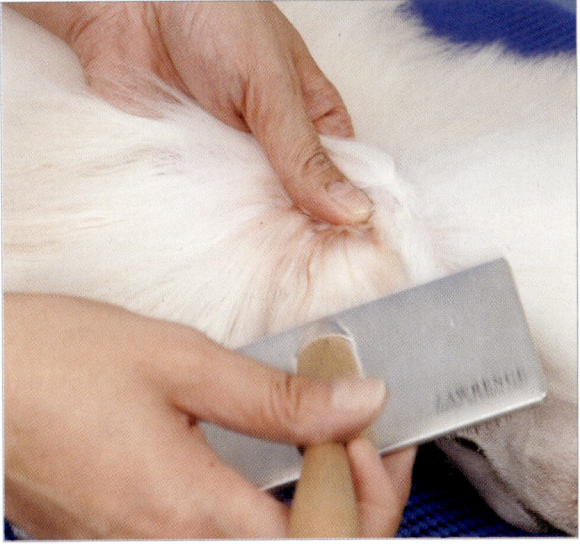

**3** 귀는 뒤집으면 쉽게 건조해집니다. 귓구멍(이공)에 드라이어의 바람이 직접 닿지 않도록 보정하는 손의 손가락으로 귓구멍을 막아 주십시오.

*finish*

### MEMO

귀의 피모는 젖으면 뭉쳐지기 때문에 그대로 드라이어의 바람을 쐬면 마르지 않을 수 있습니다. 드라잉 전에 수건으로 수분을 잘 닦아낸 후 말리세요.

전신의 피모가 펴져야 드라잉이 완료된 것입니다. 꼼꼼한 드라잉으로 쉽게 입모를 할 수 있게 되며, 커트도 원활해 집니다.

*Special thanks to*

| | |
|---|---|
| 피노(フィノ)(♀) | P62~69, P74~85, P122~128 |
| 나나코(ナナコ)(♀) | P86~97 |
| 아이(アイ)(♀) | P98~107, P108~115 |
| 투이티(トゥイーティー)(♀) | P116~121 |
| 코코아(ココア)(♂) | P132~141, P70~72 |
| 주식회사 오카센(オカセン) | P50~61 |

# 푸들 컷의 기본
## 카네코 방법으로 배우기

- '카네코 방법'의 기본
- 램 클립으로 배우는 시저링의 기본
- 클리핑의 기본 테크닉
- 얼굴 미용의 순서와 포인트
- 발 클리핑의 순서와 포인트

Chapter

3

*Basic poodle*

### 균형 잡힌 완성된 형태로 만들어진다

# '카네코 방법'의 기본

'각'을 잘라내어 '동그라미'를 만든다!

## '면'과 '각'을 파악하는 방법

'면과 각'으로 표현된 램 클립의 게이지(작업 중의 상태). 작업을 진행할 때는 이러한 '면과 각'의 연결을 항상 이미지화하도록 합시다.

### 둥글게 만들고 싶은 부분을 "둥글게 자르자"라고 하는 것이 실패의 원인

커트할 때 가장 고생하는 것 중 하나가 '둥글게 다듬는 방법'일 것입니다. 아무리 정성스럽게 커트해도, 좌우의 균형이 이상하거나 원하는 형태로 만들어져 있지 않거나… 수정하려다가 오히려 모양이 찌그러지거나 움푹 들어가버린 브레슬릿이 되거나 크라운이 작아져 버렸다는 경험은 누구에게나 있을 것입니다. 동그라미가 잘 만들어지지 않는 주된 원인은 처음부터 둥글게 자르려고 하기 때문입니다. 정사각형의 종이를 컴퍼스 없이 둥글게 자르는 방법을 생각해 보시기 바랍니다. "종이와 가위를 빙글빙글 돌리면서 둥글게 자르려고 해도, 예쁜 동그라미를 완성하는 것은 어렵습니다. 그것보다 사각형의 모서리를 잘라내어 원에 가깝게 만들어 가는 것이 확실합니다."

우선 정사각형의 4개의 각을 각각 45도 각도로 잘라내어 정팔각형으로 만듭니다. 그런 다음 그 각을 같은 각도로 잘라내면 정육각형이 되며, 이 시점에서는 정원형에 매우 가까운 형태가 되어 있을 것입니다. '면과 각'의 이론에서는 트리밍에 있어서도 마찬가지로 '각을 잘라내어 둥글게 만들어간다'는 것을 기본으로 하고 있습니다. 즉 '동그라미'를 만들기 위해서 필요한 것은 '면'과 '면'이 접하는 '각'을 올바른 각도로 잘라내서, 최종적으로 '동그라미에 가까운 형태'로 완성하는 기술인 것입니다.

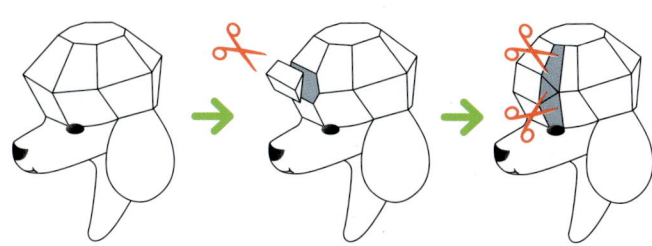

'각을 잘라낸다'는 것

'면과 각'으로 표현된 램 클립의 게이지(작업 중의 상태). 작업을 진행할 때는 이러한 '면과 각'의 연결을 항상 이미지화하도록 합시다.

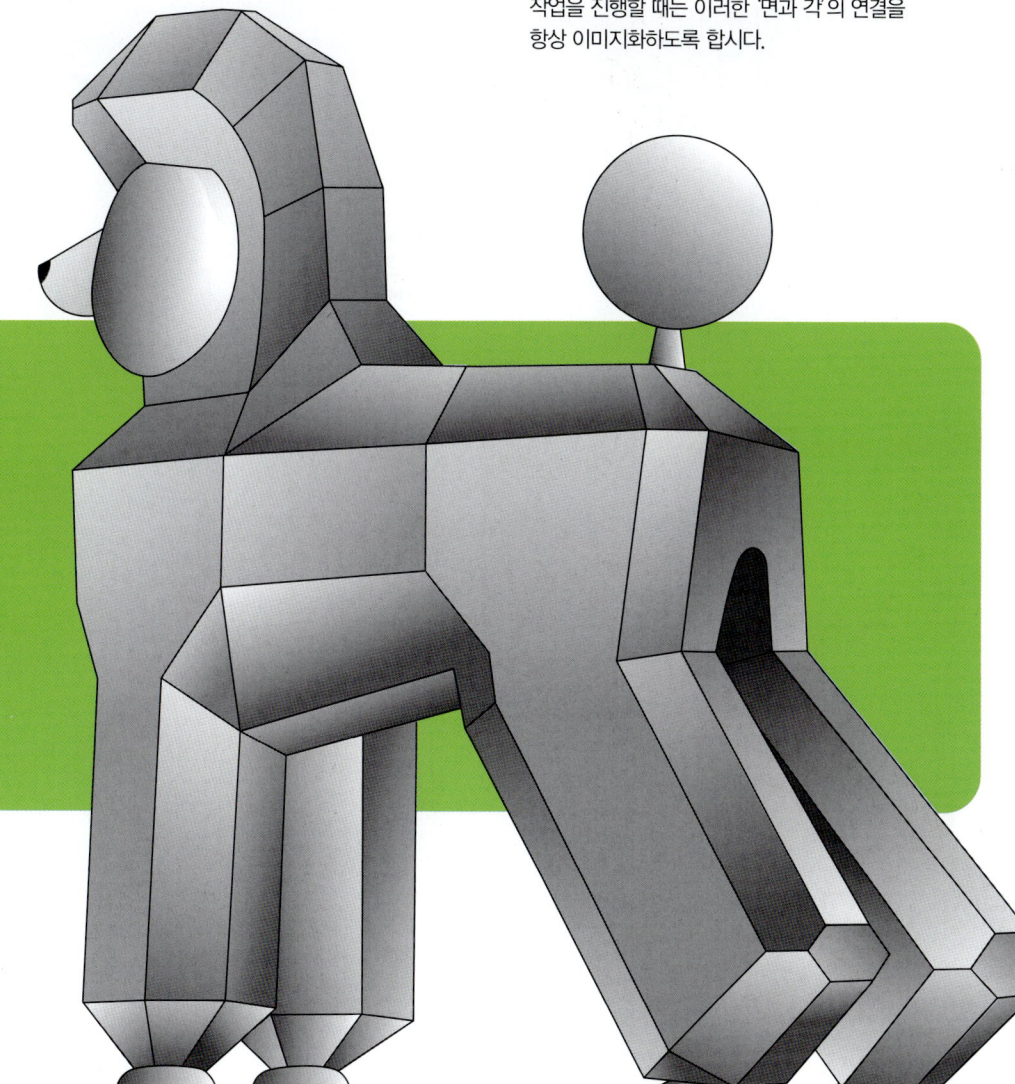

©Kouichi Kaneko 2016

### 트리밍을 아름답게 완성하는 5가지 기본 원칙

**1 개를 자연스럽게 세운다**

개의 체형과 골격은 다양하므로 커트를 통해서 커버할 수 있는 부분은 커버하고 서로 다른 개의 스타일에 따라 적절한 형태로 완성합니다.

**2 트리머 시선의 위치를 주의한다**

개를 위에서 내려다보는 자세로 작업하게 되면 가위의 각도가 앞뒤로 기울어지기 십상이며, 특히 '테이블과 평행한 면'을 만들고 싶을 때는 같은 높이까지 눈높이를 낮춰 확인해야 합니다.

**3 입모를 바르고 정성스럽게 한다**

모질, 모량, 모류를 고려해서 콤으로 확실하게 털을 세워 보다 자연스러운 상태로 피모를 정돈한 후 커트합니다.

**4 가위의 방향과 각도를 이해한다**

일정한 각도에서 가위를 움직일 수 있도록 기본적인 동작을 정확하게 연습해 둡니다.

**5 어느 부분을 자르고 있는지 파악한다**

'면과 각'으로 완성하는 기본을 이해하고, 현재 어느 부분을 자르고 있는지를 의식하면서 작업합니다. 작업하는 도중에 이상한 면을 만들게 되면, 완성에 영향을 미치게 되므로 주의해야 합니다.

### 램 클립으로 배우다. '면'과 '각'을 생각하는 트리밍법

다음 장 이후에서는 램 클립을 예로 들어 설명하고 있지만 '면과 각' 이론은 어떤 컷에도 응용이 가능합니다. 또한 해설에서 제시한 각도는 표준적인 체형의 개를 기준으로 한 평균적인 내용입니다. '로온 레그스 타입(몸통이 길고 다리가 짧은 체형)'이나 '하이온 레그스 타입(몸통이 짧고 다리가 긴 체형)'과 같은 체형의 차이나 다리의 방향, 앵귤레이션의 깊이 등 커트하는 개의 스타일에 따라 세부적으로 조정해 나갑니다. 또한 개를 정확하게 보는 것이나 도구를 적절히 사용하는 것도 중요하다. 트리밍의 기본을 다시 한 번 점검하여 정확하고 정성스럽게 작업을 진행하도록 합시다.

# 램 클립으로 배우는 시저링의 기본

**before**

발, 얼굴~넥라인, 미근부(꼬리의 뿌리 부분), 복부 클리핑 작업을 마친 것과 같은 상태.

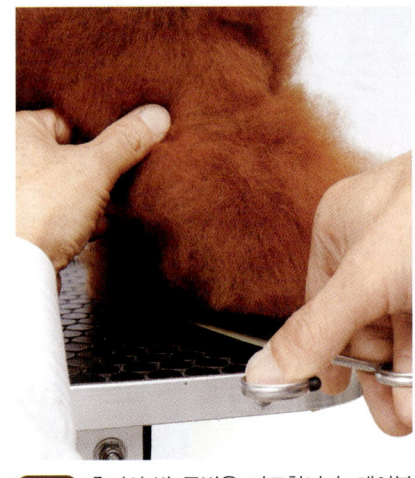

**1** 후지의 발 주변을 커트합니다. 테이블(트리머와 가까운 끝)에 개를 똑바로 세우고 앞쪽의 클리핑라인을 따라 커트합니다. 가위는 테이블 면과 평행하게 맞춥니다.

**2** ①과 마찬가지로 바깥쪽, 뒤쪽, 안쪽의 클리핑라인에도 가위를 넣습니다. 가위의 날끝을 사용하여 모근부터 정확하게 커트합니다.

**3** 풋라인의 뒤쪽 각도를 정합니다. 측면에서 보면서 뒤쪽의 클리핑라인에서 테이블 면과 45도 각도로 적당한 곡선이 만들어지도록 위로 올려주며 커트합니다.

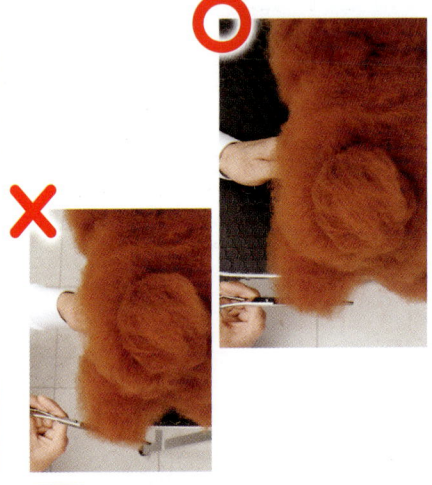

**4** ③의 작업을 할 때 위에서 봤을 때 가위는 반드시 흉추(등뼈)에 대해 직각으로 맞춥니다.

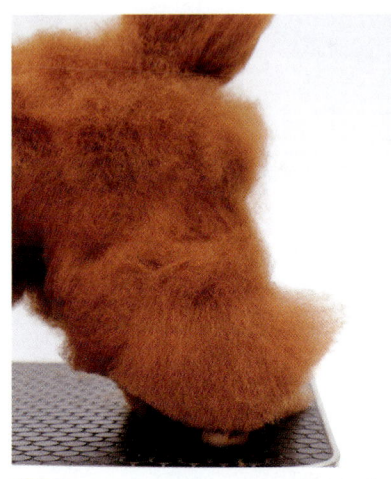

**5** 풋라인의 앞쪽 각도를 정합니다. 측면에서 봤을 때 앞의 풋라인으로부터 ③의 라인과 직각으로 교차하는 각도로 적당한 곡선을 만들며 잘라냅니다.

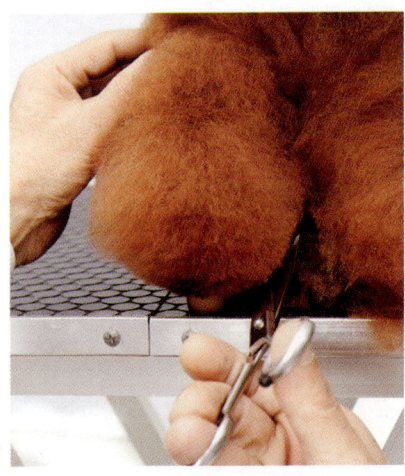

**6** 풋라인의 바깥쪽, 안쪽 각도를 정합니다. 뒤에서 봤을 때 테이블 면과 45도 각도로 적당한 곡선이 만들어지도록 잘라줍니다.

**7** 풋라인의 앞쪽, 바깥쪽, 뒤쪽, 안쪽의 각을 잘라줍니다. 가위는 흉추에 대해서 45도, 테이블에 대해서 45도 각도로 댑니다.

**8** 전지의 발 주변을 커트합니다. 테이블(트리머와 가까운 끝)에 개를 똑바로 세우고 앞쪽의 클리핑라인을 따라 커트합니다. 가위는 테이블 면에 대해 평행하게 맞춥니다.

| 9 | ⑧과 마찬가지로 바깥쪽, 뒤쪽, 안쪽의 클리핑라인에도 가위를 넣습니다.

| 10 | 풋라인의 앞쪽 혹은 바깥쪽과 뒤쪽, 안쪽을 테이블 면과 45도 각도로 적당한 곡선이 만들어지도록 잘라줍니다.

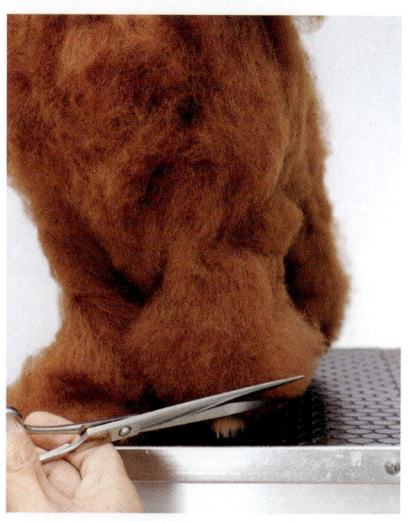

| 11 | 풋라인의 앞쪽, 바깥쪽, 뒤쪽, 안쪽의 각을 없애면서 커트합니다. 가위는 흉추에 대해 45도, 테이블 면과도 마찬가지로 45도 각도로 댑니다.

| 12 | 후구의 등선을 잘라줍니다. 미근부(꼬리의 뿌리 부분)에서 테이블 면과 평행~약간 앞쪽으로 올라가는 라인으로 커트합니다.

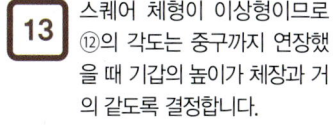

| 13 | 스퀘어 체형이 이상형이므로 ⑫의 각도는 중구까지 연장했을 때 기갑의 높이가 체장과 거의 같도록 결정합니다.

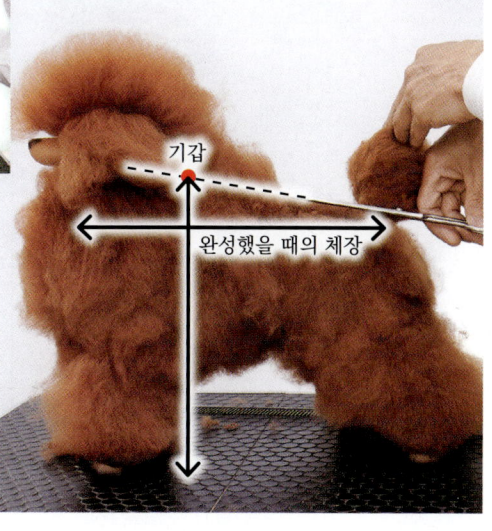

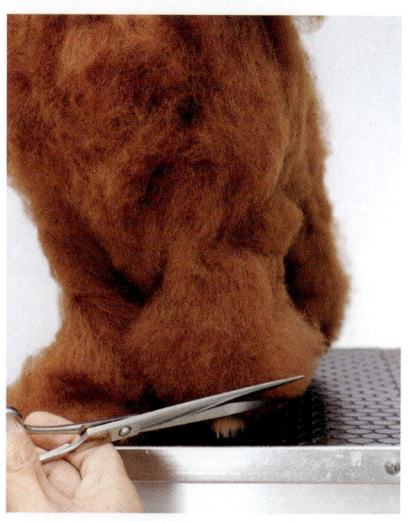

| 14 | 미근부 앞쪽부터 미근부 뒷쪽까지는 이상적인 관골의 각도를 생각하면서 테이블 면과 30도 각도로 커트합니다.

| 15 | 바디의 뒷부분을 커트해서 체장을 정해줍니다. 뒷다리 앵귤레이션이 시작되는 포인트까지 테이블과 수직으로 커트합니다.

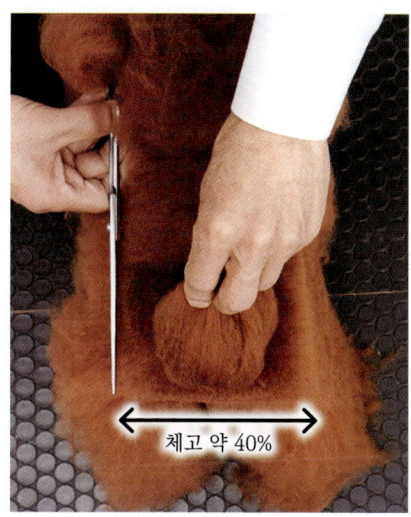

| 16 | 후구의 양쪽 측면을 커트합니다. 후구의 폭은 체고 40% 정도를 기준으로 합니다. 가위는 흉추와 평행한 각도를 유지합니다.

| 17 | 후지의 바깥쪽을 커트합니다. ⑯에서 정한 폭에서 아래로, 테이블 면으로부터 수직선으로 세운 중심선에서 10도 정도 벌어진 각도로 커트합니다.

18 오른손잡이의 트리머가 개의 왼쪽 측면을 자를 때, 대퇴부는 가위를 세로(혹은 대각선 방향)로 맞춥니다. 다만, 턱업보다 아래는 가위를 옆으로 대는 것이 좋습니다.

P O I N T

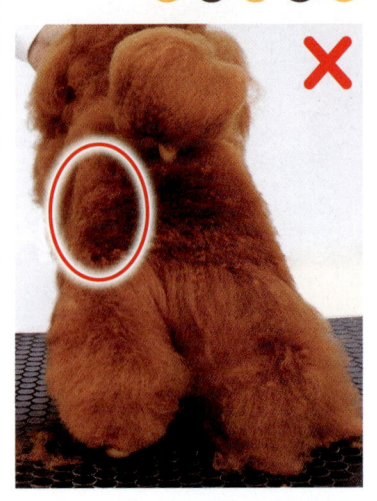

동그라미로 둘러싼 주위를 컷할 때 가위를 옆으로 향하면, 가위를 잡은 손이 바디에 닿기 때문에 올바른 각도를 유지할 수 없다.

19 ⑰의 작업에서는 등선에서 풋라인까지 바깥쪽으로 휘어지지 않도록 똑바로 면을 만듭니다.

P O I N T

커트를 시작하는 각도가 매우 벌어져 있다.

풋라인을 향하여 중간에서 안쪽으로 들어간다.

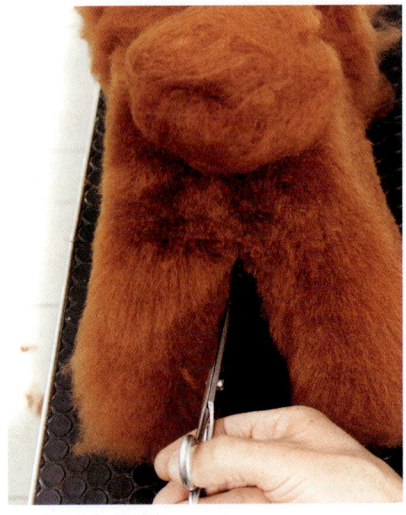

20 후지 안쪽을 커트합니다. ⑰에 평행하게 커트합니다.

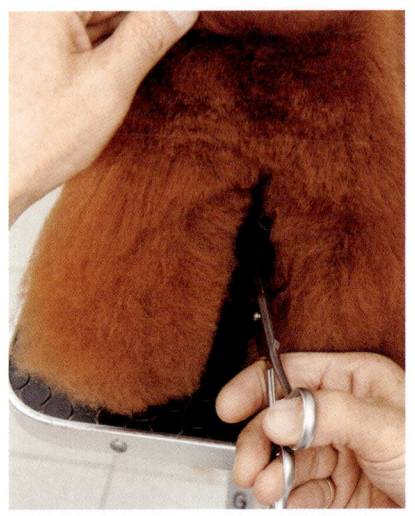

21 ⑳에서 커트한 부분을 다시 털을 세우게 되면 안쪽 앞 부분에서 자르지 않고 남아 있던 털이 나옵니다. 그 부분을 날 끝을 약간 바깥쪽으로 향하여 커트합니다.

22 안쪽 앞 부분은 털의 흐름이 앞을 향해 있기 때문에 ⑳의 작업시 가위날 끝에서 털이 빠지게 됩니다. ㉑의 작업을 추가함으로써 면을 매끄럽게 다듬을 수 있습니다.

23 슬로프라인을 커트합니다. 털을 세워서 비절의 높이를 확인합니다.

24 ㉓의 높이(비절)~⑮에서 자른 후지의 앵귤레이션이 시작되는 포인트를 향해 약간 둥글게 연결되도록 커트합니다.

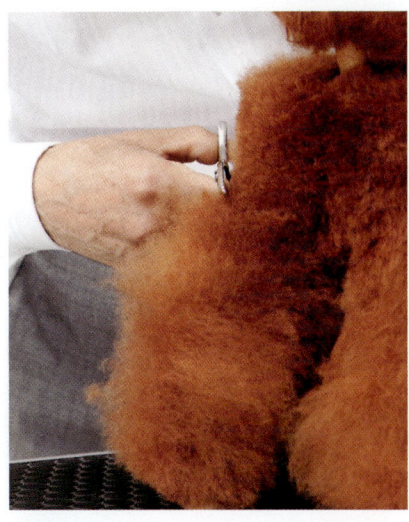

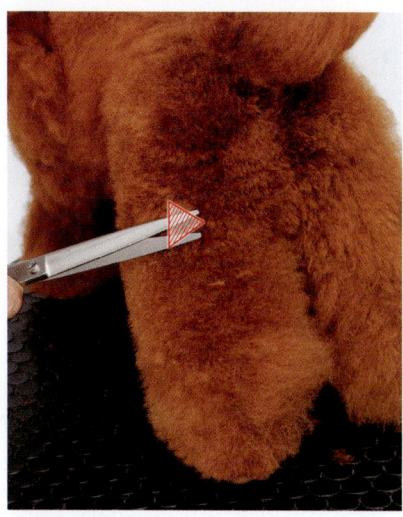

| 25 | ⑮에서 자른 면과 후지 측면의 각을 제거합니다. ⑮에서 커트한 높이까지는 테이블 면과 90도가 되도록 가위를 댑니다. |
| --- | --- |
| 26 | ㉔에서 커트한 면(슬로프라인)과 후지 측면의 각을 없애면서 슬로프의 각도에 맞추어 가위 각도를 바꿔가면서 커트합니다. |
| 27 | 가위 각도가 바뀐 곳에 잘리고 남은 털이 생기지 않도록 ㉕의 작업을 할 때는 ㉖에서 커트하는 부분과 연결되는 것을 고려해야 합니다. |

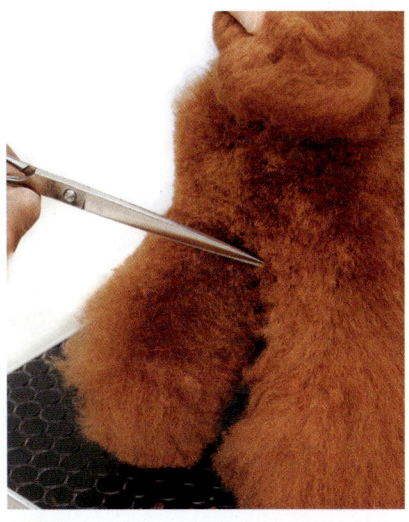
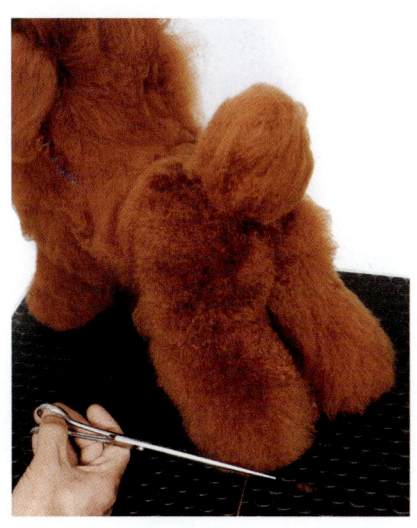

흉추에 대해 직각   테이블 면과 수직 방향

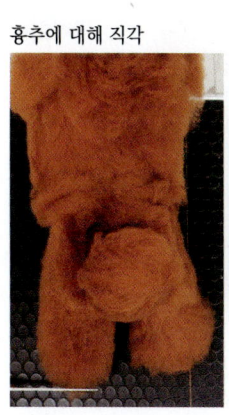

| 28 | ⑮, ㉔에서 커트한 후지의 뒤쪽과 안쪽의 각이 없어지도록 커트합니다. ㉗과 마찬가지로 지저분하게 남아 있는 털이 없도록 면을 연결합니다. |
| --- | --- |
| 29 | ③과 바깥쪽, 안쪽 면의 각이 없어지도록 커트합니다. |
| 30 | ③과 ㉔의 각을 테이블 면과 수직으로 커트합니다. 가위는 흉추에 대해(위에서 봤을 때) 직각으로 댑니다. |

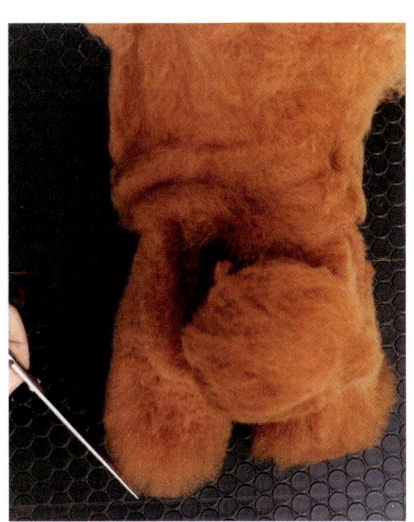
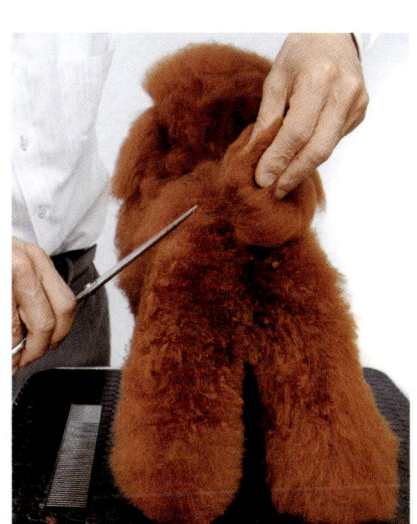
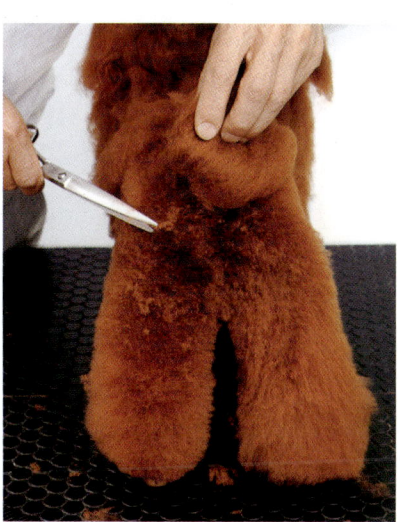

| 31 | ㉚과 외측, 내면의 각을 제거하면서 커트합니다. |
| --- | --- |
| 32 | 후구의 등선과 후지 측면의 모서리를 제거합니다. ⑭와 ⑮의 정점에서 후지 측면으로 테이블 면과 평행한 선을 생각하여, 그 평행선 위에 45도 각도로 가위를 댑니다. |
| 33 | ㉜와 ⑭의 각이 없어지도록 커트하여 ㉕의 면과 연결합니다. |

Kaneko Method

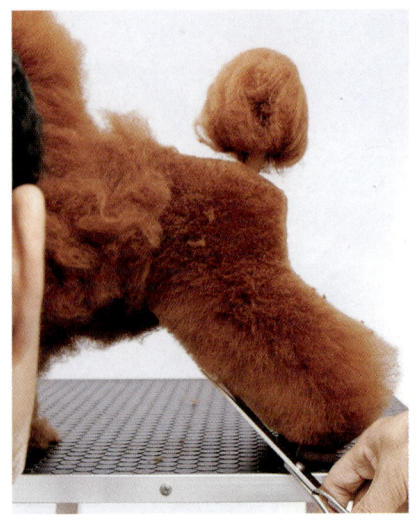

34 후지 앞쪽을 커트합니다. 풋라인부터 무릎 높이까지 ㉔와 평행하게 자릅니다.

**POINT**

㉞의 연장선

무릎의 위치에서 테이블 면과 세운 수직선과 ㉞의 연장선이 만드는 각도를 상정하고 그 각도의 절반이 되는 선을 기준으로 하는 것이 좋습니다.

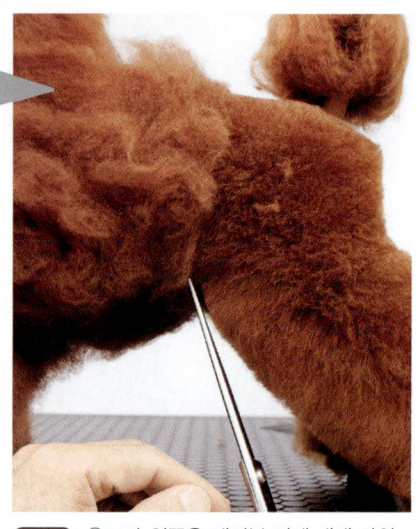

35 ㉞보다 위쪽은 테이블 면에 대해 가위를 약간 세워서 커트합니다.

36 ㉞와 바깥쪽, 안쪽 면의 각이 없어지도록 커트합니다.

37 ㉟와 바깥쪽, 안쪽 면의 각이 없어지도록 커트합니다.

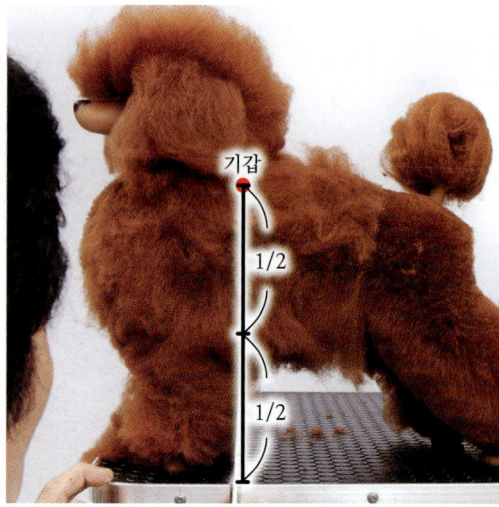

기갑
1/2
1/2

38 바디의 언더라인을 커트합니다. 후지 뒷면의 선을 따라 테이블 면~완성시 기갑 높이의 중간 지점을 상정합니다.

39 넥라인, 에이프런 코트가 오버 코트(털이 길거나 많은)인 경우 먼저 초벌 커트를 해줍니다. 측면에서 봤을 때 체장을 3등분하고 뒤에서 1/3의 위치를 확인합니다.

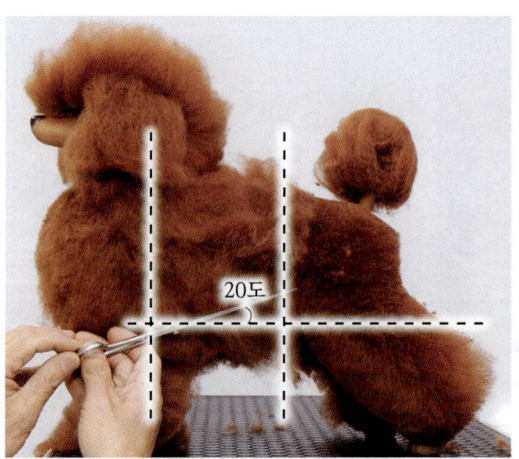

20도

40 ㊳에서 지정한 점~㊴까지, 테이블 면과 20도 각도로 커트합니다.

41 ㊵까지 커트를 끝냈던 곳. ㊵보다 뒤쪽으로 자르고 남은 털이 나와 있습니다.

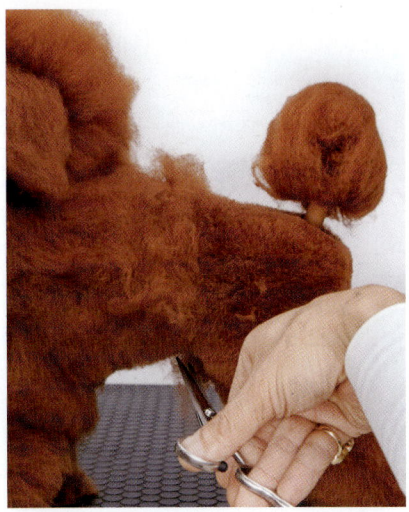

| 42 | ㊶의 남은 털을 ㉟와 연결되도록 잘라줍니다.

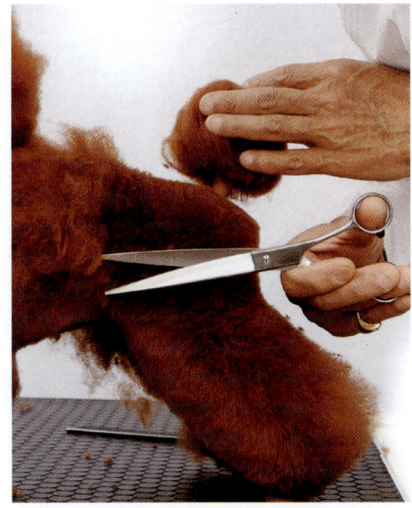

| 43 | ㊵까지는 '후구'가 되므로, 바디의 양측면이나 등선에 자국이 있으면 매끄럽게 정돈합니다.

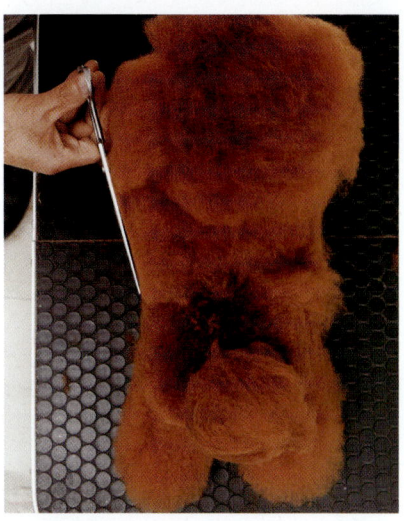

| 44 | 중구의 양측면을 커트합니다. 가위는 테이블 면과 수직으로 대고, 위에서 봤을 때 앞쪽을 향해 약간 벌어지도록 정돈합니다.

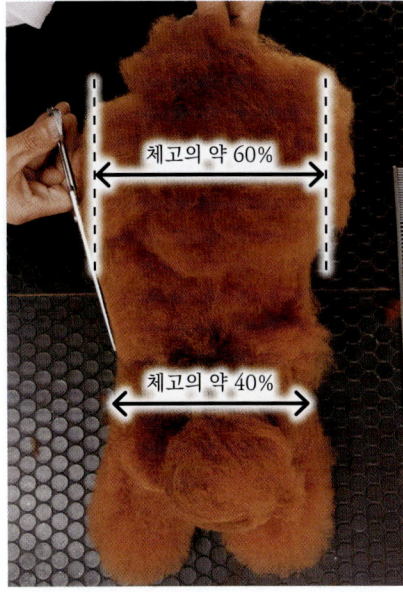

| 45 | 마지막으로 전구의 폭은 체고의 60% 정도로 정돈합니다. 개의 좌측 중구의 측면은 완성 시 전구의 폭을 상정하면서 후구~전구가 연결되는 각도로 커트합니다.

| 46 | 오른손잡이 트리머의 경우, 후구~중구의 오른쪽 측면을 연결하는 부분은 가위를 위에서 아래를 향해 세웁니다. 가위를 옆으로 대면 바디에 손이 닿기 때문에 전구의 털을 많이 잘라 버릴 수 있습니다.

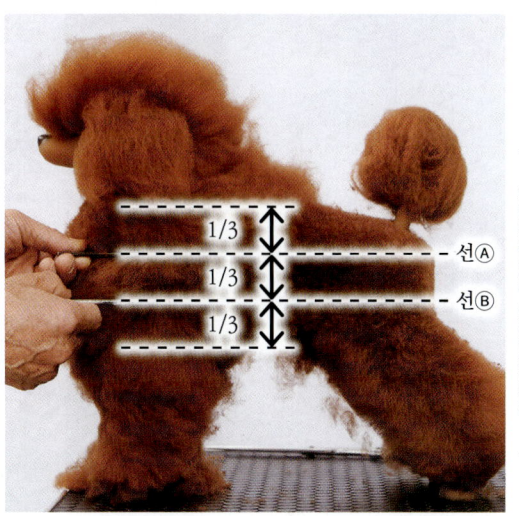

| 47 | 측면에서 봤을 때 ㉛에서 상정한 선(선 Ⓐ)을 확인. 그리고 그 아래에 중간 타입의 경우는 바디의 높이를 3등분하는 것처럼 또 하나의 선(선 Ⓑ)을 정합니다. 선 Ⓑ의 위치는 하이온이면 약간 위, 로온이면 약간 아래가 됩니다.

| 48 | ㊵과 바디의 측면 모서리가 없어지도록 ㊼에서 상정한 선 Ⓑ의 높이까지 올리면서 잘라줍니다.

| 49 | ㊸과 ㊲ 사이의 남은 털을 커트하여, 바디와 후지를 연결하도록 합니다.

| 50 | 중구의 등선을 잘라줍니다. 중구의 절반 쯤까지는 후구의 등선을 연장합니다.

Kaneko Method

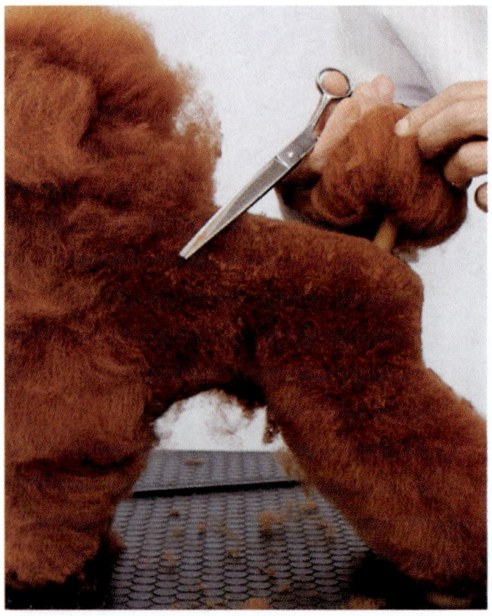

**51** 후구에서 ㉜의 면을 연장하여 ㊿과 ㊹의 각이 없어지도록 합니다.

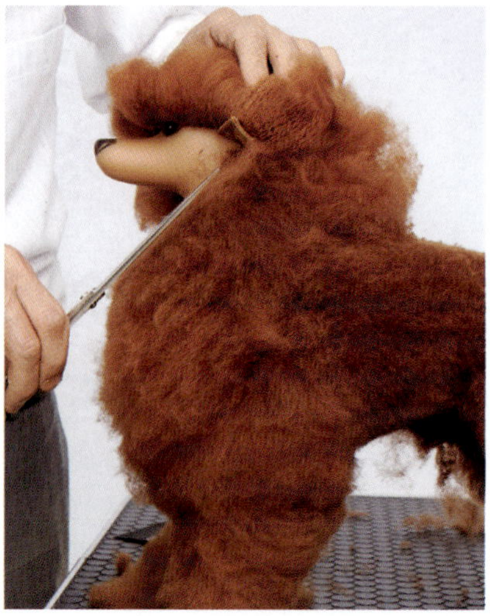

**52** 가슴을 커트합니다. ㊻에서 정한 선 Ⓐ 높이까지 가위를 넥라인을 따라 대고 앞가슴 털을 커트합니다.

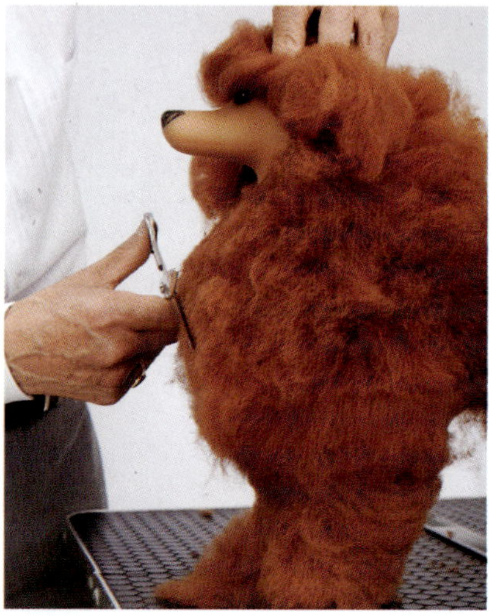

**53** (51) 아래쪽은 테이블에 대해 수직으로 커트합니다. 이 부분은 코밍하여 털을 세우면 아래쪽이 부풀어 버리기 때문에 아랫가슴을 향해 약간 각도가 좁아진다는 생각으로 가위를 대는 것이 좋습니다.

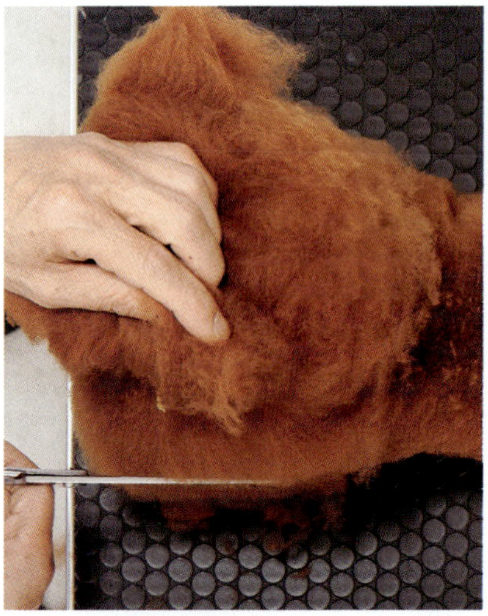

**54** ㊹에서 연결하여 전구 바디의 측면을 커트합니다. ㊺에서 상정한 몸의 폭(체고 60%)을 기준으로, 흉추와 평행으로 가위를 댑니다.

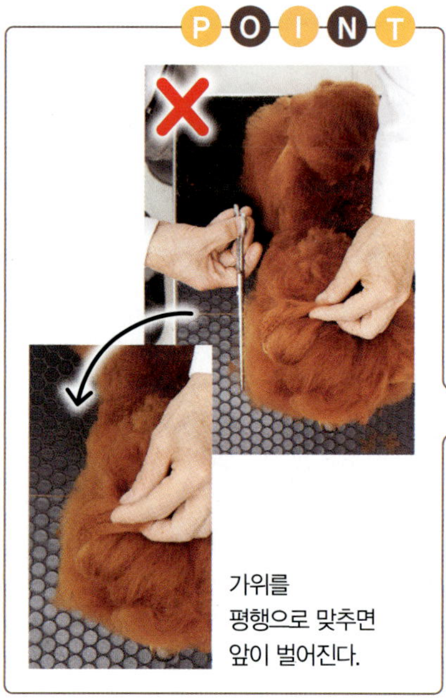
POINT
가위를
평행으로 맞추면
앞이 벌어진다.

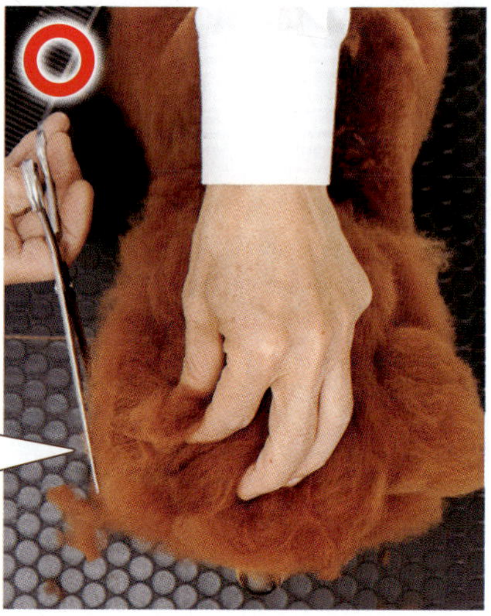

**55** 오른손잡이 트리머가 오른쪽 측면을 자를 때는 가위 끝에서 털이 빠져나가기 쉬우므로 바디의 앞부분을 향해 약간 폭을 좁힌다는 생각으로 가위를 댑니다.

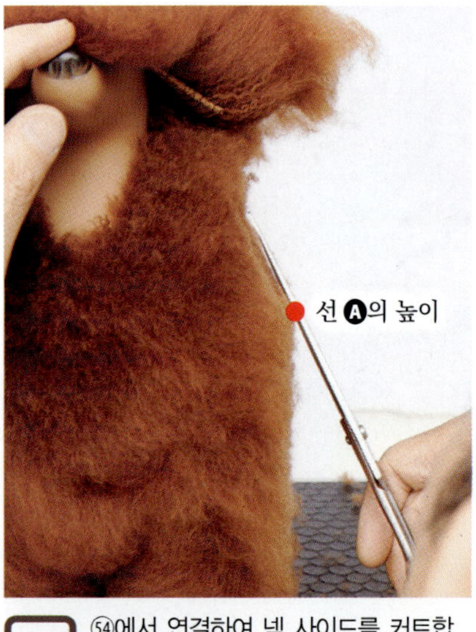
선 Ⓐ의 높이

**56** (54)에서 연결하여 넥 사이드를 커트합니다. ㊼에서 상정한 선 Ⓐ~귀 접합부를 연결하는 각도로 흉추보다 약간 위쪽까지 커트합니다.

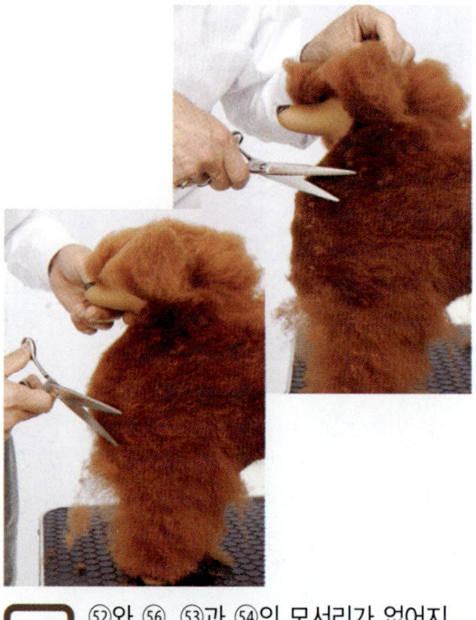

**57** (52)와 (56), (53)과 (54)의 모서리가 없어지게 커트합니다.

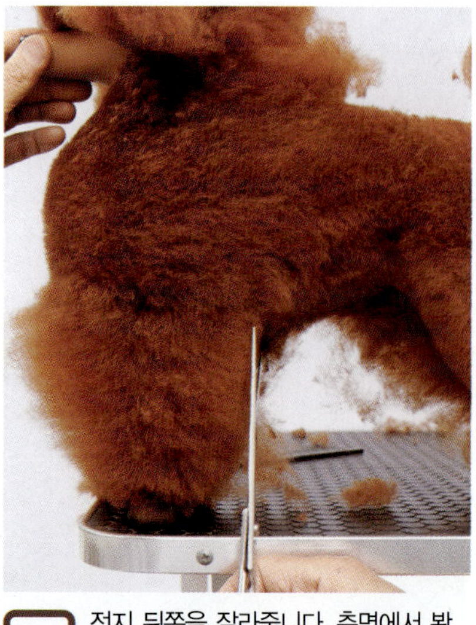

**58** 전지 뒤쪽을 잘라줍니다. 측면에서 봤을 때 ㊳에서 정한 위치(언더 라인의 시작)에서 테이블 면과 수직으로 커트합니다.

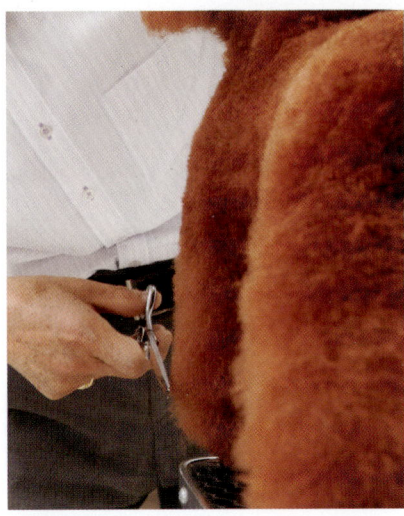
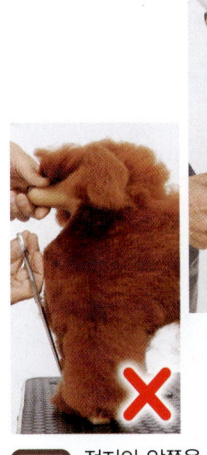
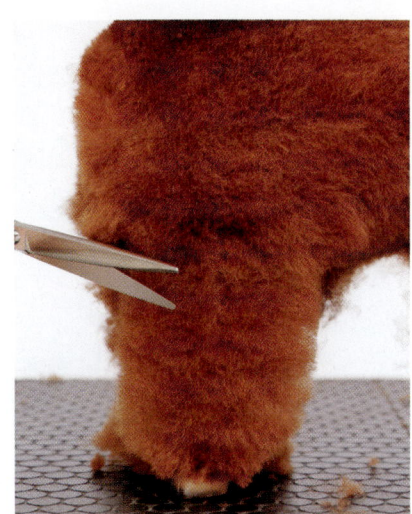

| 59 | 전지의 바깥쪽을 커트합니다. ㊺에서 연결해 테이블 면과 수직으로 커트합니다. |
| 60 | 전지의 앞쪽을 커트합니다. ㊺과 같은 높이에서 테이블 면과 수직으로 커트합니다. 가위 방향을 세로로 하게 되면 다리 아래로 갈수록 가늘어지기 쉬우므로 가위 방향을 가로로 하여 커트하는 것이 좋습니다. |
| 61 | 전지 안쪽을 테이블 면과 수직으로 커트합니다. 그 후 전지의 바깥쪽, 안쪽, 앞쪽, 뒤쪽에 생긴 모서리를 제거합니다. |

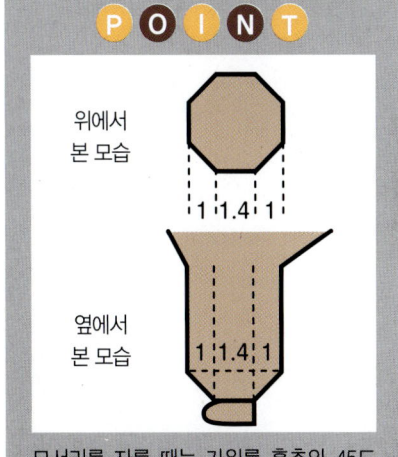

| 62 | 전지 뒤쪽과 바깥쪽 모서리 각을 없앤 부분과 ㊼ 사이에 각이 남지 않도록 연결합니다. |
| 63 | ㊼에서 정한 선 ❸의 높이에서 가슴 아래쪽까지 커트합니다. |

**POINT**

위에서 본 모습
1 : 1.4 : 1

옆에서 본 모습
1 : 1.4 : 1

모서리를 자를 때는 가위를 흉추와 45도 각도로 대고 팔각 기둥이 되도록 커트합니다. 앞이나 옆에서 봤을 때 앞다리의 폭이 1:1.4:1의 비율로 모서리를 만들면 균형있게 완성됩니다.

| 64 | ㊿과 바디의 언더라인이 연결되도록 아랫가슴을 커트합니다. |
| 65 | 전지의 앞쪽과 바깥쪽의 모서리를 ㊾과 연결되도록 ㊿과 ㊺의 모서리를 제거합니다. |
| 66 | 눈꼬리와 귀 앞쪽까지 얼굴의 이미지 너리라인을 만듭니다. |

Kaneko Method

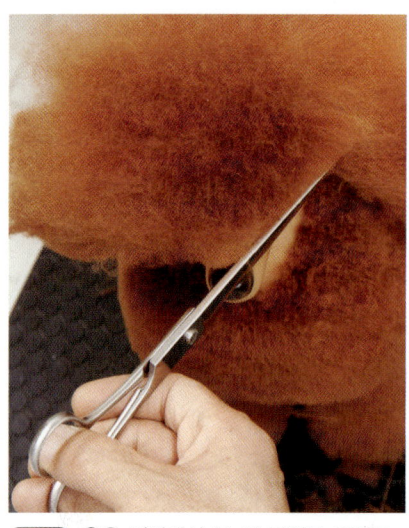

**67** ⑯은 정면에서 볼 때 가위를 테이블 면과 수직선 바깥으로 25도 꺾어서 커트합니다. 위에서 보았을 때 흉추를 기준으로 25도 벌린 각도가 됩니다.

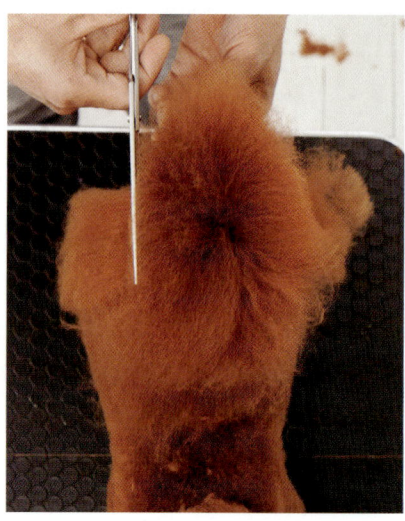

**68** 귀 연결 부분 위를 커트합니다. 이미 지녀리라인과 귀의 앞부분~뒷부분을 테이블 면과 수직으로 흉추와 평행이 되도록 커트합니다.

**69** ⑱에서 연결하여 귀 뒤쪽까지 테이블 면과 수직으로 커트. 그 지점에서 목의 옆면은 ㊻의 면과 연결합니다.

**70** ⑲와 ㊾의 모서리를 없애면서 커트합니다.

**71** ⑳까지 한 작업을 마친 상태입니다. 정면에서 볼 때 크라운은 테이블 면과 수직으로 좌우 라인이 평행으로 되어 있는 지 확인합니다.

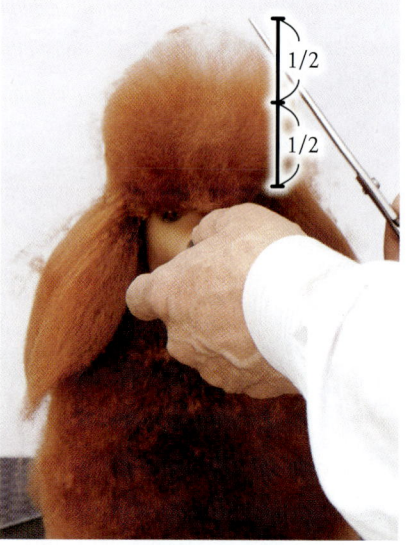

**72** ㊻ 면의 상단을 커트합니다. 완성했을 때의 크라운 절반 높이에서 테이블과 45도 각도로 커트합니다.

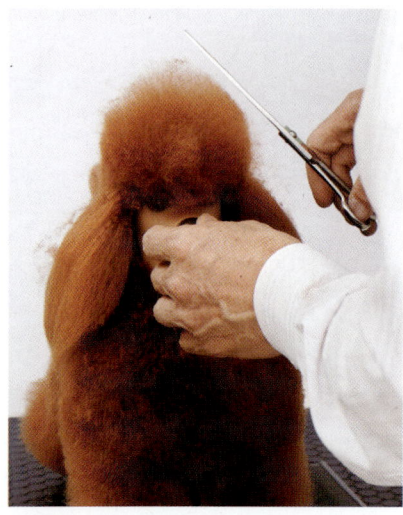

**73** ㊻ 면의 상단을 커트합니다. 완성했을 때의 크라운 절반 높이에서 테이블과 25도 각도로 커트합니다.

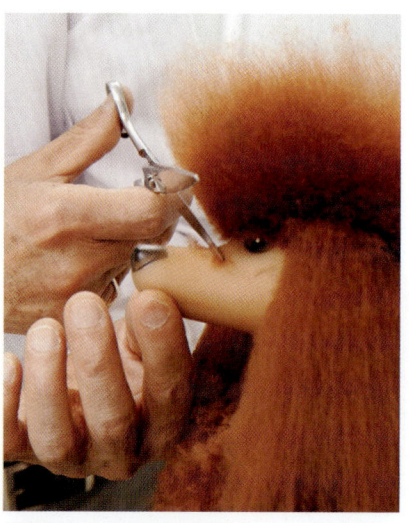

**74** 스톱에서 위 부분은 테이블 면의 수직선을 기준으로 앞쪽으로 25도 각도로 벌려서 커트합니다.

**75** ㊹와 ㊻의 사이(좌우 각각의 눈 위)을 테이블 면 수직선에서 바깥쪽으로 25도 각도 벌려서 커트합니다.

POINT

| 크라운 각도 | 크라운의 분할 |

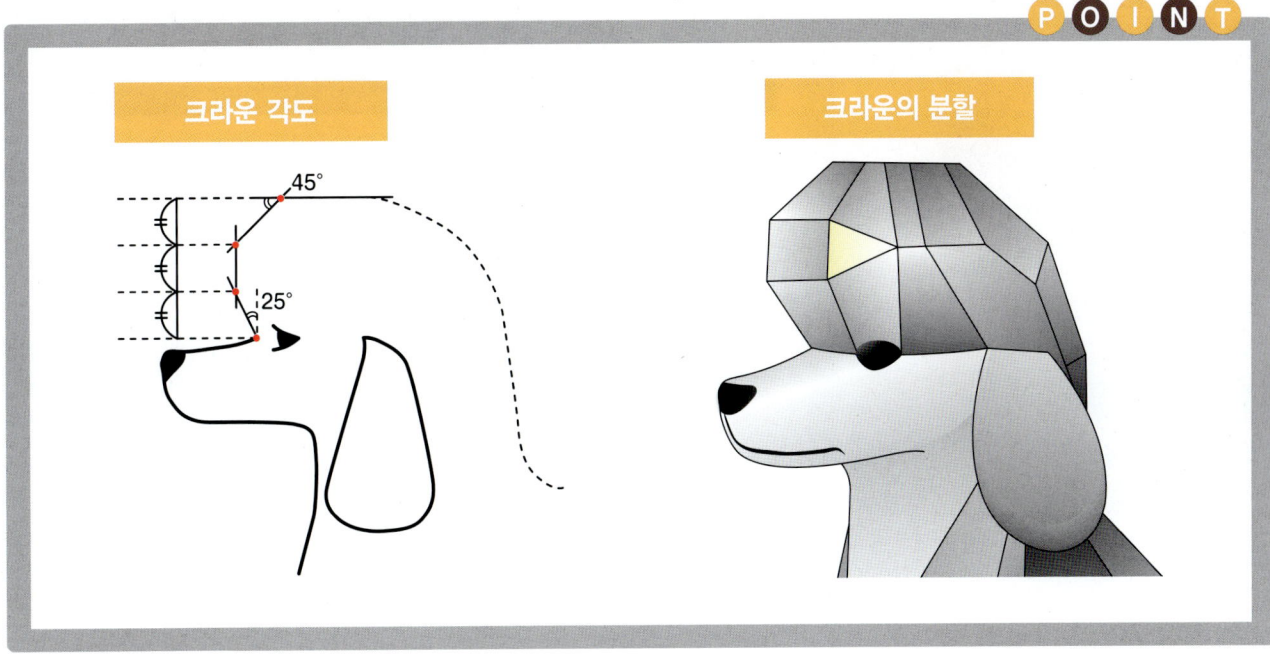

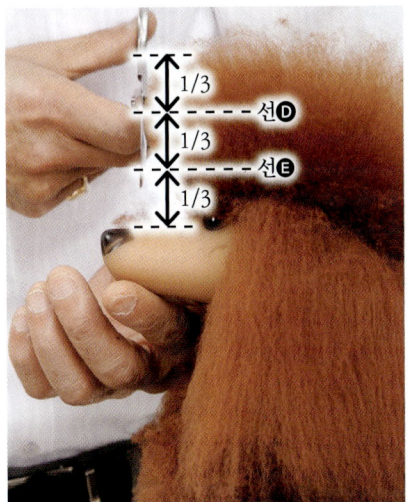

76 앞 ⑭의 면이 완성되었을 때 크라운의 높이를 3등분하는 선(선 Ⓓ, 선 Ⓔ)을 정합니다. 선 Ⓓ와 Ⓔ 사이에 테이블 면과 수직으로 커트합니다.

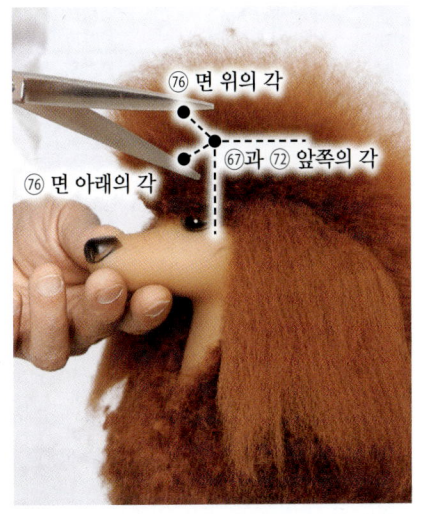

77 ⑯ 커트한 면의 위아래 각과 ⑰와 ⑫의 앞쪽 각이 연결되도록 커트합니다 (위 그림 크라운의 분할에서 노란 색).

78 크라운의 상단을 커트합니다. 귀 앞쪽 접합부까지 테이블 면과 평행하게 커트합니다. 완성 시 높이의 기준은 크라운의 높이를 5라고 했을 때 앞과 뒤의 폭은 10 미만을 기준으로 합니다.

79 ⑯에서 정한 선 Ⓓ보다 윗부분은 테이블 면과 45도 각도로 커트합니다.

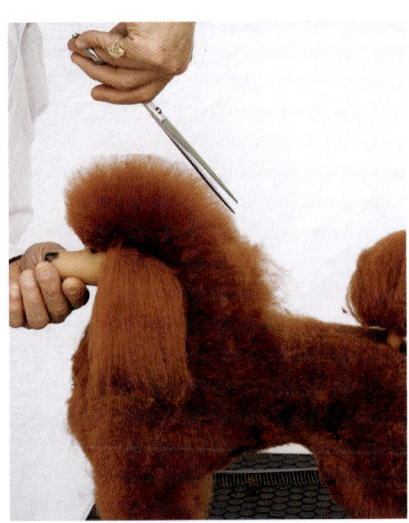

80 ⑲보다 뒤쪽은 이미지너리라인과 등선의 중간 높이(P60의 그림/점 Ⓒ)까지를 기준으로, 가위 날 끝을 사용하여 둥글게 해줍니다.

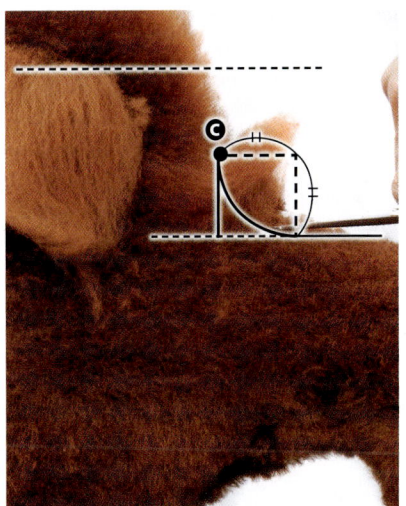

81 두부~등선을 잇는 부분에서 점 Ⓒ(P60의 그림)~등선의 길이를 반지름으로 하여 사분원을 정하고 사분원과 접점까지 등선을 연결합니다.

Kaneko Method

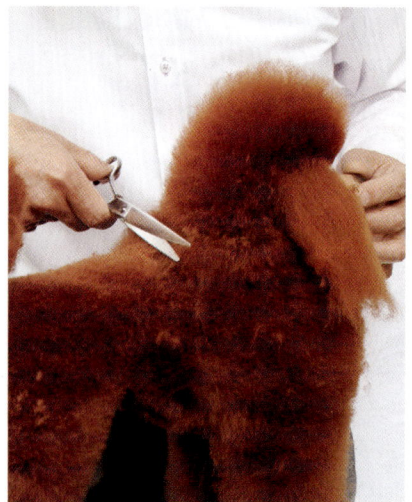

82 ⑧①에서 정한 등선의 끝부터 ⑧⓪까지 사분원의 둥근 곡선을 따라서 연결합니다.

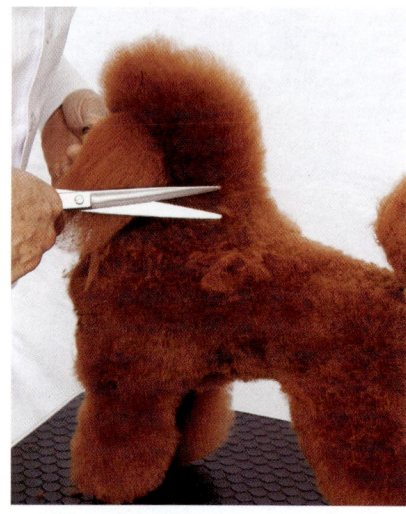

83 ⑧②와 사이드 넥(목의 옆면)의 모서리를 사분원으로 커트하고 그 면과 ⑤①, ⑤⑥과 3면이 교차하면서 생긴 튀어나온 부분을 연결합니다.

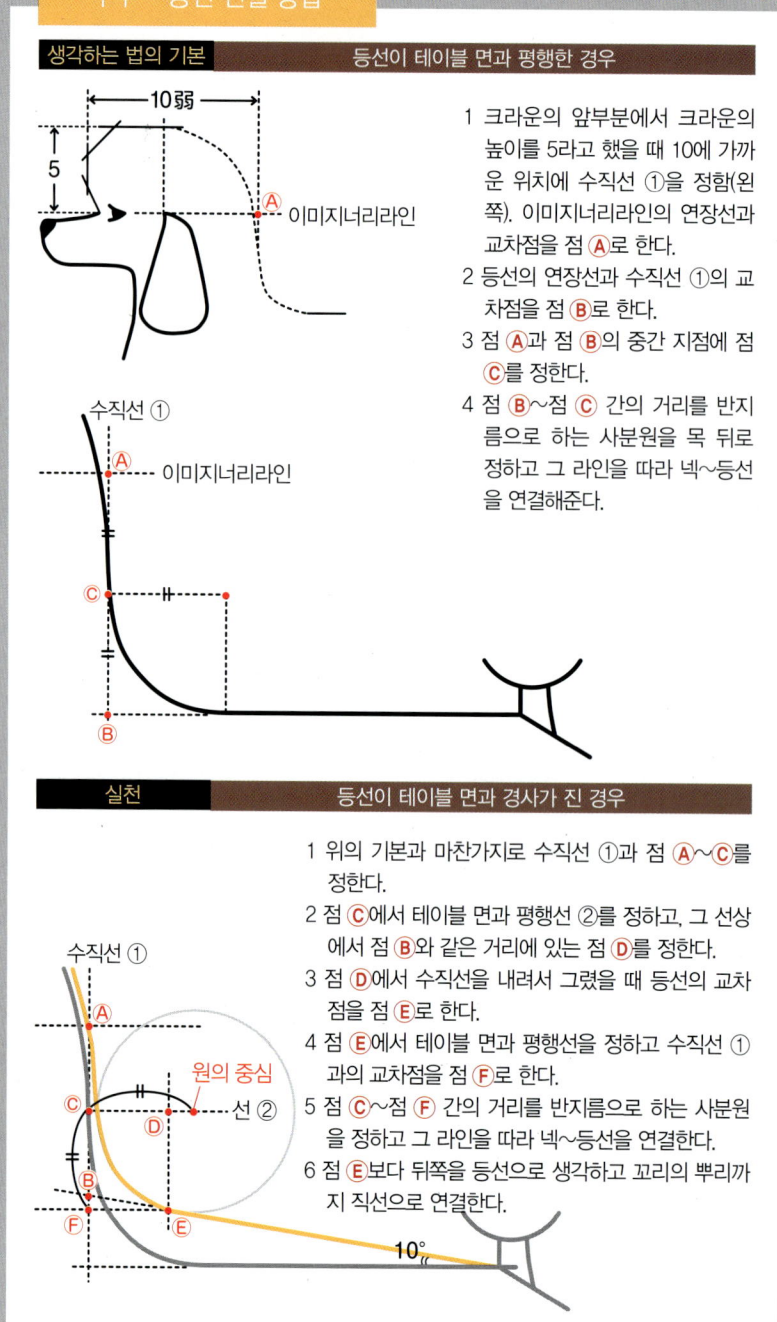

### POINT 두부~ 등선 연결 방법

**생각하는 법의 기본** — 등선이 테이블 면과 평행한 경우

1. 크라운의 앞부분에서 크라운의 높이를 5라고 했을 때 10에 가까운 위치에 수직선 ①을 정함(왼쪽). 이미지너리라인의 연장선과 교차점을 점 Ⓐ로 한다.
2. 등선의 연장선과 수직선 ①의 교차점을 점 Ⓑ로 한다.
3. 점 Ⓐ과 점 Ⓑ의 중간 지점에 점 Ⓒ를 정한다.
4. 점 Ⓑ~점 Ⓒ 간의 거리를 반지름으로 하는 사분원을 목 뒤로 정하고 그 라인을 따라 넥~등선을 연결해준다.

**실천** — 등선이 테이블 면과 경사가 진 경우

1. 위의 기본과 마찬가지로 수직선 ①과 점 Ⓐ~Ⓒ를 정한다.
2. 점 Ⓒ에서 테이블 면과 평행선 ②를 정하고, 그 선상에서 점 Ⓑ와 같은 거리에 있는 점 Ⓓ를 정한다.
3. 점 Ⓓ에서 수직선을 내려서 그렸을 때 등선의 교차점을 점 Ⓔ로 한다.
4. 점 Ⓔ에서 테이블 면과 평행선을 정하고 수직선 ①과의 교차점을 점 Ⓕ로 한다.
5. 점 Ⓒ~점 Ⓕ 간의 거리를 반지름으로 하는 사분원을 정하고 그 라인을 따라 넥~등선을 연결한다.
6. 점 Ⓔ보다 뒤쪽을 등선으로 생각하고 꼬리의 뿌리까지 직선으로 연결한다.

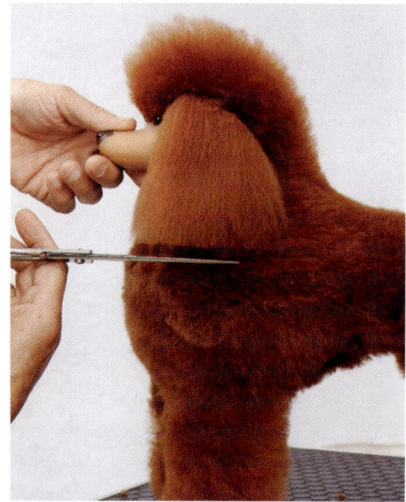

84 측면에서 봤을 때 귀의 길이를 정하고 테이블 면과 평행으로 커트합니다.

85 ⑧④ 직선라인의 앞 뒤 모서리를 잘라주고 잘라낸 모서리를 다시 커트합니다.

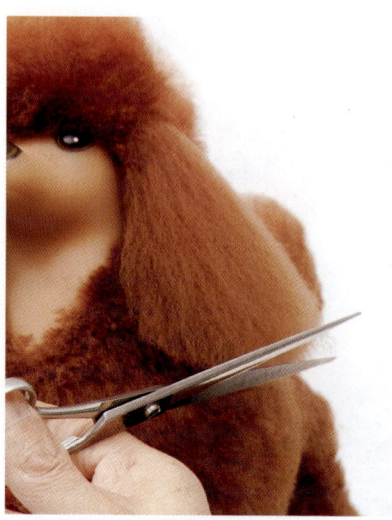

86 앞에서 바라보며 바깥쪽과 안쪽의 각을 커트합니다.

완성

앞

뒤

위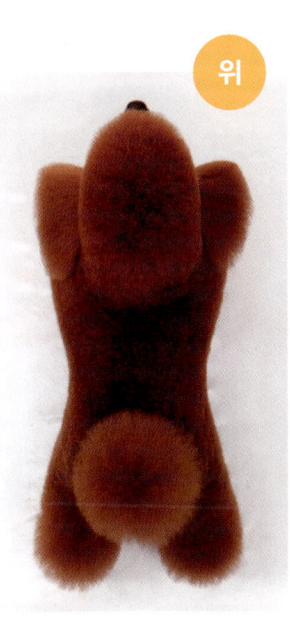

옆

Kaneko Method

# 클리핑의 기본 테크닉

클리핑은 푸들 트리밍에서 쇼 클립뿐만 아니라 펫 미용에서도 중요한 요소다.
얼굴 미용이나 발 미용을 적용시키면 훨씬 스타일리시해진다.
이 장에서는 기본 테크닉을 설명한다.

### 푸들다운 아름다움 & 청결함 UP

최근에는 테디베어 컷 등 얼굴을 동글고 포근하게 완성하는 펫 미용이 대세인데, 목~얼굴을 깨끗하게 클리핑하는 '얼굴 클리핑'이나 발끝의 털을 깎는 '발 클리핑'을 넣은 스타일을 선호하는 주인도 결코 적지 않습니다. 여기에는 **푸들 본래의 아름다움이 돋보이는 것은 물론 청결함을 유지할 수 있다는 이유**도 있습니다.

귀여움, 지적인 모습과 함께 푸들의 매력 중 하나로 '청결함'을 들 수 있습니다. 실내에서 함께 살 것을 생각하면 털 빠짐과 냄새가 적은 것은 큰 장점입니다. 얼굴과 발에 미용을 하면 더러워지기 쉬운 부분에 털을 남기지 않기 때문에 청결감이 더 높아지는 것입니다. 특히 옅은 모색의 강아지의 경우, 눈물이나 침으로 적셔지는 것을 예방하고 개선하는 데에도 도움이 됩니다.

### 클리퍼 다루는 방법과 보정기술의 재검토

클리핑에 사용하는 클리퍼는 트리머에게 있어서는 익숙한 도구입니다. 그러나 보다 높은 정밀한 작업을 실시하기 위해서는 **올바르게 잘 다루는 방법을 재검토하는 것도 필요**합니다. 푸들의 얼굴 클리핑이나 발 클리핑은 1㎜전후의 짧은 날로 작업하기 때문에 클리핑 면이 매끄럽게 마감되지 않으면 아름다움이 감소합니다. 또 넥라인이나 이미지너리라인 등이 적절한 위치에 있지 않으면 올바른 대칭이나 조화로운 스타일로 완성되지 않습니다. 얼굴이나 발 클리핑에서 클리퍼를 다룰 때는 다음의 3가지 기본 포인트를 생각하도록 합니다.

또 보정방법도 재확인해 둡시다. 스타일의 중요한 포인트가 되는 이미지너리라인을 넣거나 입술 주변이나 발가락 관절 등 부상을 입기 쉬운 부위를 깎을 때는 개가 움직이지 않도록 하는 것이 중요합니다. 요령은 **올바른 포인트를 가볍게 눌러줌으로 개가 불편하지 않도록 하는 것**입니다.

### 표준을 이해한다면 가능한 조정

얼굴 클리핑을 하는 방법의 기본이 되는 것은 콘티넨탈 클립으로 대표되는 푸들의 쇼 클립입니다. 밸런스를 결정하는 포인트가 되는 것은 **넥라인, 이미지너리라인, 스톱**의 3가지로서 각각의 위치를 결정하는 기준은 있지만 모두 스퀘어한 체형인 것을 전제로 하고 있기 때문에 펫 미용의 경우는 개체에 맞춘 약간의 조정이 필요합니다.

적절한 조정을 해 나가는 데 있어서 빠질 수 없는 것이, 푸들의 표준을 올바르게 이해해야 합니다. 발 클리핑에서도 마찬가지입니다. 밸런스를 잡는 방법, 깨끗한 완성 방법 등 기본만 머릿속에 있으면 자기 나름대로 조정도 가능합니다. 견주의 선호에 따라 얼굴 클리핑과 발 클리핑을 적용시킨 스타일을 적극적으로 제안해 보십시오.

### 클리퍼 날의 구조

블레이드의 밑바닥 (움직이지 않는 날의 뒷면) / 정날 (움직이지 않는 날) / 동날 (움직이는 날)

**1. 날을 세우지 않는다**
클리퍼의 날(블레이드)는 날 끝에 각이 세워져 있습니다. 볼 등 넓은 면을 깎을 때는 블레이드의 바닥(움직이지 않는 날의 뒷면)을 피부에 대고 움직이는 것이 기본입니다. 클리퍼를 세우고 날 끝만을 사용해서 깎는 것은 세밀한 부분의 작업일 때만 합니다.

**2. 직선으로 움직인다**
밀기 시작과 밀기 끝의 포인트는 일직선으로 연결되어 있지 않으면 안 됩니다.

**3. 털의 흐름(모류)에 맞추어 움직이는 방향을 판단한다**
특히 넥라인을 만들 때는 머리~가슴의 주변은 모류가 일정하지 않습니다. 일반적으로 밀 때는 위→아래, 역방향으로 미는 경우라면 아래→위, 이렇게 기계적으로 손을 움직이는 것이 아니라 포인트마다 모류를 확인하면서 작업을 진행하는 것이 중요합니다.

# 알아두면 편리한! 얼굴 미용의 기본과 조정법

### 스톱
앞 눈가 사이에 적당한 깊이의 인덴테이션을 넣습니다. 인덴테이션은 옆에서 봤을 때 스컬과 머즐의 길이를 같게 보여주기 위함입니다.

#### 조정 POINT
토이 푸들의 경우 스컬:머즐=10:8.5 정도 비율이 되는 경우가 많다. 스컬에 인덴테이션을 넣음으로써 머즐을 길어 보이게 합니다.

**스컬의 길이**

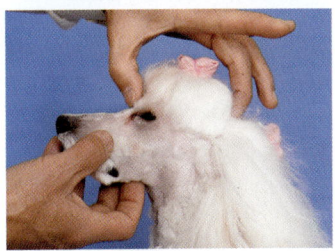

**머즐의 길이**

**인덴테이션의 정점**

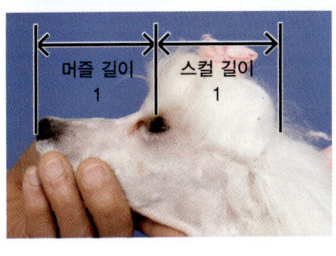
머즐 길이 1 | 스컬 길이 1

### 이미지너리라인
귀 접합 시작점~눈꼬리를 연결한다. 개를 바른 자세로 세웠을 때 테이블 면과 평행이 되도록 합니다.

#### 조정 POINT
귀의 위치가 너무 높거나, 낮거나 할 때는 클리핑 시작 시 이미지너리라인의 위치(높이)를 조절하여 눈꼬리를 향해 테이블 면과 평행한 라인을 잡는 것이 좋습니다.

### 눈 주변
아래 눈꺼풀 가장자리까지 깎아줍니다. 눈가의 눈물로 뭉친 털은 정방향과 역방향 두 방향으로 클리핑합니다.

### 볼
피부 요철에 따라 클리퍼를 움직이며 매끈한 면으로 완성합니다.

### 입 주변
털이 남지 않고 깨끗하게, 입 안으로 말려 감긴 털은 털을 밖으로 꺼내서 깎고, 견치가 닿은 파인 부분에도 털이 남지 않도록 합니다.

### 넥라인
펫 클립의 경우는 작은 U자형으로, 목에서 아래로, 머즐의 길이와 같은 거리의 지점을 정점으로 하여 귀의 뒤쪽 접합부분 끝과 연결합니다.

※쇼 클립에서는 깎는 범위가 넓어집니다.

#### 조정 POINT
로우온(low-on), 하이온(high-on) 체형의 개는 수㎜ ~ 1㎝의 폭으로 정점의 위치를 조정하면 좋은 균형을 잡을 수 있습니다.

 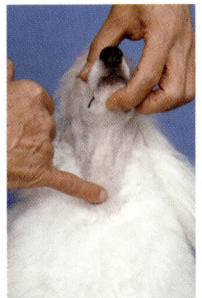 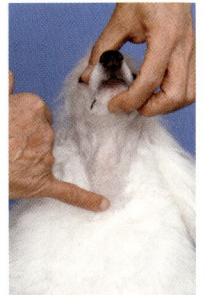

**하이온 레그**
체고에 비해 체장이 짧은 타입
머즐이 짧은 경우가 많기 때문에 정점의 위치를 기본보다 낮은 위치로 설정합니다.

**로우온 레그**
체고에 비해 체장이 긴 타입
머즐도 긴 경우가 많기 때문에 정점의 위치를 기본보다 높은 위치에 설정합니다.

**기본(스퀘어)**
스퀘어한 체형
넥라인의 정점이 머즐 길이와 같은 길이로 설정합니다.

### 이런 메리트도!
인덴테이션을 넣으면 피모가 짧아도 크라운 앞쪽의 둥근 모양을 만들 수 있습니다. 원래가 짧은 상태이기 때문에 그 지점에서 다소 털이 성장해도 크라운의 모양이 잘 무너지지 않는 효과도 있습니다.

Kaneko Method

## ▶▶▶ 얼굴 미용의 순서와 포인트

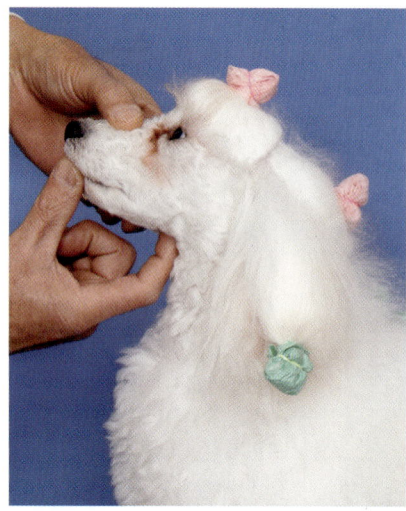

1 넥라인의 정점을 결정합니다. 먼저 목(인후부)~머즐 끝의 길이를 확인합니다.

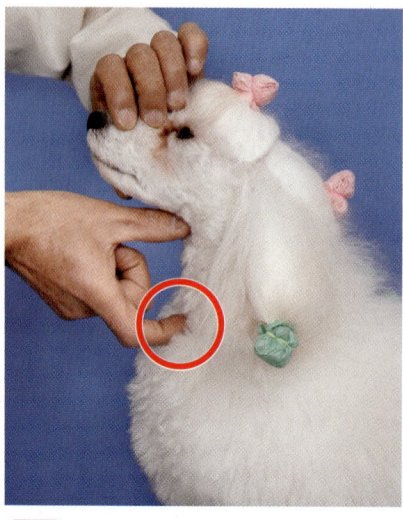

2 목에서 아래를 향해 ①과 동일한 거리에 있는 위치를 잡아 그 포인트를 넥라인의 정점으로 합니다(P63 조정 POINT참조).

3 개를 바로 세우고, 앞을 바라보게 하여 좌우 앞다리 사이 중앙에 개의 코(비경)가 위치해 있는 것을 확인합니다.

4 ②에서 결정한 정점에 1mm의 날을 끼운 클리퍼의 중앙이 닿도록 합니다.

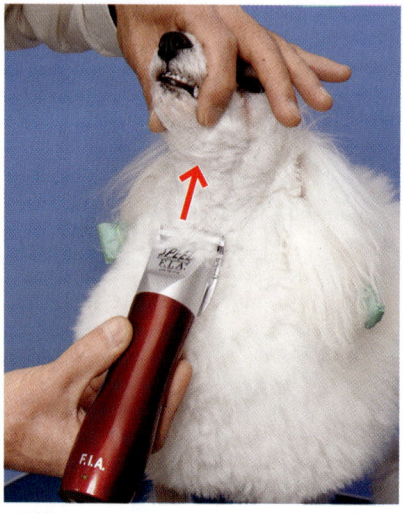

5 ④에서 클리퍼를 댄 위치에서 목을 향해서 반듯하게 역방향으로 밉니다.

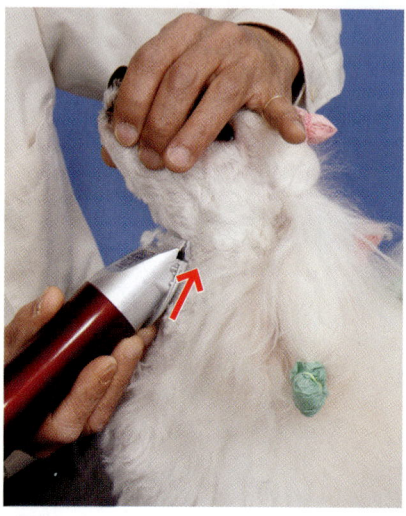

6 날의 끝이 목에 닿을 때까지 움직이지 않는 날 바닥을 피부의 굴곡에 따라 움직입니다.

### POINT

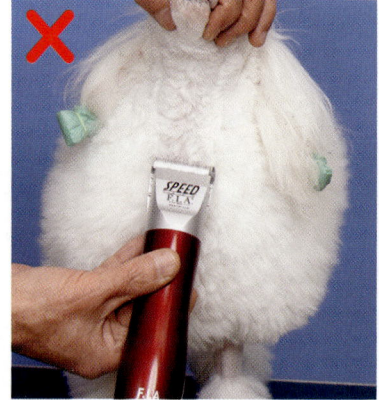

✗ 클리퍼 날이 좌우 어느 한 쪽으로 빗나가지 않도록 주의합니다. 사진은 오른쪽으로 빗나간 상태.

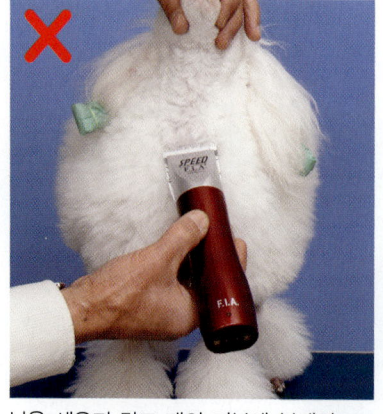

✗ 날을 세우지 말고 개의 피부에 블레이드 바닥(정날의 뒷면)이 닿도록 합니다. 사진은 날을 세운 상태.

✗ 밀기 시작할 때는 목을 향해 일직선으로. 날은 테이블 면과 평행하게 하여 댑니다. 사진은 중심에서 왼쪽으로 기울어진 상태.

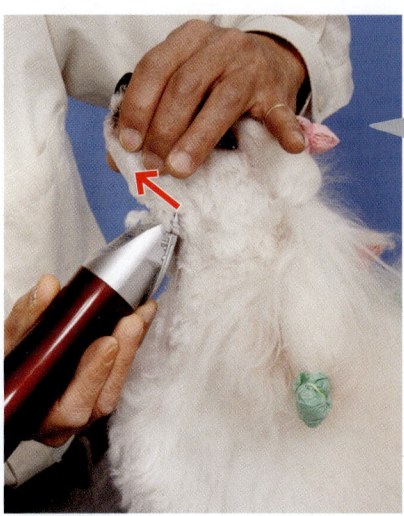

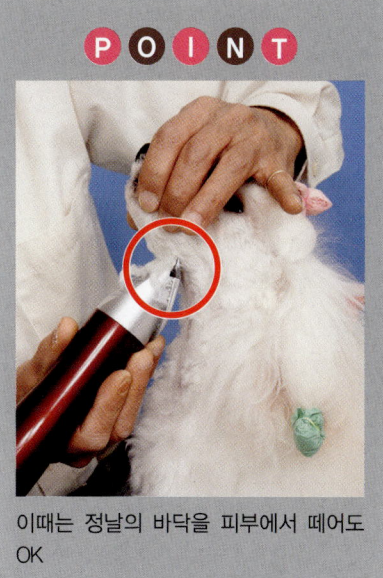

**POINT**

이때는 정날의 바닥을 피부에서 떼어도 OK

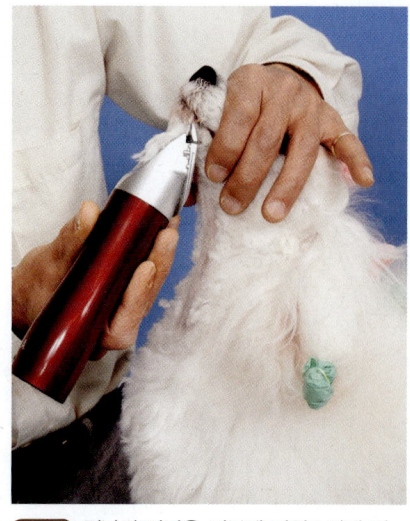

7 날 끝이 목에 닿으면 클리퍼의 각도는 바꾸지 말고 그대로 앞쪽 방향으로 가볍게 미끄러지듯이 목~아래턱(하악)으로 이어지는 부분을 깎습니다.

8 정날의 바닥을 피부에 자연스럽게 닿는 위치까지 오면 클리퍼의 각도를 바꿔서 아래턱(하악) 끝까지 밉니다.

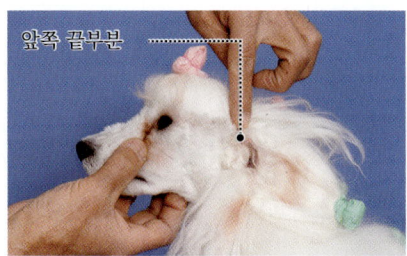

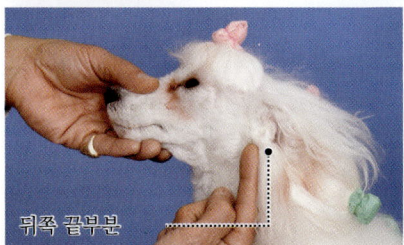

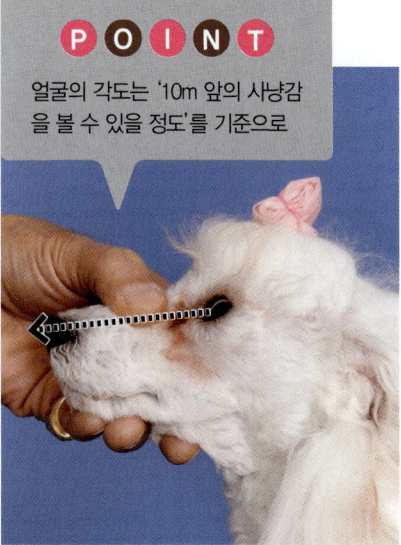

**POINT**

얼굴의 각도는 '10m 앞의 사냥감을 볼 수 있을 정도'를 기준으로

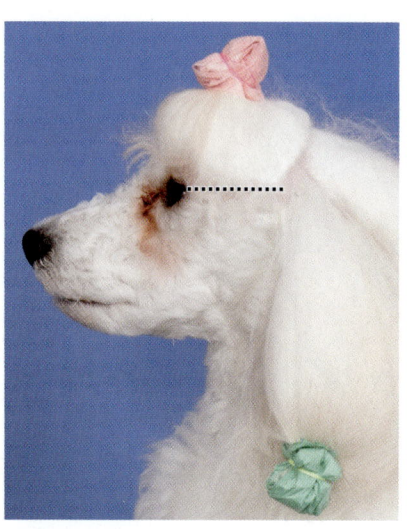

9 이미지너리라인을 만들어 갑니다. 귀를 뒤집어서 귀 연결 부분의 높이를 확인합니다.

10 개를 바른 자세로 세운 후 코끝을 살짝 내린 상태로 보정합니다.

11 이미지너리라인은 귀 앞쪽 끝부분~눈꼬리를 연결하는 것이 기본. 테이블 면과 평행하게 선을 만드는 것이 이상적입니다(P63 조정 POINT 참조).

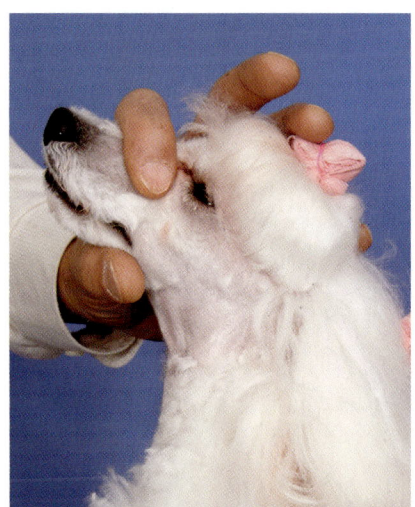

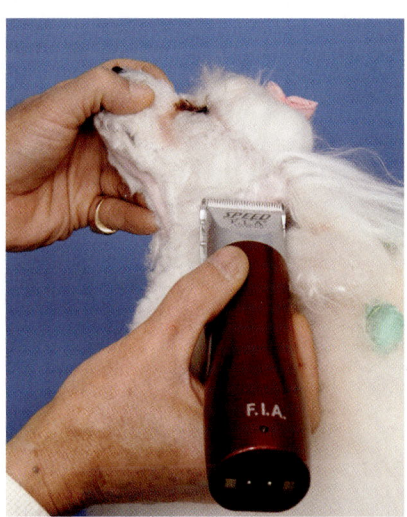

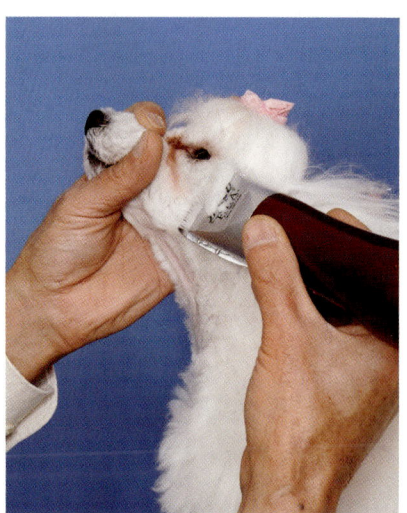

12 얼굴의 좌측을 밀 때는 개가 목을 움직이지 않도록 왼손 엄지를 아래턱(하악)에 대고 검지를 머즐 위에서 감은 후 새끼 손가락으로 후두부를 눌러줍니다.

13 ⑪에서 결정한 이미지너리라인을 생각하면서 귀 앞쪽의 끝부분을 향해서 귓구멍 앞쪽 털을 깨끗하게 제거합니다.

14 귀 앞쪽까지 클리핑한 후 클리퍼의 방향을 바꿉니다. 눈꼬리를 향해서 이미지너리라인과 맞추어 평행으로 깎습니다.

Kaneko Method

**15** 눈꼬리까지 밀었으면 그대로 눈 밑~머즐을 밀어서 나갑니다.

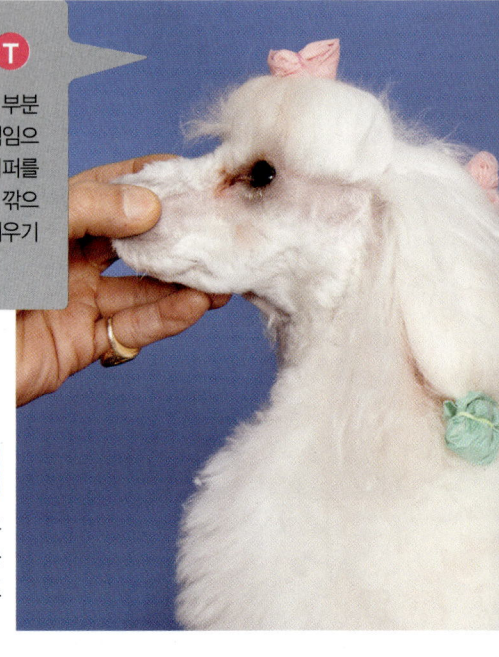

**POINT**
계속해서 깎을 수 있는 부분은 가능한 한 번의 움직임으로 밀도록 합니다. 클리퍼를 여러 번 맞춰서 조금씩 깎으려고 하다 보면 날을 세우기 쉽습니다.

**16** 개를 ⑩과 같이 세운 후 이미지너리라인의 각도를 확인하고 필요에 따라 조정합니다.

**17** 반대쪽도 마찬가지 방법으로 합니다. 얼굴 오른쪽을 밀 때는 왼손 엄지를 위로 해서 머즐을 잡고 약지를 인후부의 들어간 홈에 살짝 넣어 보정합니다.

**POINT**
처음부터 귀 뒤쪽의 끝부분과 넥라인의 정점을 연결하려 하면 넥라인이 넓어질 수 있으므로 2단계로 나누어서 작업합니다.

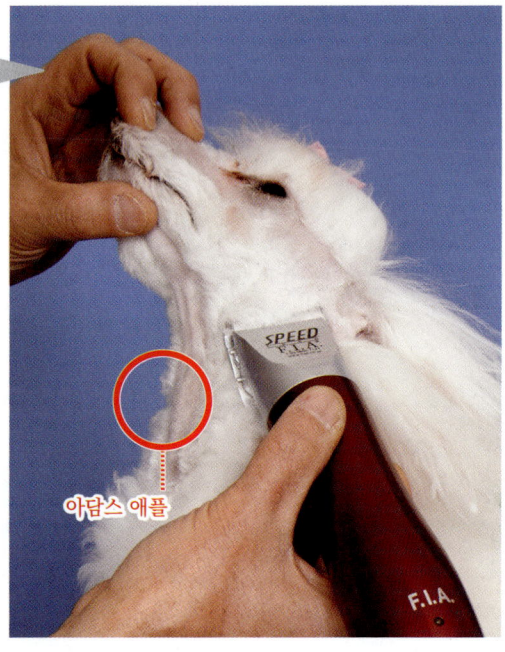

**18** 넥라인을 만듭니다. 먼저 귀 뒤쪽 접합부와 아담스 애플까지 일직선으로 연결되도록 역방향으로 밀어 줍니다.

아담스 애플

**19** ⑱까지 작업을 끝낸 상태. 넥라인 안쪽으로 모서리가 생깁니다.

**POINT**
모서리를 없애는 작업은 3~4회에 나누어 전체의 균형을 확인하면서 넥라인을 조금씩 넓혀갑니다.

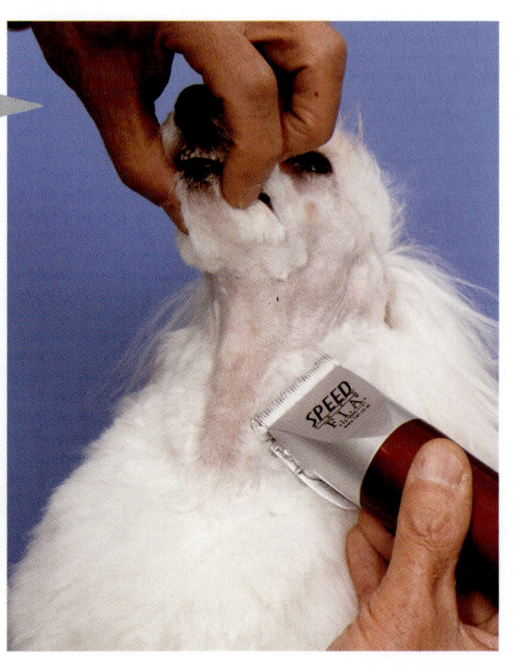

**20** ⑲의 모서리를 제거하기 위해 역방향으로 밀고 ②에서 설정한 넥라인의 정점과 귀 뒤쪽의 끝부분을 연결하는 라인을 대략적으로 만듭니다.

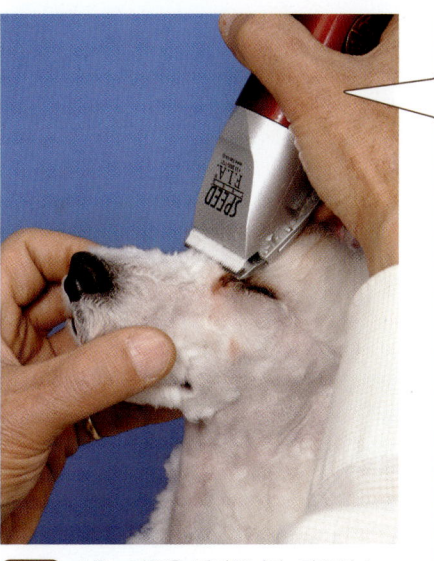

21 스톱~머즐을 밀어줍니다. 좌우의 눈시울을 일직선으로 연결하는 위치부터 밀어줍니다.

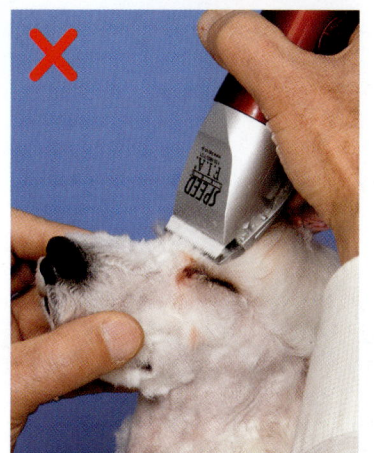

**POINT** ✗
눈시울보다 위쪽부터 밀기 시작하면 너무 많이 깎게 됩니다.

22 ㉑에 계속해서 콧등(비량)을 밀어줍니다.

23 코끝(비선)~인덴테이션의 정점:정점~후두부가 1:1이 되는 깊이를 기준으로, 인덴테이션을 넣습니다(P63 조정 POINT 참조).

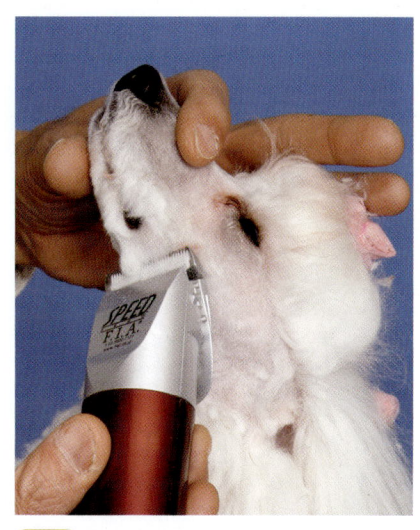

24 입술 주변을 밀어줍니다. 왼손의 엄지와 검지로 머즐을 잡고, 약지를 후두부에 대고 보정합니다.

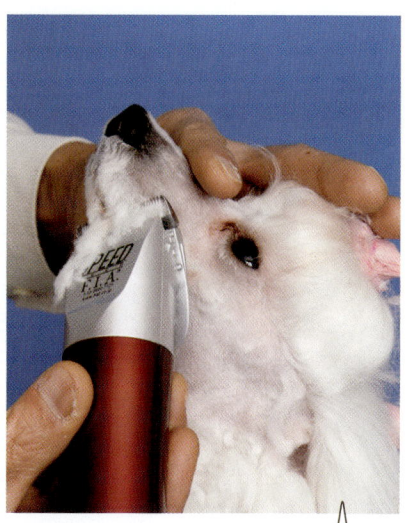

25 피부를 당기지 않고 클리퍼를 가볍게 댄 후 윗입술을 따라서 지나가듯이 밀어줍니다.

26 볼~머즐의 밀고 남은 잔털을 깔끔하게 제거해 줍니다.

**POINT**
피부의 굴곡에 따라 튀어나온 부분에는 클리퍼의 날을 가볍게 띄워서 합니다.

✗
클리퍼를 세게 눌러 밀게 되면 늘어진 피부에 클리퍼 날이 걸려 피부에 상처가 나거나 다른 부분보다 짧게 깎여서 구멍이 난 것처럼 보이게 됩니다.

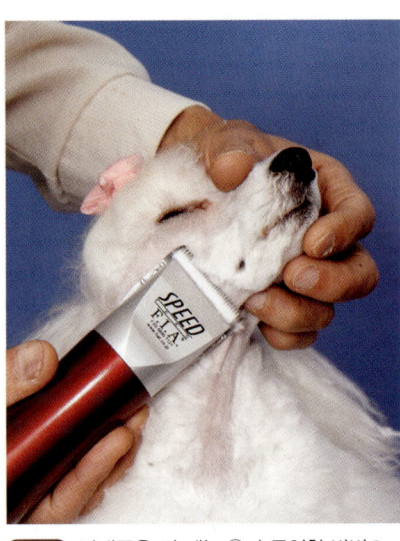

27 반대쪽을 밀 때는 ⑰과 동일한 방법으로 보정합니다.

28 눈시울의 눈물자국이 신경 쓰일 때는 머즐을 향해 정방향으로 민 다음, 눈시울 아래쪽만 역방향으로 밀어줍니다.

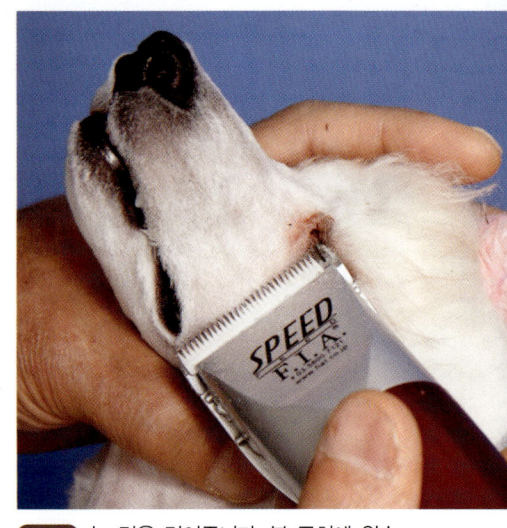

29 눈 밑을 밀어줍니다. 볼 근처에 왼손 엄지를 대고 피부를 가볍게 잡아당긴 후 클리퍼 날의 모서리로 아래 눈꺼풀의 가장자리를 따라 움직입니다.

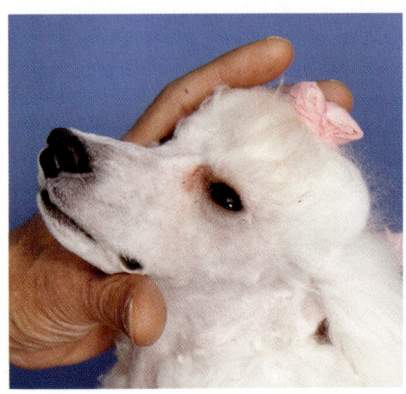

30 ㉙까지의 작업을 마친 모습

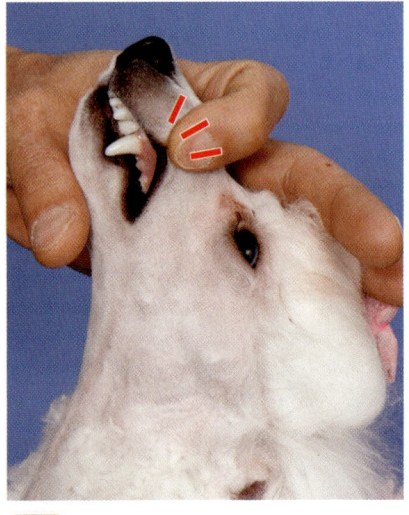

31 입술 주변을 마무리합니다. 왼손으로 머즐을 잡고 위쪽으로 감은 검지로 윗입술을 들어 올립니다.

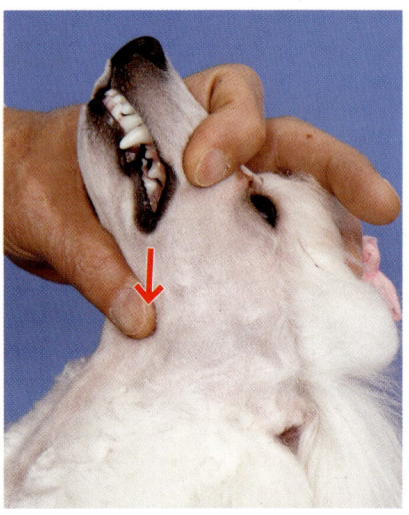

32 엄지로 아래턱 피부를 인후부 쪽으로 가볍게 당겨줍니다.

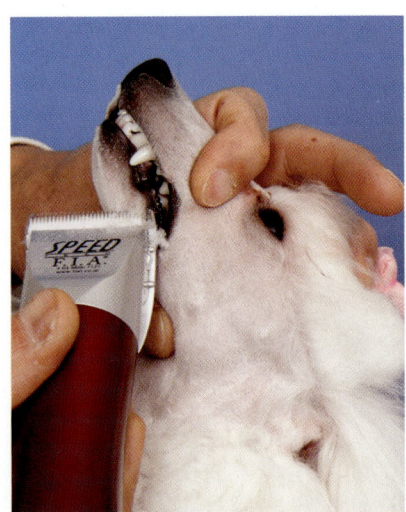

33 입꼬리(구각)부터 클리퍼의 모서리를 아랫입술 가장자리를 따라서 움직이면서 밀어줍니다.

34 송곳니(견치)가 닿는 부분의 뒤쪽의 패인 홈도 클리퍼의 각도를 바꿔가며 깨끗하게 털을 밀어줍니다.

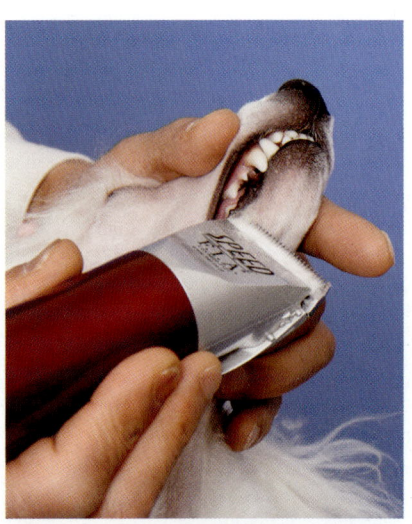

35 반대쪽을 밀어줄 때는 ⑰과 동일한 방법으로 보정하고, 엄지로 윗입술을 들어 올리고 중지와 약지로 아래턱 피부를 당겨줍니다.

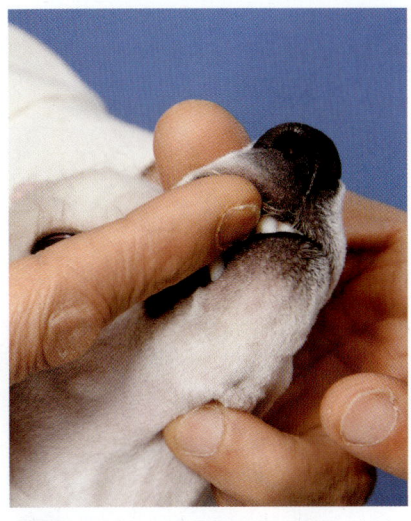

| 36 | 입안으로 말려 들어가는 윗입술의 털은 손가락으로 긁어서 꺼냅니다.

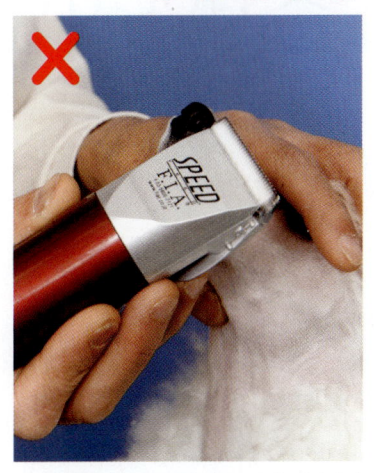

날 아래쪽의 모서리를 대고 밀기 시작하면 밀린 부분이 손으로 가려져서 보이지 않게 됩니다.

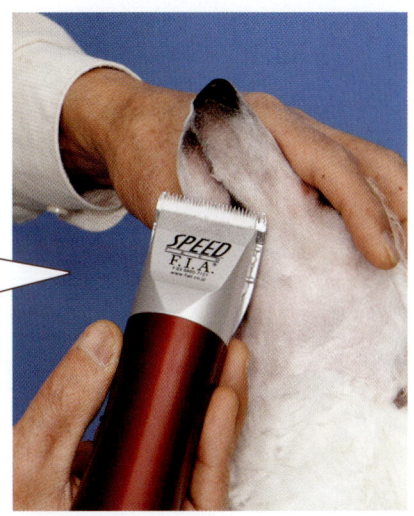

| 37 | 클리퍼 날의 위쪽 모서리를 윗입술 가장자리를 따라서 움직이며 ㊱에서 꺼낸 털을 깨끗하게 밀어줍니다.

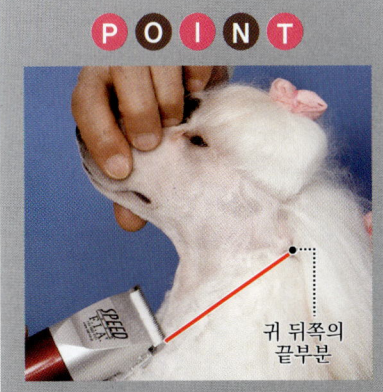

귀 뒤쪽의 끝부분

넥라인은 ㊳처럼 바깥쪽에서 안쪽을 향해 미는 것 외에도 아래쪽에서 위를 향해 밀어도 OK. 이 경우에는 클리퍼 바깥쪽 모서리의 연장선이 귀 뒤쪽 끝부분보다 바깥쪽으로 넘어가지 않도록 주의합니다.

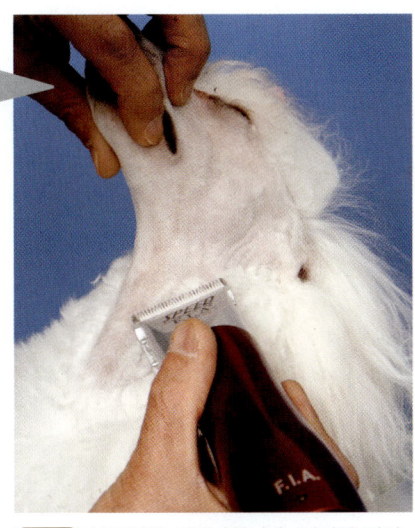

| 38 | 넥라인을 마무리합니다. 전체의 밸런스를 보면서 ⑳에서 대략적으로 작업한 넥라인을 조금씩 넓혀갑니다.

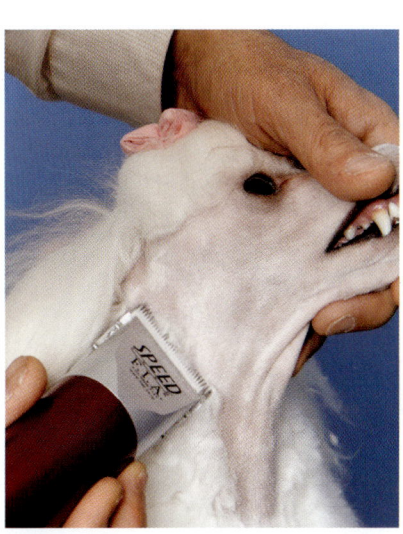

| 39 | 귀의 약간 아랫부분은 모류가 위를 향하고 있으므로, 미는 방법에 주의가 필요합니다. 먼저 넥라인의 바깥쪽에서 안쪽 방향으로 클리퍼를 대어서 날에 털을 감습니다.

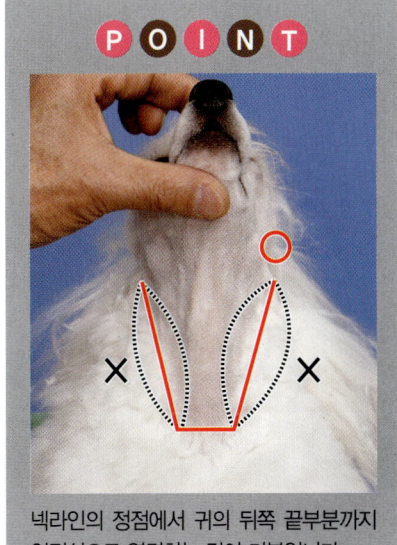

넥라인의 정점에서 귀의 뒤쪽 끝부분까지 일직선으로 연결하는 것이 기본입니다.

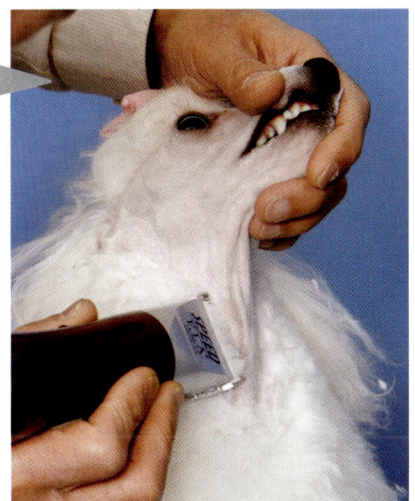

| 40 | ㊴의 각도를 유지하면서 넥라인을 따라 클리퍼를 아래쪽으로 움직여 남은 털을 밀어줍니다.

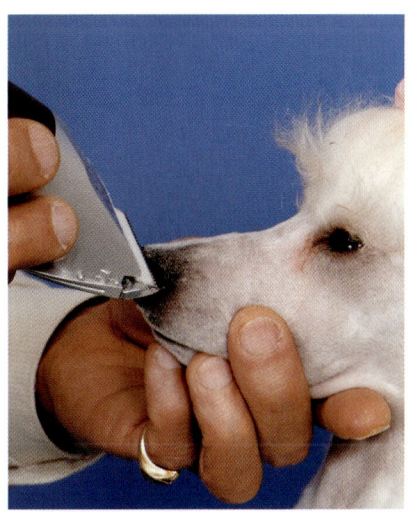

| 41 | 비경을 덮은 머즐 끝의 털을 비경의 옆쪽에서 클리퍼를 대고 밀어줍니다.

Kaneko Method

# ››› 발 클리핑의 순서와 포인트

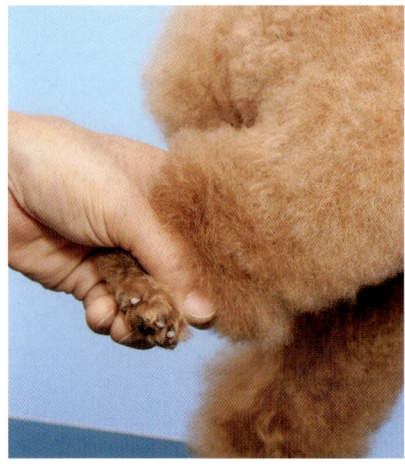

1 후지 풋라인을 클리핑합니다. 검지를 바깥쪽에서 비절 위에, 엄지를 풋라인(쥐고 있는 발가락에 굽은 부분)에 대고 다리를 구부린 후 중지~약지로 밑에서 받쳐줍니다.

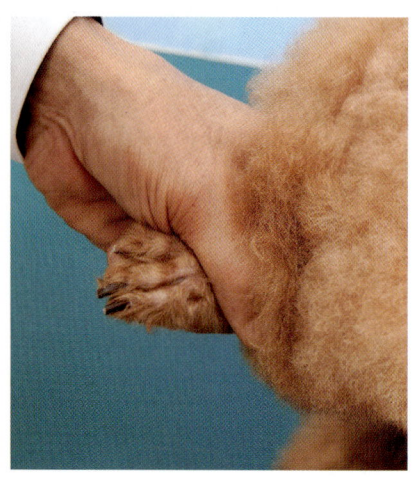

2 가운데 두 개의 발가락에 수직으로 미니 클리퍼를 대어 왼손 엄지에 부딪히는 곳까지 역방향으로 클리핑을 합니다.

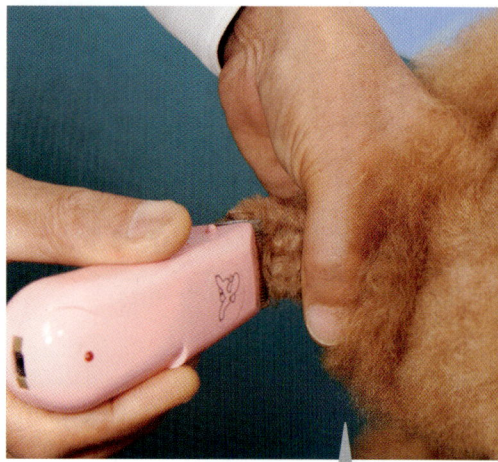

3 같은 자세로 보정한 채로 쥐고 있는 발등을 깨끗하게 역클리핑합니다.

**POINT**
모델견은 후지가 약간 X자 각도를 갖고 있으므로 풋라인의 안쪽을 높게 설정합니다. 그러면 개가 자연스럽게 섰을 때 풋라인이 테이블 면과 평행하게 됩니다.

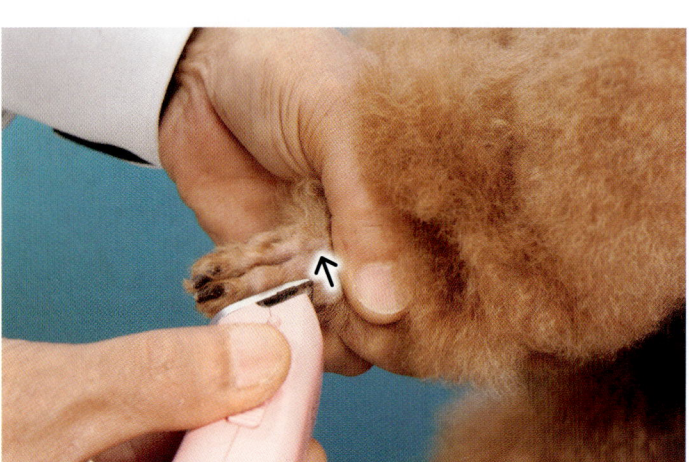

4 다리 앞쪽에서 안쪽, 바깥쪽으로 연결되는 부분은 모류가 바깥 방향입니다. 풋라인까지 똑바로 역클리핑하면서 날에 털이 뒤덮힌 상태로 모류와 반대방향으로 살짝 미끄러지듯이 밀어줍니다.

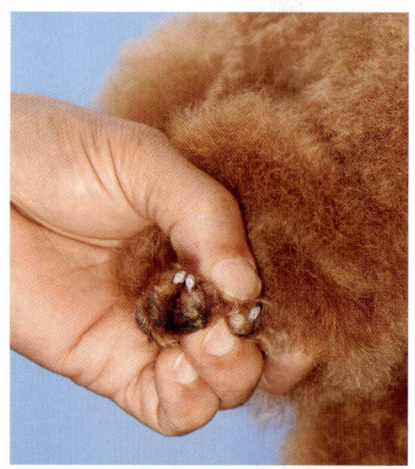

5 엄지와 약지로 발을 위쪽과 아래쪽에서 가볍게 누르고 발가락을 벌려서 물갈퀴가 보이도록 합니다.

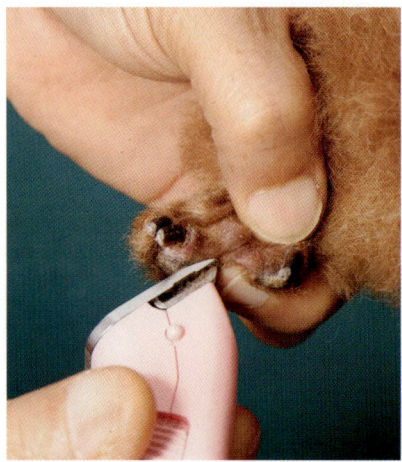

6 발가락 사이의 털이 나있는 부분과 패드의 경계선을 밀어줍니다. 클리퍼의 위쪽 모서리를 사용하여 깨끗하게 털을 제거합니다.

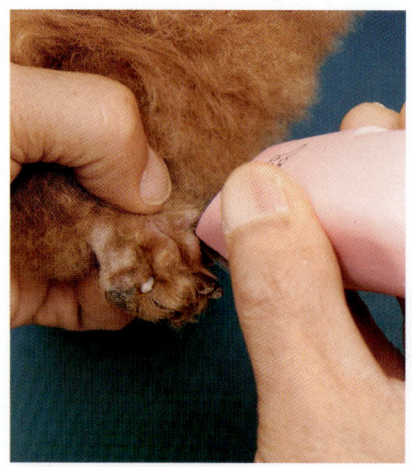

7 발가락 측면의 털을 밀어줍니다. 클리퍼의 아래쪽 모서리를 사용해, ⑥에서 클리핑한 곳보다 윗부분의 털을 제거해 줍니다.

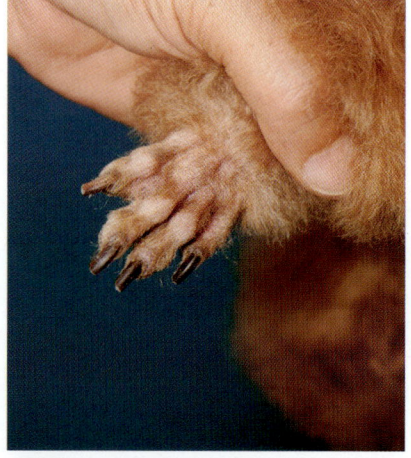

8 발등의 클리핑을 끝낸 모습.

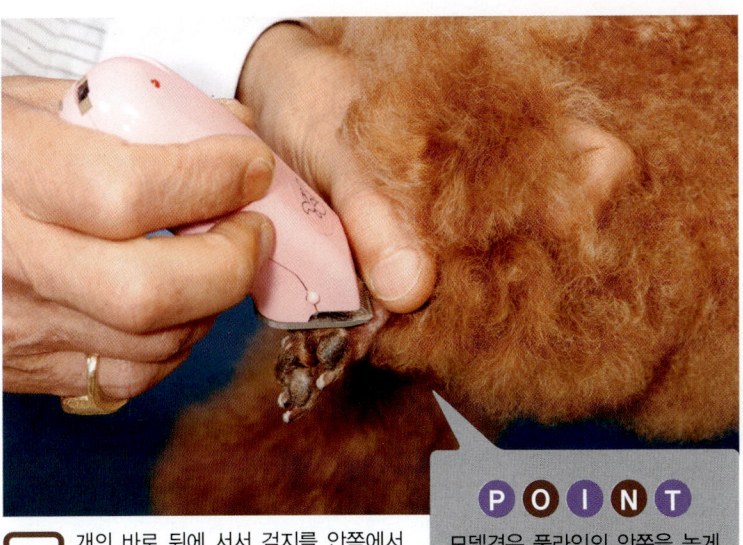

9   개의 바로 뒤에 서서 검지를 안쪽에서 비절 위로, 엄지를 뒤의 풋라인에 대고 보정합니다. 왼손의 엄지에 클리퍼 날이 닿을 때까지 뒤쪽의 풋라인으로 역클리핑합니다.

**POINT**
모델견은 풋라인의 안쪽을 높게 하므로 뒤쪽을 깎을 때는 바깥쪽과 안쪽 라인을 자연스럽게 연결합니다.

10   중족골을 검지와 중지 사이에 끼웁니다. 엄지로 양 옆의 손가락을 내리면서 가운데 두 손가락 아래에 엄지를 넣습니다.

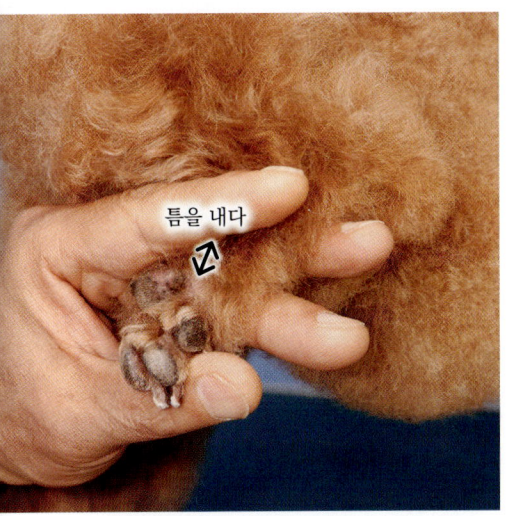
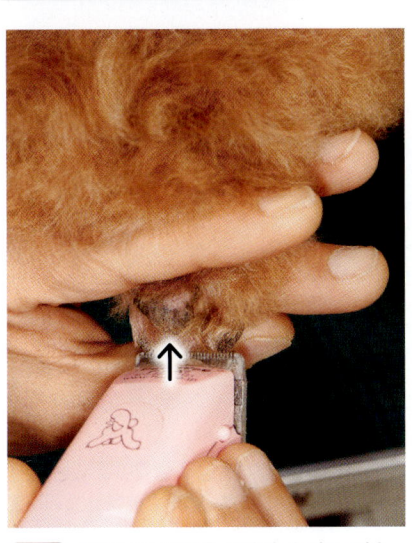
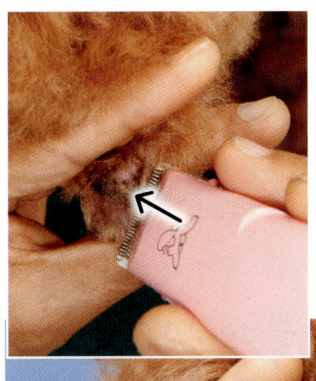

11   힐패드(족저구)를 뒤에서 눌러지지 않도록 하고 검지와 패드 사이에 틈이 생기도록 합니다.

12   힐패드의 앞쪽을 3단계 순서로 깎습니다. 먼저 가운데 부분을 깎습니다.

13   그 다음에 오른쪽과 왼쪽에서 각각 밀어줍니다.

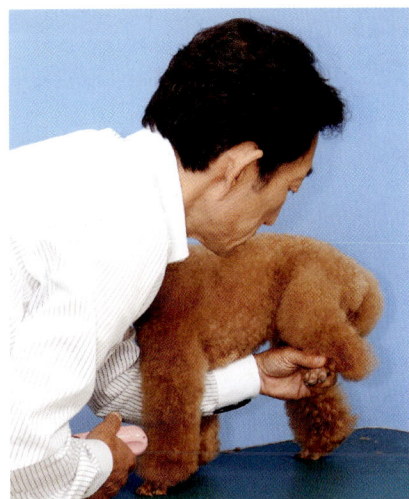
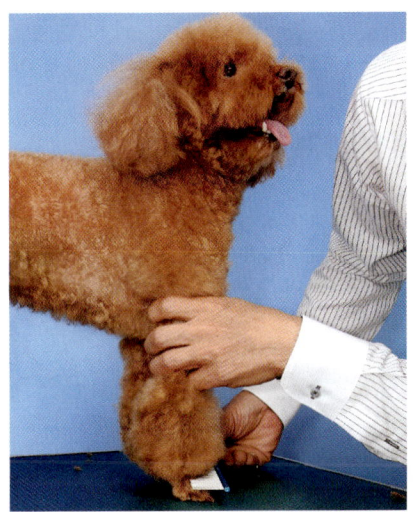
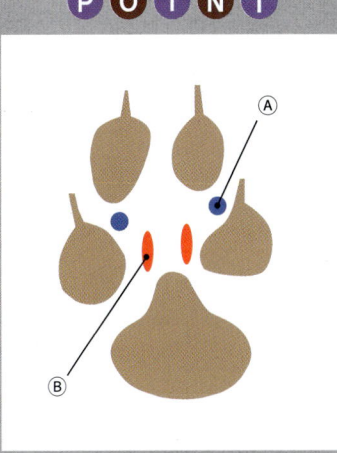

14   왼쪽 후지를 밀어줄 때는 개 앞에 서서 양쪽의 전지 사이에 팔을 넣어 ①처럼 고정합니다.

15   전지 풋라인을 깎습니다. 풋라인의 높이는 지골(발가락뼈) 관절의 높은 부분을 기준으로 합니다. 다리가 곧을 경우에는 테이블 면과 평행한 선을 만들어 줍니다.

**POINT**
발바닥 쪽의 발가락을 연결하는 힘줄 부분 (Ⓐ, Ⓑ)도 털이 남기기 쉬운 부분. 홈에 클리퍼 날을 넣어 부드럽게 밀면 깔끔하게 제거됩니다.

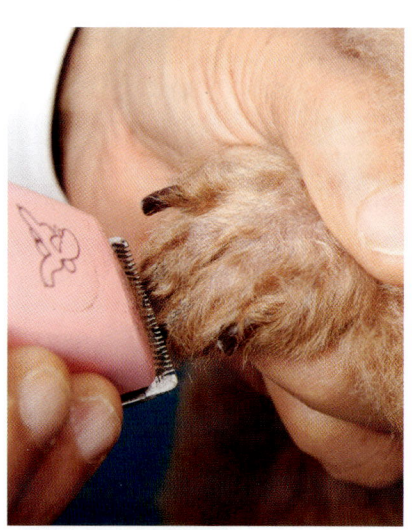

**16** 전지를 클리핑 할 때는, 중수골을 검지와 중지 사이에 끼우고 엄지를 풋라인에 대어 다리 관절을 구부립니다.

### POINT

**X각일 경우의 보정**

모델견은 약간 X각이므로 보정이 필요합니다.
①~②의 순서로 풋라인의 각도를 확인하는 것이 좋습니다.

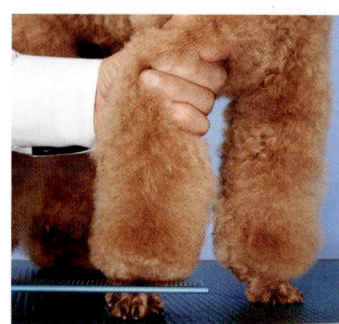

**1** 자연스럽게 세운 상태에서 테이블 면과 평행한 선으로 빗을 대줍니다.

**2** 그대로 다리를 올려 다리에 대한 빗의 각도를 확인해보면 안쪽을 향해 라인이 올라가 있는 것을 알 수 있습니다.

---

**17** ⑮에서 상정한 풋라인까지 발등을 역클리핑합니다. 발톱의 뿌리는 털이 잘 남는 곳. 클리퍼 날의 뒷면으로 가볍게 발톱을 눌러 날에 털이 덮이게 하여 클리퍼를 비틀듯이 하면서 털을 제거합니다.

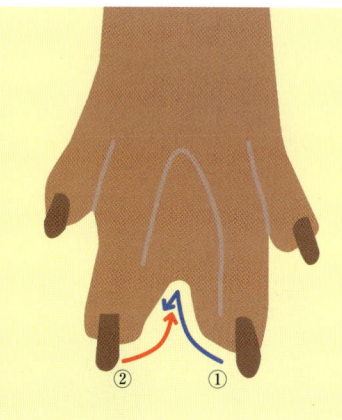

**18** 오른손잡이의 경우 물갈퀴에 있는 털을 밀때는 오른쪽 발가락 끝에서 클리퍼를 넣고 발가락의 커브를 따라 왼쪽 물갈퀴 중간까지 밀어줍니다. 그 후 왼쪽에서 클리퍼를 넣어서 털을 제거합니다.

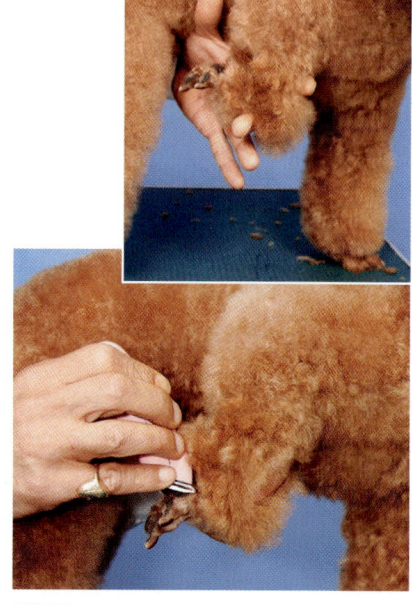

**19** 앞다리는 테이블 면과 수직으로 한 채 관절을 구부린 상태에서 검지와 중지 사이에 전지를 끼고 풋라인의 뒤쪽을 밀어줍니다.

### POINT

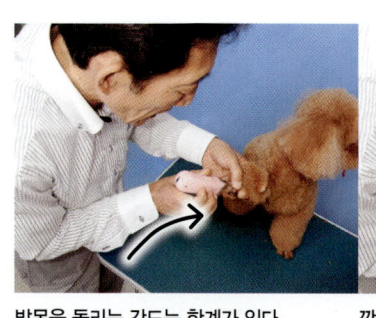
발목을 돌리는 각도는 한계가 있다.

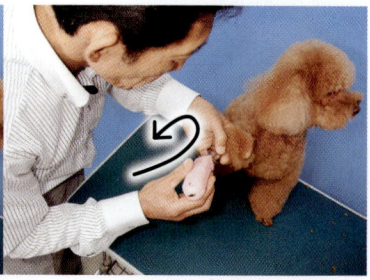
깎는 방향에 따라 발목을 무리없이 움직인다.

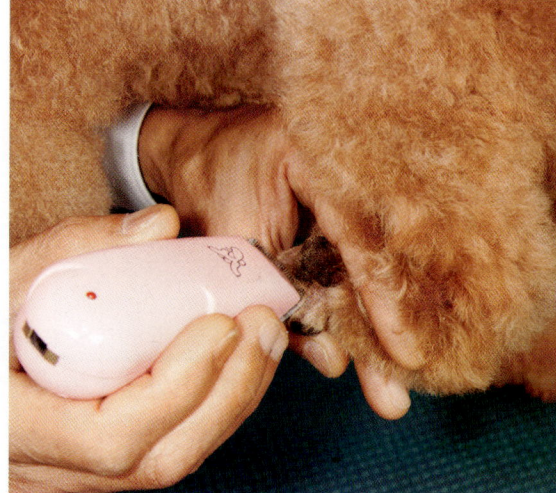

**20** ⑩~⑪과 동일하게 보정하여 패드 사이를 벌리고 발바닥을 밀어줍니다.

# 실천! 쇼 클립

- 콘티넨탈 클립
- 잉글리시 새들 클립
- 세컨드 퍼피 클립
- 퍼피 클립
- 강아지의 퍼스트 트리밍
- 프런트 브레슬릿의 순서와 포인트
- 셋업의 순서와 포인트

Chapter 4

# 콘티넨탈 클립

Show Clip 1

푸들의 쇼 클립 중 가장 대중적인 스타일
후구를 대부분 클리핑하기 때문에 골격과 구성의 우수성을 돋보이게 할 수 있습니다.

*Continental Clip*

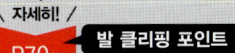

트리밍 후 약 2개월 지난 상태

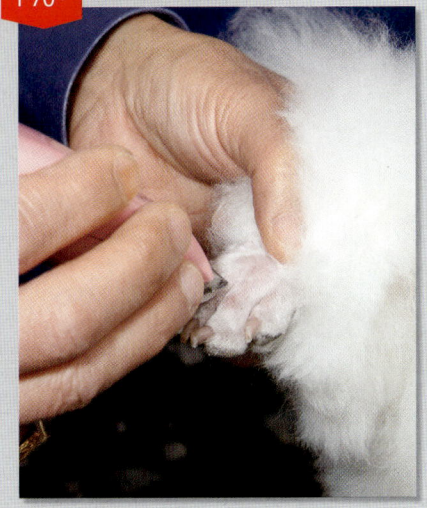

**1** 미니 클리퍼로 발가락 끝에서 관절(쥐었을 때 구부러지는 부분)까지 역방향으로 클리핑을 합니다.

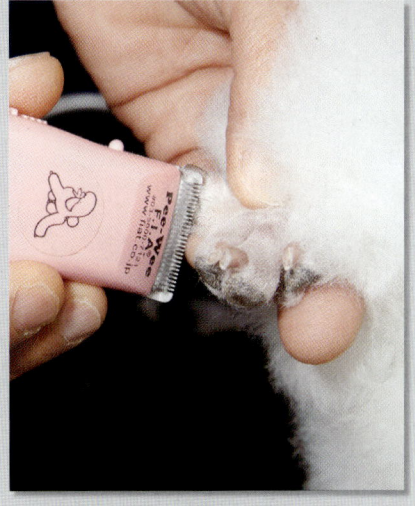

**2** 뒤쪽도 ①과 동일한 높이까지 역방향으로 클리핑합니다. 패드 사이와 발가락 사이의 털도 깨끗하게 잘 밀어줍니다.

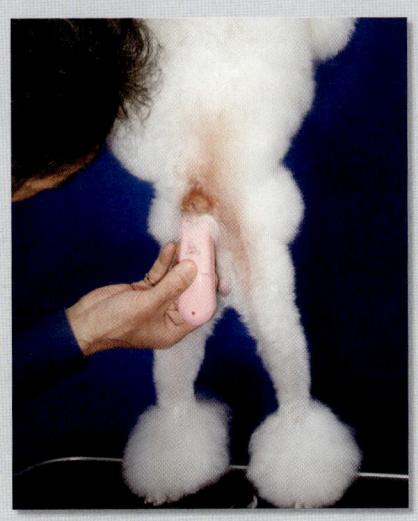

**3** 복부를 밀어줍니다. 개를 뒷다리로 세운 후 배꼽 아래의 서혜부보다 안쪽을 역방향으로 밀어줍니다.

**4** 꼬리를 밀어줍니다. 1mm날을 댄 후 클리퍼로 꼬리의 뿌리부터 2cm 정도 역방향으로 밀어줍니다. 나중에 조정할 수 있도록 이 단계에서는 높은 위치까지 털을 너무 많이 밀지 않도록 합니다.

**5** 항문 주위를 역방향으로 밀어주고 꼬리의 뒷면도 ④와 연결되도록 역방향으로 클리핑합니다.

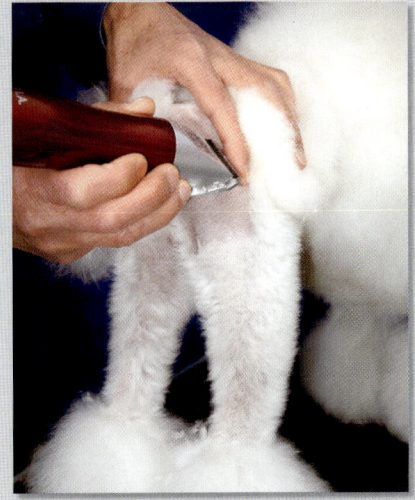

**6** 왼손의 손가락을 사용해서 피부를 살짝 펴주면서 엉덩이와 들어간 홈을 역으로 밀어줍니다.

**7** 후지의 바깥쪽을 밀어줍니다. 후지의 브레슬릿보다 위(비절보다 1cm 정도 높은 높이가 기준)에서 턱업보다 1cm 정도 위까지 역방향으로 밀어줍니다.

**8** ⑦ 작업을 할 때는 후지 안쪽에서 왼손으로 받치고 힘줄 사이에 손가락을 넣어 피부를 펴준 후에 밀면 부드럽게 클리핑이 됩니다.

Show Clip

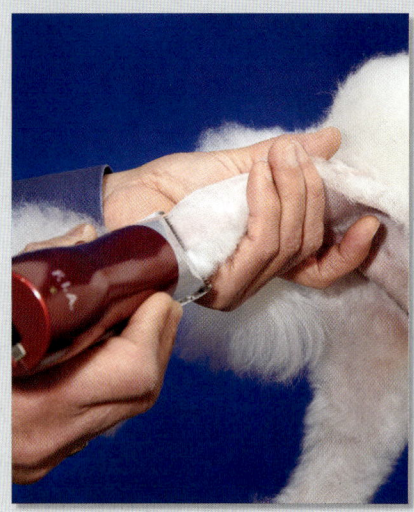

**9** 후지 앞쪽을 클리핑합니다. 브레슬릿 위부터 무릎까지 역클리핑합니다.

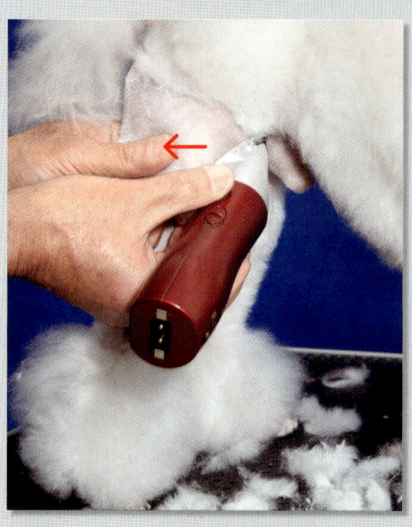

**10** 무릎보다 위쪽은 왼손 엄지로 피부를 당기면서 클리핑합니다.

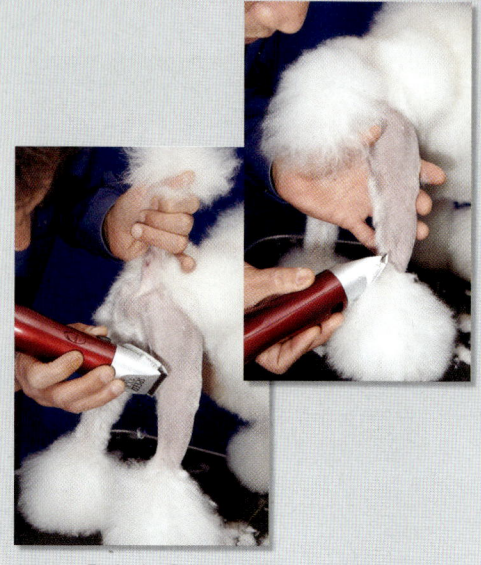

**11** 후지 뒤쪽을 클리핑합니다. 다리뼈를 중심으로 좌우에서 모류와 반대방향으로 클리핑합니다.

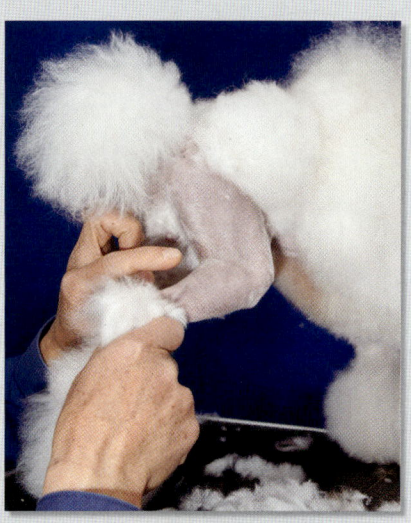

**12** 피부가 얇은 무릎 뒤쪽은 클리퍼로 인해 상처가 생기지 않도록 특히 주의가 필요합니다.

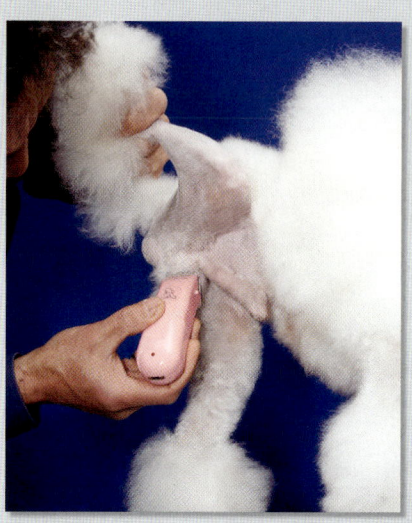

**13** 허벅지 안쪽을 클리핑합니다. 미니 클리퍼로 꼼꼼하게 털을 제거합니다.

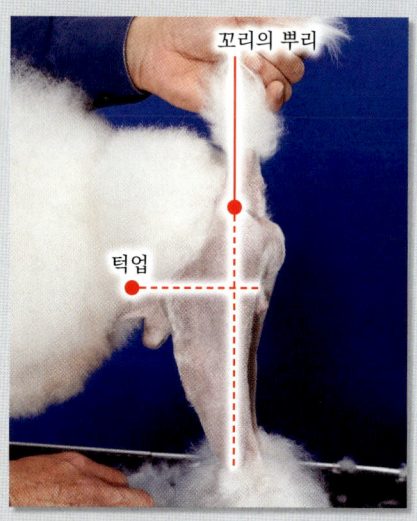

**14** 이 단계에서 클리핑하는 것은 꼬리의 뿌리 부분보다 뒤쪽과 턱업보다 아래 부분입니다.

> 더 자세히!
> P64~ 얼굴 클리핑 포인트

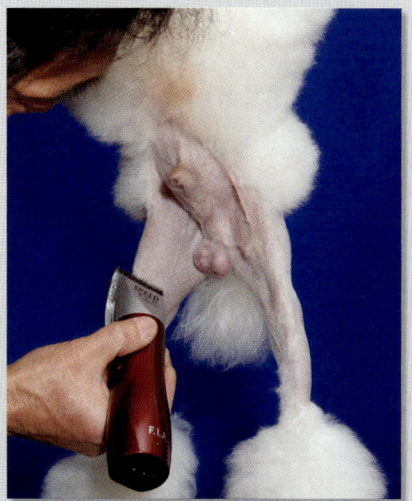

**15** 후지 안쪽~허벅지 안쪽 다리를 클리핑합니다. 후지를 세워서 관절 주위의 피부가 움푹 들어간 부분까지 꼼꼼히 역클리핑합니다.

**16** 목에서 아랫방향으로, 머즐과 같은 거리의 포인트를 넥라인의 정점으로 하여 정점~하악을 일직선으로 역클리핑합니다.

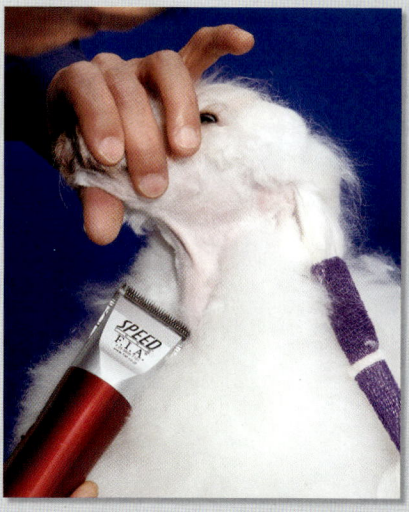

**17** 귓구멍의 앞쪽 털을 깨끗하게 제거하고, 넥라인의 정점~귀 뒤쪽 끝부분을 U자 모양으로 연결하여 역클리핑합니다.

**18** 이미지너리라인을 만듭니다. 귀 앞쪽 끝부분~눈꼬리까지 개가 바른 자세로 섰을 때 테이블 면과 평행한 라인을 만듭니다.

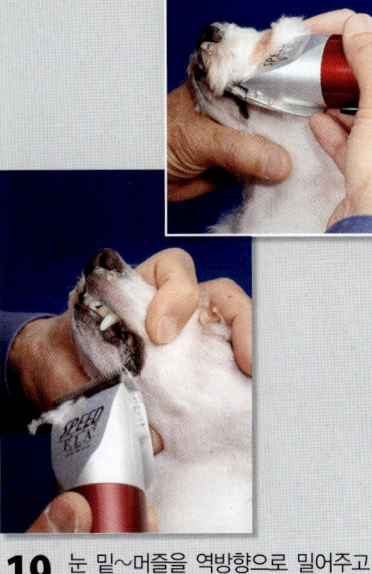

**19** 눈 밑~머즐을 역방향으로 밀어주고 위아래 입술 주변과 아래턱도 깨끗하게 밀어줍니다.

**20** 스톱~머즐의 윗부분을 밀고, 인덴테이션을 넣어줍니다.

**21** 전지를 밀어줍니다. 브레슬릿 위부터 역클리핑하여 날이 팔꿈치에 부딪히는 것보다 약간 위(팔꿈치의 중간지점)까지 밀어둡니다.

**22** 커브가위로 후지의 풋라인을 커트합니다. 트리머에 가깝게 테이블 가장자리에 개를 바르게 세운 후 ①~②의 클리핑라인을 따라 커트합니다. 가위는 테이블 면과 평행하게 맞춥니다.

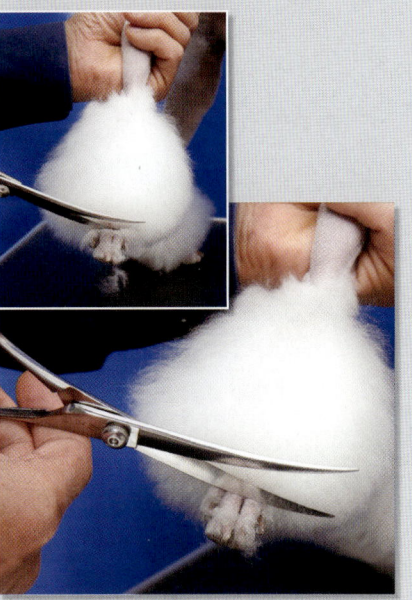

**23** 풋라인은 앞쪽부터 커트. 먼저 털 끝의 앞쪽을 대략적으로 커트한 다음 클리핑라인을 따라 모근부터 다시 커트합니다.

**24** ㉓에 이어 커브가위로 풋라인을 빙 둘러 커트합니다.

**25** 풋라인의 뒤쪽 각도를 설정합니다. 옆에서 봤을 때 발 뒤쪽의 클리핑라인부터 테이블 면과 45도 각도로 하여 둥근 반원으로 잘라줍니다(커브가위).

**26** 풋라인의 앞쪽 각도를 설정합니다. 옆면에서 봤을 때 앞쪽의 클리핑라인으로부터 ㉕의 라인과 직각으로 교차하는 각도로 적당한 둥근 모양을 만들면서 잘라줍니다(커브가위).

**27** 풋라인의 바깥쪽·안쪽 각도를 정합니다. 뒤에서 봤을 때 테이블 면과 45도 각도로 하여 둥근 반원으로 잘라줍니다(커브가위).

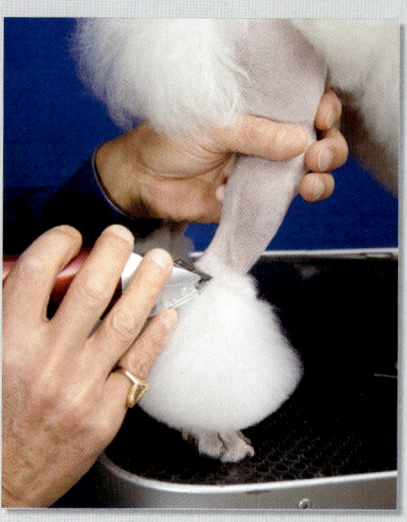

**28** 리어 브레슬릿 위를 밀어줍니다. 뒤쪽은 비절보다 1㎝ 정도 위에서부터 역클리핑합니다.

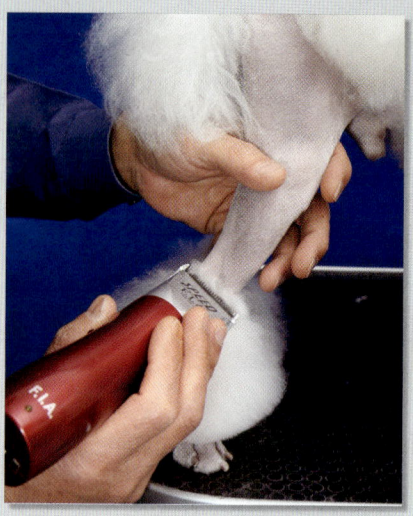

**29** 바깥쪽은 옆면에서 봤을 때 테이블 면에서 앞으로(35~40도) 기울어지는 클리핑라인을 만들도록 역클리핑합니다.

**30** 다리의 앞쪽은 ㉙의 각도를 유지한 채 클리퍼를 옆(몸 앞 방향)으로 밀어서 먼저 다리뼈의 좌우 중앙부까지 털을 밀어줍니다.

**31** 다리뼈의 좌우중앙부에서 클리퍼 각도 방향을 반대로 틀어서 앞쪽을 더 내려 역클리핑합니다.

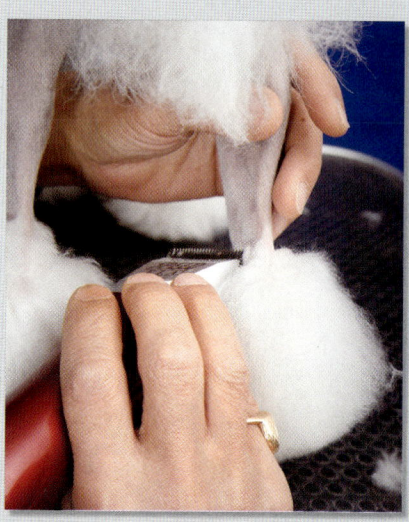

**32** ㉘과 ㉛의 면을 연결되도록 안쪽을 역클리핑합니다. 리어 브레슬릿 위쪽의 클리핑라인은 다리 앞쪽에서는 V자형, 뒤쪽에서는 역U자형으로 연결합니다.

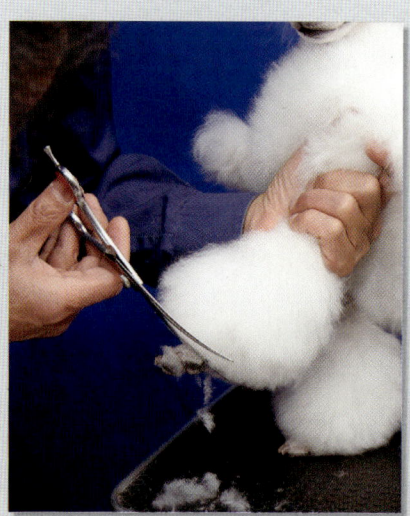

**33** 커브가위로 전지의 풋라인을 커트합니다. ①~②의 클리핑라인을 따서 테이블 면과 평행하게 커트합니다. 가위도 테이블 면과 평행하게 들어갑니다.

**34** 풋라인의 앞쪽과 뒤쪽의 각도를 설정합니다. 전지는 후지와 달리 패스턴의 굴곡이 있으므로 각도의 미세한 조정이 필요합니다. 옆면에서 봤을 때 앞쪽은 테이블 면과 30도, 뒤쪽은 45도를 기준으로 커브가위로 세밀하게 완성합니다.

**35** 풋라인의 바깥쪽과 안쪽의 각도를 정합니다. 정면에서 봤을 때 테이블 면과 각각 45도를 기준으로 하여 적당하게 올려서 둥글게 완성합니다(커브가위).

**36** 커브가위로 안쪽, 바깥쪽 풋라인을 자를 때는 완성된 브레슬릿의 폭을 생각하여 정하고 둥근 모양을 조절합니다.

**37** 로젯 사이에 채널(홈)을 넣습니다. 털을 세워 꼬리와 두부를 바르게 세운 다음 꼬리를 바닥과 평행하게 유지합니다.

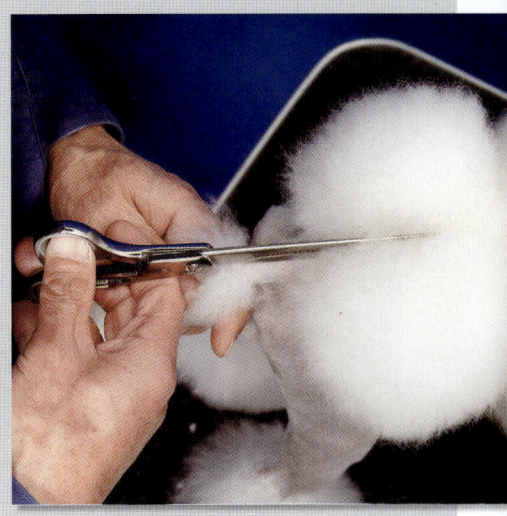
**38** 흉추의 폭과 꼬리 폭의 중앙을 연결하기 위해 일직선으로 라인을 넣습니다.

**39** ㊳을 따라서, 가위를 좌우로 살짝 기울여서 커트합니다.

**40** ㊴의 라인이 몸의 중심에 일직선으로 들어가 있는 것을 앞에서 보면서 확인합니다.

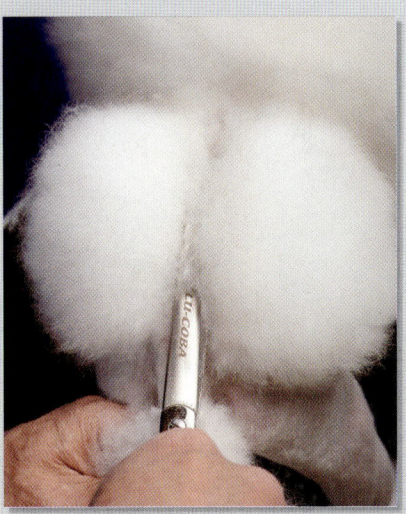
**41** ㊴에 가위를 다시 넣어 폭 5mm 정도까지 라인을 넓혀줍니다.

**42** ㊶라인 양옆에 생기는 모서리가 생기도록 커트합니다.

**43** 테일 세트에서 ㊷로 V자형의 형태로 다듬어 줍니다.

**44** 오버코트(과잉)일 경우 커브가위로 가슴을 커트합니다. 먼저 넥라인에 올라온 털을 커트합니다.

**45** 그 다음, 가위를 흉추에 대해 직각으로 넣고, 넥라인을 따라 앞가슴 윗부분의 털을 커트. 그리고 메인코트의 바깥쪽 면과의 모서리를 제거합니다.

**46** 앞가슴을 테이블 면과 수직으로 설정합니다.

**47** 로젯을 커트합니다. 로젯 털을 뒤쪽으로 향하게 쭉 빗겨주세요.

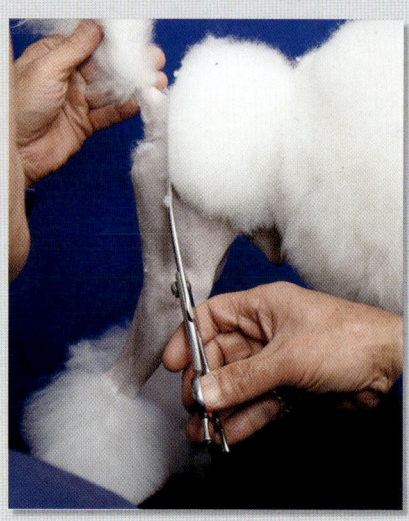

**48** 측면에서 봤을 때 꼬리 뿌리의 위치에서 로젯을 일직선으로 잘라줍니다(커브가위).

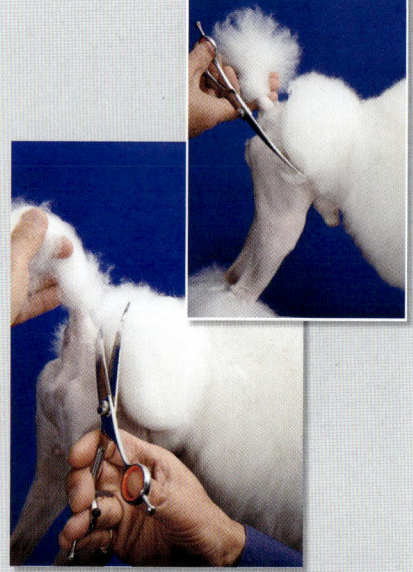

**49** ㊽의 위아래를 둥글게 만듭니다. 로젯의 뒤쪽은 최종적으로 반원형으로 만들것으로 생각하면서 작업합니다(커브가위).

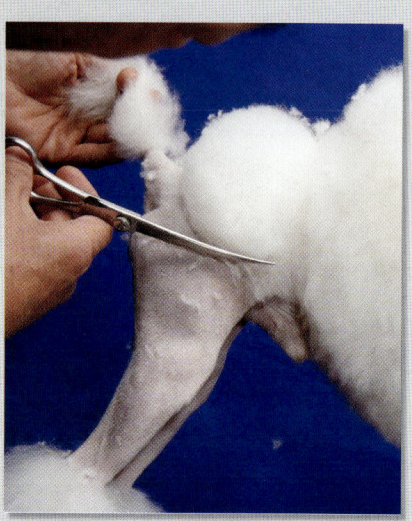

**50** ㊽~㊾에서 계속해서 로젯의 아래쪽으로 연결되는 부분도 자릅니다.

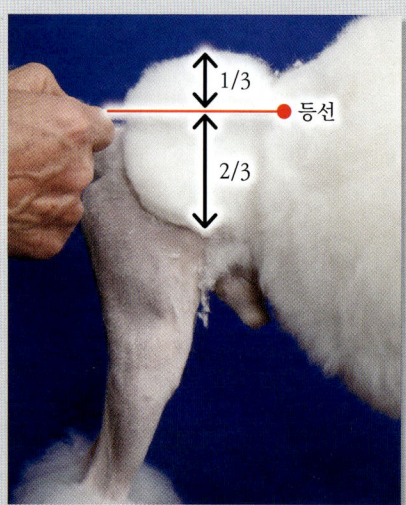

**51** 로젯은 높이위 1/3이 등선보다 위로 올라오는 것이 기본. ㊾은 완성 시 사이즈나 위치를 생각하면서 잘라야 합니다.

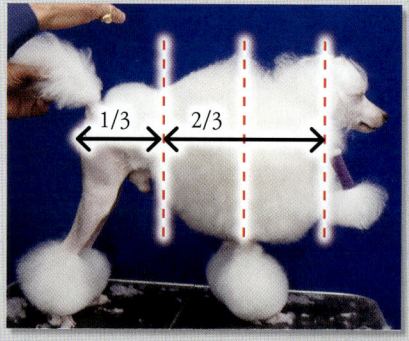

**52** 로젯의 좌우 폭은 파팅라인의 위치를 포함하여 메인코트와의 균형을 보면서 생각합니다. 메인코트는 몸길이의 약 2/3를 덮는것이 기본. 로젯을 크게 만들면 메인코트가 작아질 수 있으므로 주의가 필요합니다.

**53** 로젯 뒤쪽을 깎습니다. ㊽~㊿ 라인을 기준으로 역클리핑하여 여분의 털을 제거합니다.

**54** 커브가위로 로젯 뒷면의 반쪽 모서리를 없애줍니다. 사이즈와 위치도 조정하면서 옆면에서 봤을 때 반원형이 되도록 정돈해 줍니다.

**55** 로젯의 털은 앞쪽 방향으로 쭉 코밍합니다. 모근까지 콤의 핀을 넣어서 빗질을 시작하되 털 끝은 가볍게 털을 부풀려줍니다.

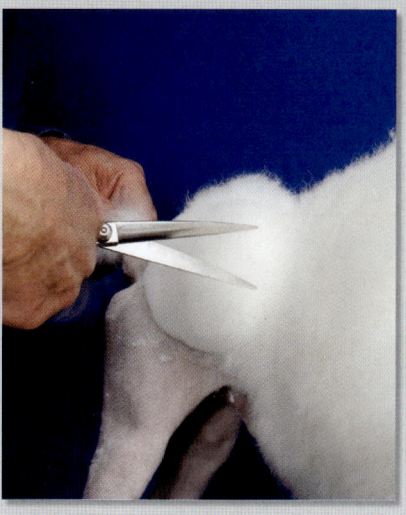

**56** 로젯의 반원 모양에 맞춰 앞쪽에도 같은 크기의 반원을 만들면서 커트(커브가위). 단, 로젯의 앞쪽은 모근부터 자르지 않고 털끝만 자르도록 합니다.

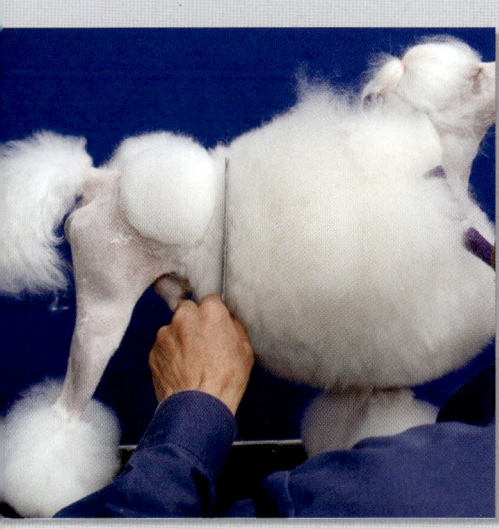

**57** 짐작하여 자른 곳에서 파팅라인의 위치를 포함한 로젯 앞뒤의 크기와 둥근 모양으로 되었는 지 확인합니다.

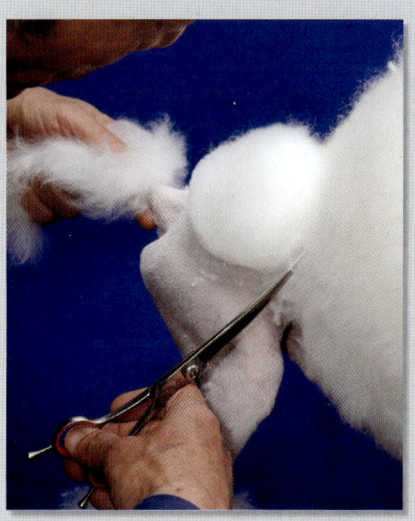

**58** 로젯 앞부분의 아래쪽은 많이 자르지 않도록 주의. 항상 날 끝을 사용하여 손등을 개의 앞쪽으로 향하고 가위를 크게 움직이며 커트합니다(커브가위).

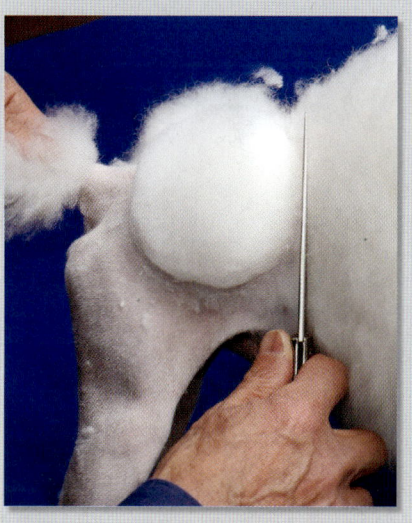

**59** 파팅라인의 위치를 정합니다. 로젯의 앞부분에 테이블 면과 수직으로 가위를 넣어 커트합니다.

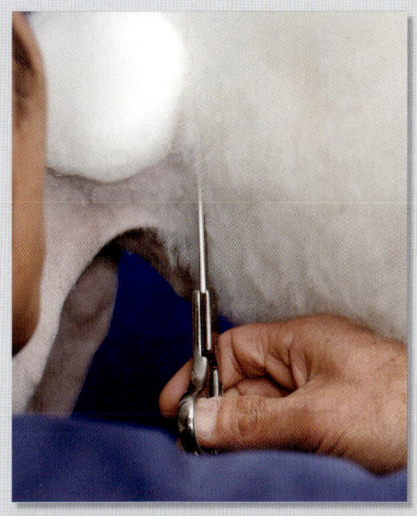

**60** �59보다 5mm 앞으로 하여 �59와 평행하게 가위를 넣습니다.

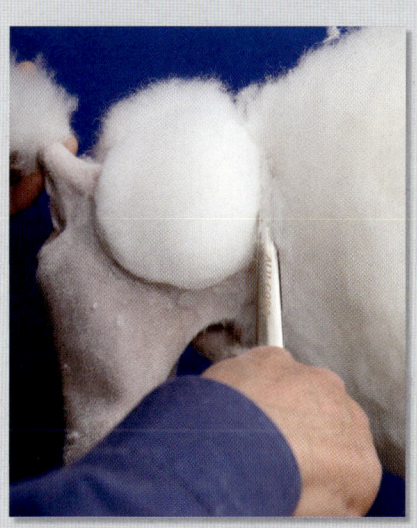

**61** �59와 �60 사이의 털을 커트합니다.

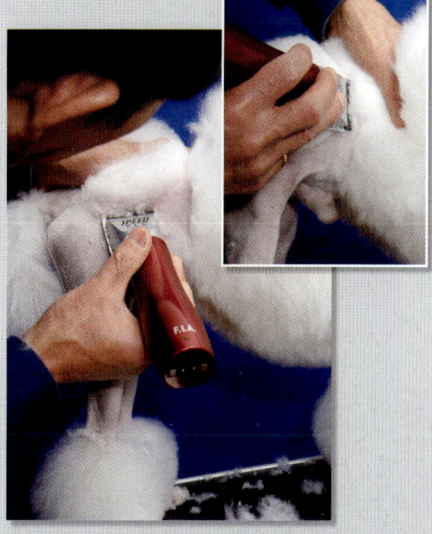

**62** 파팅라인과 로젯의 아랫부분 등의 남겨진 털을 클리핑합니다.

Show Clip

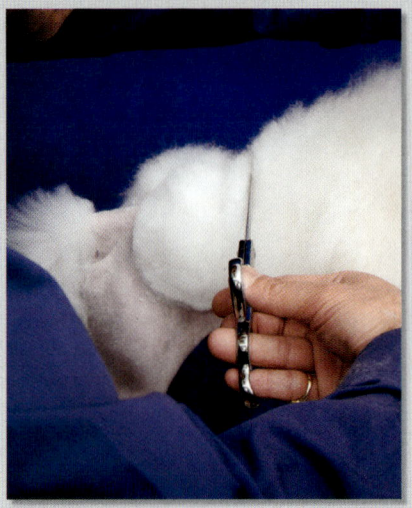

**63** 메인코트를 코밍하여 파팅라인을 덮은 털을 커트합니다.

\ point /

중간형
하이온
선①
로온

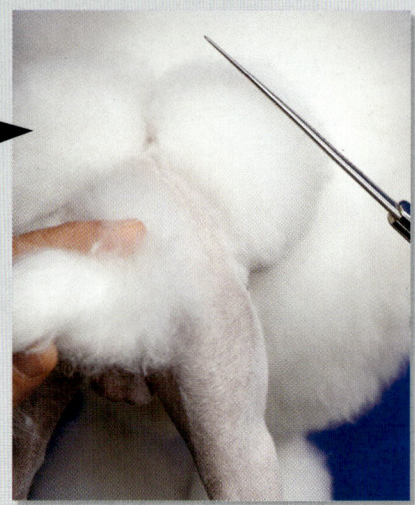

**64** 로젯의 털을 세우면서 코밍하여 로젯 상부를 커트합니다.

로젯 윗부분 1/3이 등선보다 위로 올라온 것이 기본. 개의 체형에 따라 정점의 위치를 조금씩 조정하기 위해 그림과 같은 이미지로 가위의 각도를 바꿉니다.

### 중간 타입
뒤에서 봤을 때 선①에 대해 평행하게 커트.

### 로온의 경우
선① 위를 향해 가위의 각도를 크게.

### 하이온의 경우
선① 위를 향해 가위의 각도를 작게.

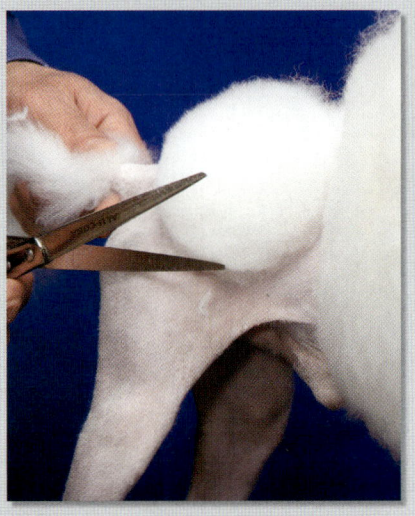

**65** ㉚의 커팅한 면의 모서리를 제거합니다.

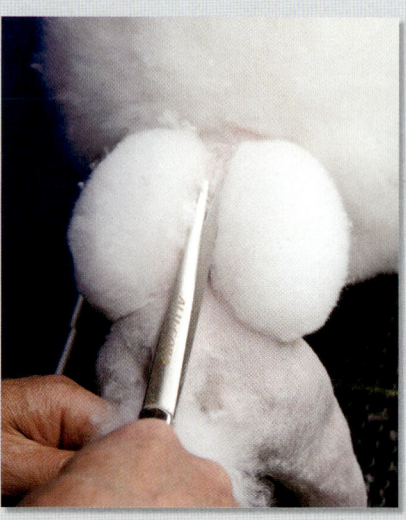

**66** 위에서 봤을 때 ㊳~㊷에서 넣은 채널에 가위를 다시 넣어줍니다.

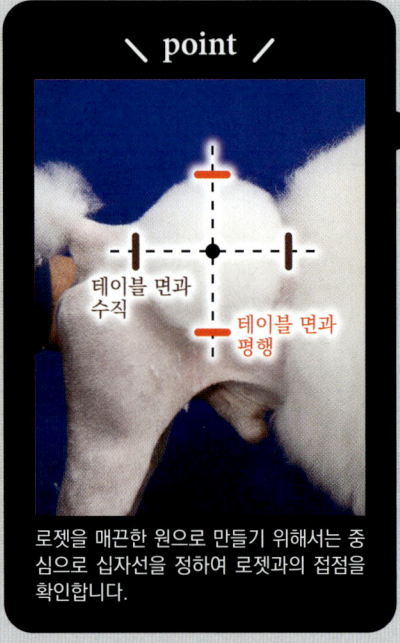

\ point /

테이블 면과 수직
테이블 면과 평행

로젯을 매끈한 원으로 만들기 위해서는 중심으로 십자선을 정하여 로젯과의 접점을 확인합니다.

**67** 로젯의 둥근 모양으로 맞추어, ㊋ 앞뒤로 모서리를 제거하면서 연결합니다.

**68** ㊇의 자른 부분을 클리핑합니다. 가운데 일직선 채널의 폭은 최대 꼬리의 폭에 맞춥니다. 하이온이라면 조금 넓혀도 상관없지만, 로온은 폭을 너무 넓게 하지 않아야 합니다.

**69** 로젯 주위의 불필요한 털도 깨끗하게 밀어줍니다.

**70** 리어 브레슬릿을 커트합니다. 브레슬릿 위쪽으로 털의 반을 세워주듯 코밍하고 가볍게 다리를 흔들어 털을 진정시켜 줍니다.

**71** ㉙, ㉜의 클리핑라인에 가위를 다시 넣습니다. 가위는 위에서 봤을 때 흉추와 평행하게 넣어줍니다.

**72** 브레슬릿 안쪽, 바깥쪽 면을 흉추와 평행한 면으로 정리합니다.

**73** 브레슬릿 뒤쪽을 잘라줍니다. 털을 세워 ㉖에서 자른 풋라인 앞쪽과 평행하게 커트합니다.

**74** ㉕로 잘라낸 뒤쪽 풋라인과 ㉳의 모서리를 테이블 면과 수직으로 커트합니다.

> 더 자세히! **프런트 브레슬릿의 포인트** P122~

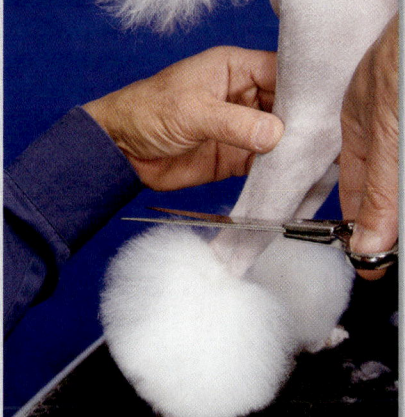

**75** ㉳의 위쪽 모서리를 테이블 면과 평행하게 커트합니다.

**76** ㉙~㉜에서 각도를 정한 브레슬릿 위쪽 모서리를 테이블 면과 수직으로 커트합니다.

**77** 프런트 브레슬릿은 리어 브레슬릿 뒤쪽의 높이와 같은 높이로 정하고 브레슬릿 라인의 위를 역클리핑합니다.

**78** 브레슬릿 반의 위쪽 털을 세웁니다. 바깥쪽, 안쪽 혹은 앞쪽, 뒤쪽 면을 각각 테이블 면과 45도 각도에서 둥글게 내려주면서 잘라줍니다(커브가위).

**79** ㉞~㉟에서 반원으로 올려서 잘라준 풋라인과 ㉘의 모서리를 테이블 면과 수직으로 커트. 아래로 향한 둥근 면, 수직인 면, 위로 향한 둥근 면이 각각 브레슬릿 높이의 1/3이 되도록 합니다.

**80** 복부를 커트합니다. 개를 뒷다리로 세운 후 복부의 클리핑라인을 따라 불필요한 털을 커트합니다.

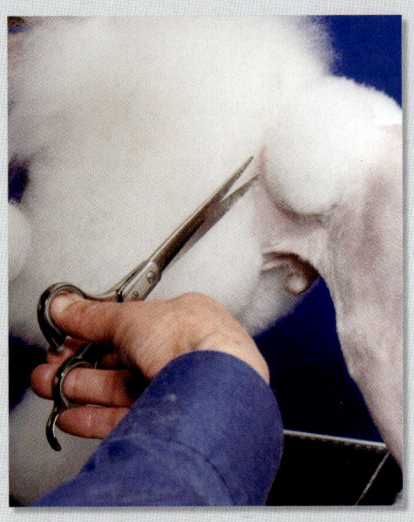

**81** 메인코트를 커트합니다. 파팅라인을 덮은 털을 커트합니다. 가위는 테이블 면과 수직으로 들어갑니다.

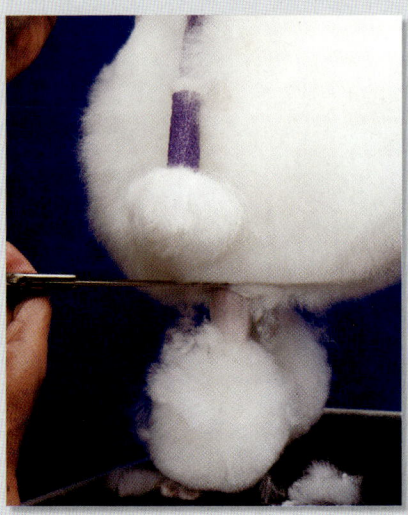

**82** 팔꿈치의 앞쪽 메인코트의 아랫부분을 팔꿈치보다 조금 낮은 위치에서 커트합니다. 가위는 테이블 면에 대해 평행하게 들어갑니다.

**83** 팔꿈치의 뒤쪽은 파팅라인에 연결되도록 커트합니다.

**84** 정면에서 봤을 때 ㉒~㉓으로부터 각각 메인코트를 자르면서 올라갑니다. 턱업의 높이 근처에서 완성 시 몸의 폭을 설정해 주고, 그 폭에 맞추어 곡선으로 움직이며 가위가 테이블 면에서 수직이 될 때까지 올리면서 자릅니다.

**85** 메인코트의 사이드를 정리합니다. 앞에서 볼 때, 좌골단의 높이를 기준으로 테이블 면과 수직인 면이 되도록 커트합니다.

**86** 커브가위로 넥라인을 커트합니다. 넥라인을 따라 앞가슴의 털을 커트하고 메인코트의 바깥쪽 면과 모서리를 커트합니다.

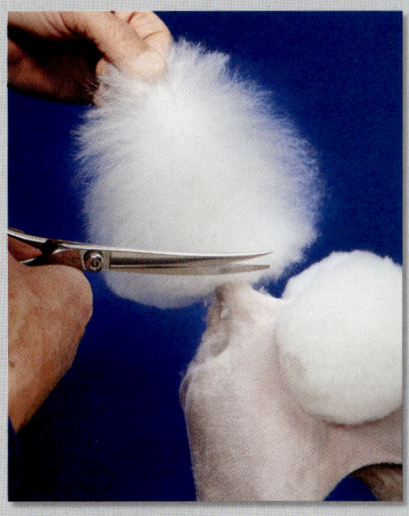

**87** 앞가슴을 테이블 면과 수직으로 커트하고 메인코트의 바깥쪽 면에서 있는 모서리를 없애줍니다. ⑧⑥ 사이에서 생기는 모서리는 좌골단과 같은 높이로 없애줍니다.

**88** ⑧②와 ⑧⑦의 모서리를 없애줍니다. ⑧④에 맞추어서 올려서 잘라주고, 턱업의 높이로 테이블 면과 수직면으로 연결되도록 합니다.

**89** 커브가위로 꼬리를 커트합니다. 털을 비틀어서 털끝을 자르고 폼폰을 둥글게 정리합니다.

더 자세히! P124~ 셋업의 포인트

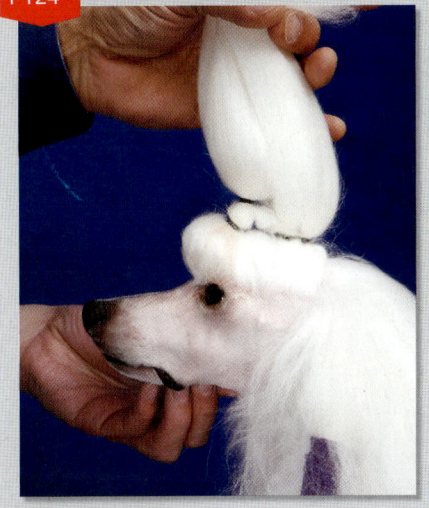

**90** 셋업을 합니다. 귀 앞쪽 끝부분보다 앞쪽의 털을 2~3개 블록으로 나누고 맨 앞쪽의 매듭은 2개로 만들어 스웰을 부풀게 만듭니다.

**91** 스프레이와 코밍을 반복하여 메인코트를 제대로 세워줍니다.

**92** 어깨 근처의 좌골 단에서 등선의 높이의 메인코트를 약간 각도를 주어 아래로 잘라줍니다. 메인코트 전체의 높이와 두께도 조정합니다.

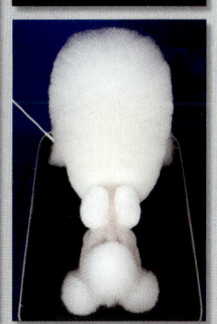

**93** 귀 랩핑을 떼어낸 후 브러싱하여 길이의 균형을 보면서 털끝을 커트합니다.

*finish*

## Show Clip 2 — 잉글리시 새들 클립

쇼 클립 중에서도 가장 오랜 역사를 지닌 스타일
새들과 4개의 브레슬릿으로 덮인 구조가 고귀하고 우아한 느낌을 줍니다.

*English Saddle Clip*

트리밍 후 약 1.5개월 지난 상태. 세컨드 퍼피 클립에서 클립 변환

**P70~ 발 클리핑 포인트**

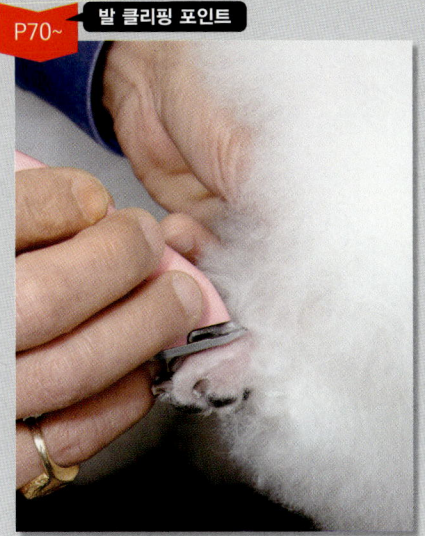

**1** 미니 클리퍼로 발가락 끝에서 관절(쥐었을 때 구부러지는 부분)까지 역클리핑합니다.

**2** 뒤쪽도 ①과 동일한 높이까지 역클리핑합니다. 패드 사이와 발가락 사이의 털도 깨끗하게 잘 밀어줍니다.

**3** 복부를 밀어줍니다. 개를 뒷다리로 세운 후 배꼽 아래의 서혜부보다 안쪽을 역방향으로 밀어줍니다.

**4** 꼬리를 밀어줍니다. 1mm날을 댄 후 클리퍼로 미근부부터 1~2cm 정도 역방향으로 밀어줍니다. 나중에 조정할 수 있도록 이 단계에서는 높은 위치까지 털을 너무 많이 밀지 않도록 합니다.

**5** 미근부에서 V자형으로 밀면서 들어갑니다. V자의 벌어진 쪽은 꼬리의 폭과 같게 합니다.

**P64~ 얼굴 클리핑의 포인트**

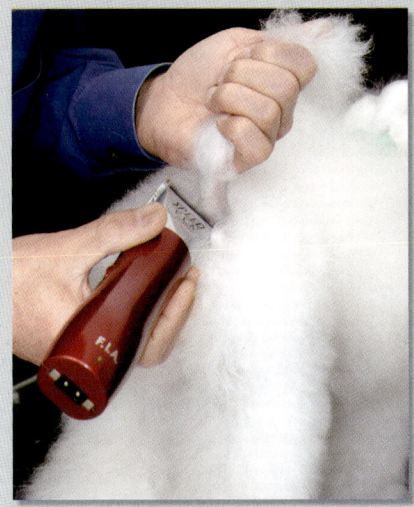

**6** 꼬리의 뿌리를 테이블 면과 30도 각도로 들고 역으로 밀어주는데, 완성의 포인트를 항문의 밑에서 V자 형으로 이어지도록 항문 주위의 털을 없애줍니다.

**7** 인후부에서 아래로, 머즐과 같은 거리의 포인트를 넥라인의 정점으로 하여 정점~하악을 일직선으로 역방향으로 클리핑합니다.

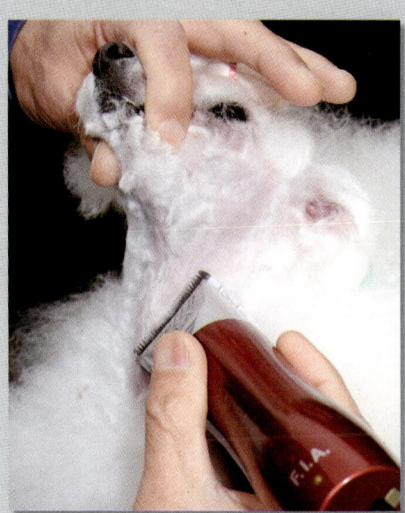

**8** 귓구멍 앞쪽 털을 깨끗이 제거하고 넥라인의 정점~귀 뒤쪽의 끝부분을 U자형으로 연결이 되도록 역방향으로 클리핑합니다.

Show Clip

**9** 이미지너리라인을 만듭니다. 귀 앞부분~눈꼬리까지 개를 바르게 세웠을 때 테이블 면과 평행한 라인을 넣어줍니다.

**10** 눈 밑~머즐을 역클리핑하고 상하 립 주변과 아래 턱도 깨끗하게 깎아줍니다.

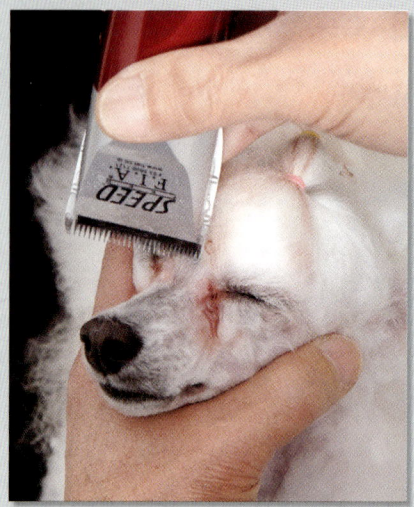

**11** 스톱~머즐 상부를 클리핑하고, 인덴테이션을 넣습니다.

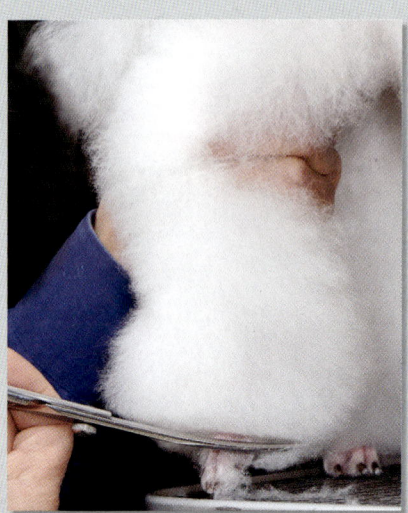

**12** 뒷다리 풋라인을 잘라줍니다. 트리머와 가까운 테이블 가장자리에 개를 똑바로 세우고 ①~②의 클리핑라인을 따라 잘라줍니다. 가위는 테이블 면과 평행하게 맞춥니다(커브가위).

\ point /

바른 풋라인
45도

가위 날의 끝이 뒤쪽의 클리핑라인에 정확하게 대고 자르도록 합니다. 사진처럼 가위끝의 위치가 어긋나면 발끝 전체가 흐트러지는 원인이 되므로 주의.

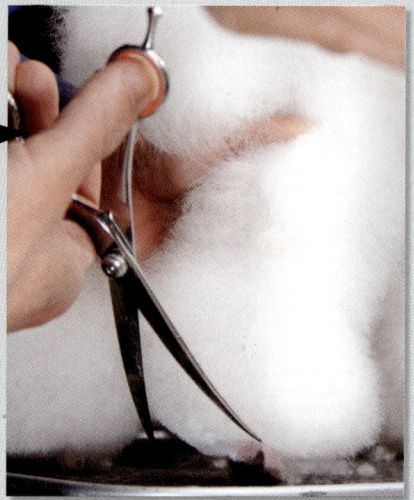

**13** 풋라인의 뒤쪽 각도를 정합니다. 측면에서 봤을 때 테이블 면에 대해 45도 각도의 곡선으로 잘라줍니다(커브가위).

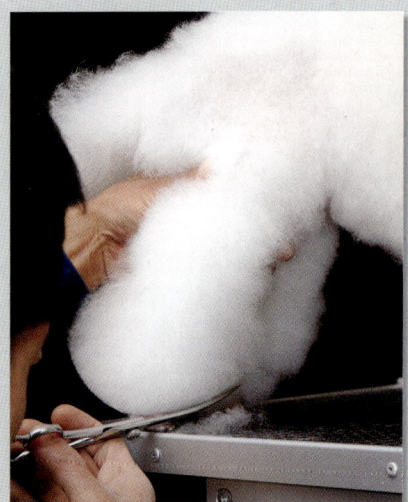

**14** 풋라인의 앞쪽 각도를 정합니다. 측면에서 봤을 때 ⑬의 라인과 직각으로 교차하는 각도로, 적당한 곡선의 형태로 잘라줍니다(커브가위).

**15** 풋라인의 바깥쪽, 안쪽 각도를 정합니다. 뒤에서 봤을 때 각각 테이블 면과 45도 각도로 적당한 곡선을 만들면서 잘라줍니다(커브가위).

**16** ⑬~⑮에서 자른 풋라인의 모서리 없애면서 커브가위로 컷트합니다.

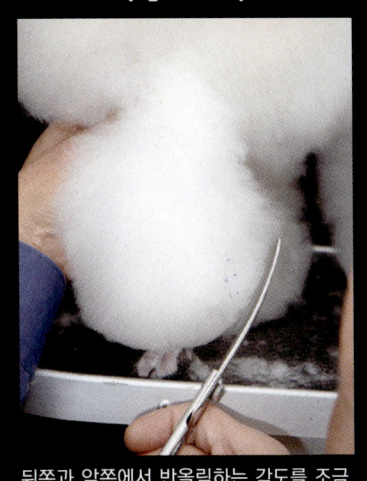

**17** 커브가위로 앞다리 풋라인을 잘라줍니다. 트리머와 가까운 테이블의 가장자리에 개를 똑바로 세우고 ①~②의 클리핑 라인을 따라 커트. 가위는 테이블 면과 평행하게 맞춥니다.

\ point /

뒤쪽과 앞쪽에서 반올림하는 각도를 조금 바꾸어야 합니다. 패스턴의 각도를 고려합니다.

**18** 전지는 후지와 달리 패스턴의 굴곡이 있으므로 각도의 세밀한 조정이 필요. 측면에서 봤을 때 앞쪽은 테이블 면과 30도, 뒤쪽은 45도를 기준으로 커브가위로 세밀하게 조정하면서 커트합니다.

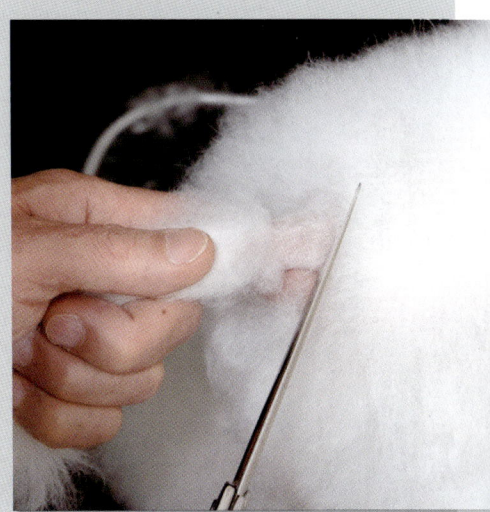

**19** 풋라인의 바깥쪽, 안쪽 각도를 정합니다. 정면에서 봤을 때, 테이블 면과 45도 각도로 적당한 곡선을 만들면서 잘라줍니다(커브가위).

**20** 안쪽, 바깥쪽 풋라인을 자를 때는 완성시의 브레슬릿 폭을 상정하여 둥글게 조절하면서 정리합니다(커브가위).

**21** ⑤의 클리핑라인에 가위를 다시 넣습니다.

\ point /

브레슬릿의 아래쪽 라인 되는 풋라인은 깔끔하게. 이 라인이 정해져 있지 않으면 균형잡힌 브레슬릿을 만드는데 시간이 걸립니다.

풋라인보다 위로 브레슬릿을 만들다

풋라인(주변의 피모)이 처지게 되면, '밑단 퍼짐'의 브레슬릿이 되어버립니다.

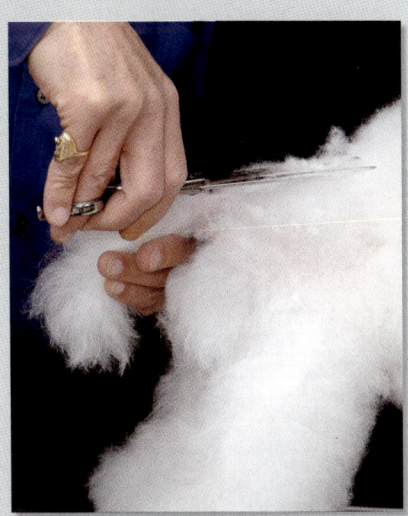

**22** 백(새들)을 커트해줍니다. 후구의 털을 세울 시 꼬리를 내린 상태에서 등선을 테이블 면과 평행하게 커트합니다.

**23** 꼬리를 위로 올린 후, 꼬리 앞의 세워진 털을 커트합니다.

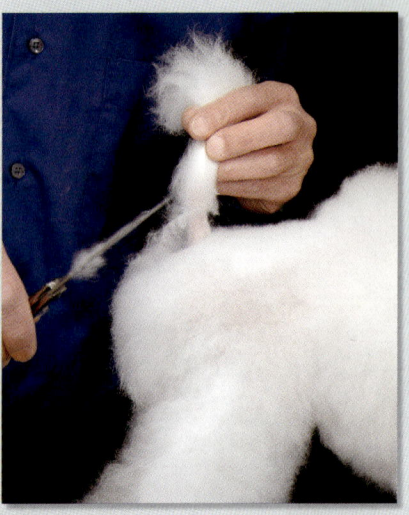

**24** ⑥에서 넣은 꼬리 양 옆의 클리핑라인에 가위를 넣어서 항문 주변을 덮는 털도 커트합니다.

**25** 꼬리를 올린 후, 꼬리 클리핑라인 끝에서 무릎의 약간 위의 위치까지 테이블 면과 수직으로 커트합니다.

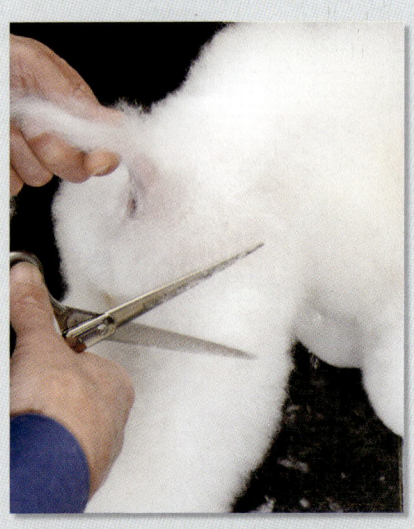

**26** 대퇴부~후지의 바깥쪽을 커트합니다. 등선에 평행으로 가위를 대고 똑바로 내려 면을 만들면서 무릎의 약간 위의 높이까지 커트합니다.

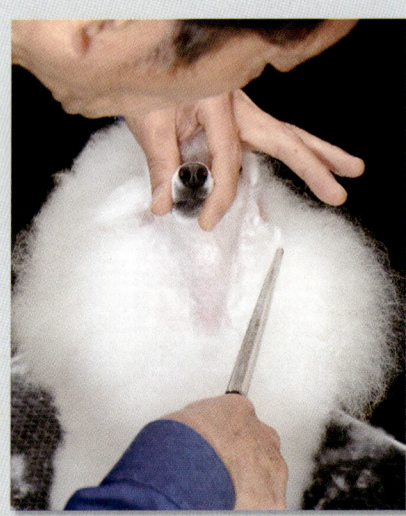

**27** 가슴(흉)을 자릅니다. 털을 세워서 넥라인 안쪽으로 들어온 털만 커트합니다.

**28** 옆에서 봤을 때 앞가슴(전흉)을 테이블 면과 수직으로 커트합니다.

**29** 백과 어퍼브레슬렛 사이에 가위로 밴드를 넣어 줍니다. 라인의 높이는 후지 앵귤레이션이 시작되는 포인트를 기준으로 합니다.

**30** ㉙에서 설정한 위치에 테이블 면과 평행한 라인을 얕게 넣습니다. 일단 균형을 확인 후 라인이 명확하게 보이도록 모근까지 다시 커트합니다.

**31** ㉙의 가위밴드를 후지의 뒤쪽까지 길게 연결합니다.

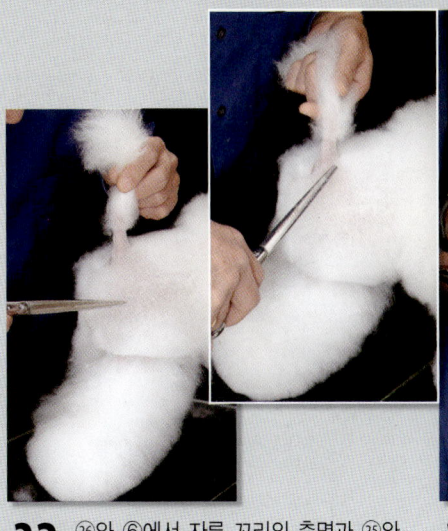

**32** ㉖와 ⑥에서 자른 꼬리의 측면과 ㉕와 ㉖의 모서리를 제거하면서 커트합니다.

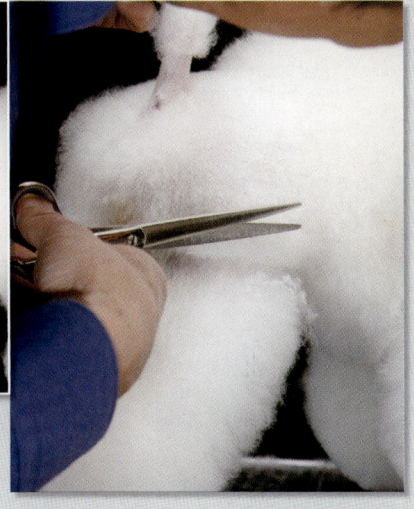

**33** ㉙~㉚의 가위밴드와 백의 모서리를 제거합니다.

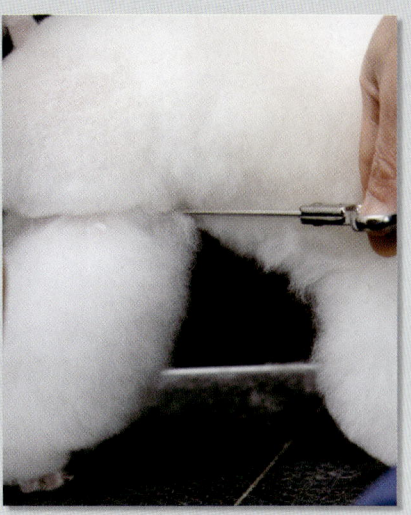

**34** ㉚의 가위밴드를, 후지의 앞쪽까지 연장합니다.

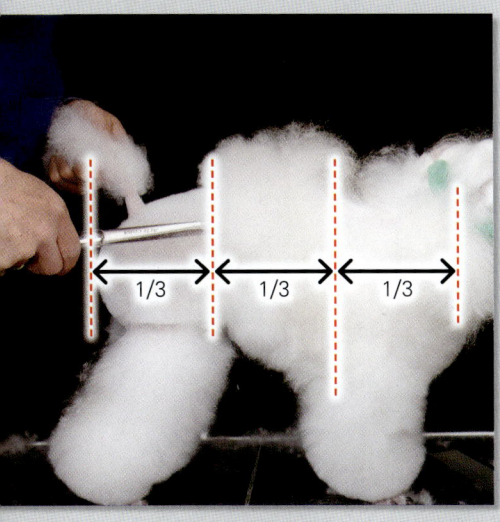

**35** 체장의 1/3을 기준으로 파팅라인의 위치를 정하고 테이블 면과 수직으로 몸통의 측면을 자릅니다.

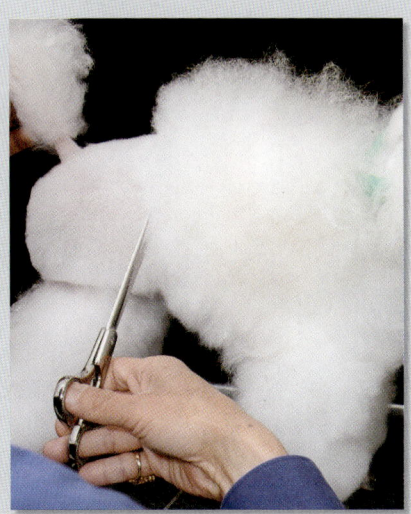

**36** ㉟에서 결정한 위치에 가위의 날끝을 사용하여 일직선으로 파팅라인을 얇게 넣어줍니다.

**37** 키드니 패치(새들의 허리 부분에 만드는 새김)의 위치를 정합니다. ㉒~㉚에서 만든 백 높이의 중앙을 기준으로 가위로 얇게 하여 모양을 깎아줍니다.

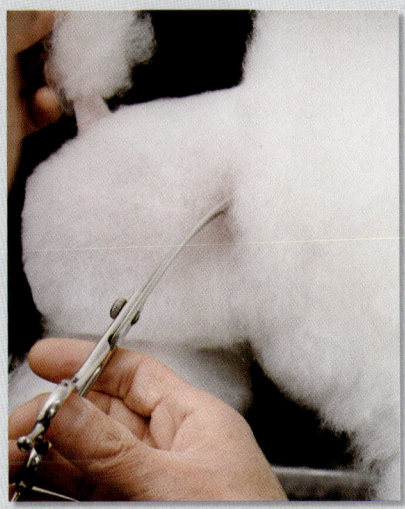

**38** 키드니 패치의 뒤쪽 라인을 커브가위로 정리해 줍니다.

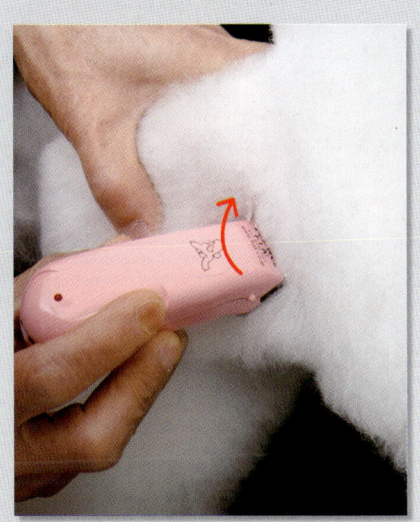

**39** 미니 클리퍼로 키드니 패치를 깎아줍니다. 먼저 클리퍼의 위쪽 모서리를 사용하여 곡선을 따라 아래에서 위의 방향으로 밀어줍니다.

**40** 그 다음 클리퍼의 아래 모서리를 사용하여 곡선을 따라 위에서 아랫방향으로 깎아줍니다.

Show Clip

**41** 키드니 패치와 접하는 부분만 피부와 최대한 가까운 길이까지 파팅라인에 다시 가위를 넣습니다.

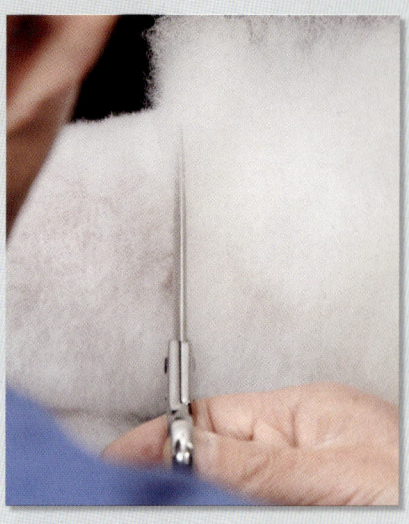

**42** 키드니 패치의 상하 파팅라인의 깊이를 조절하여 자연스럽게 연결하며 정리해 줍니다.

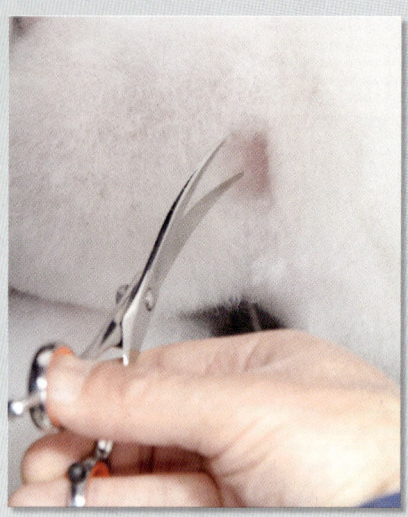

**43** 키드니 패치의 곡선을 커브가위로 깔끔하게 다듬어 줍니다.

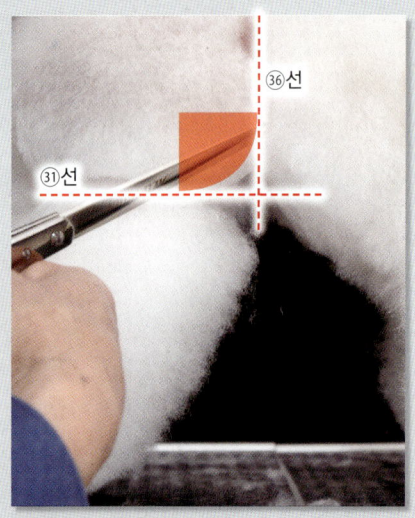

**44** ㉛과 ㊱의 교차점에서 생기는 각을 없애주고 가위밴드로부터 파팅라인의 사분원이 그려지도록 연결합니다. 또한 바깥쪽 면과의 모서리도 없애줍니다.

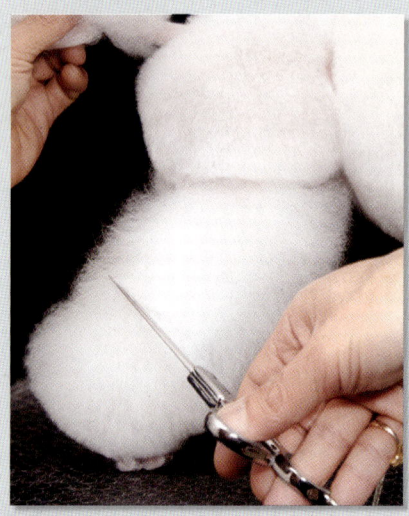

**45** 후지 바깥쪽에서 어퍼 브레슬릿과 바텀 브레슬릿 사이에 가위밴드를 넣습니다. 비절보다 2cm 정도 위에서 테이블 면과 35~40도 각도로 라인을 만들어 줍니다.

**46** 측면에서 봤을 때 ㊺에 이어서 후지 앞쪽을 테이블 면과 평행하게 커트합니다.

**47** ㊺~㊻의 가위밴드를 후지 안쪽까지 연장합니다.

**48** 후지에 넣은 2개의 가위밴드 사이를 자연스러운 곡선으로 연결하며 어퍼 브레슬릿 뒤쪽의 모서리를 제거합니다.

**49** 어퍼 브레슬릿 바깥쪽은 아랫방향으로 약간 벌어져 보이게 커트합니다.

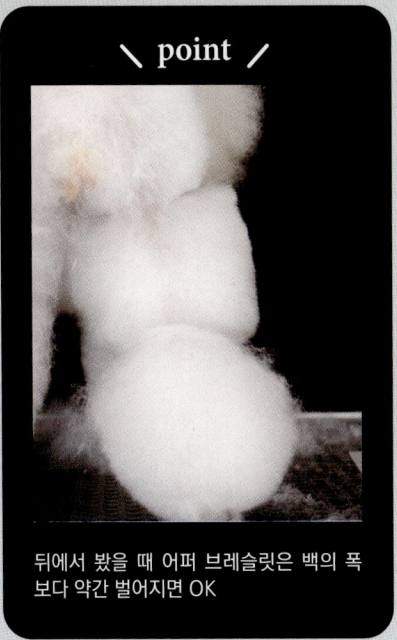

## point

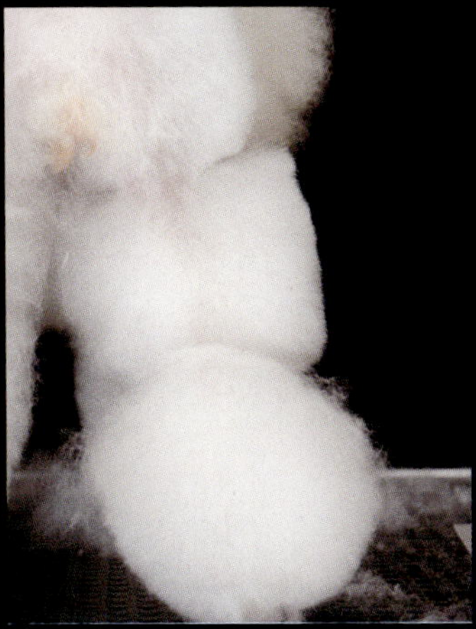

뒤에서 봤을 때 어퍼 브레슬릿은 백의 폭보다 약간 벌어지면 OK

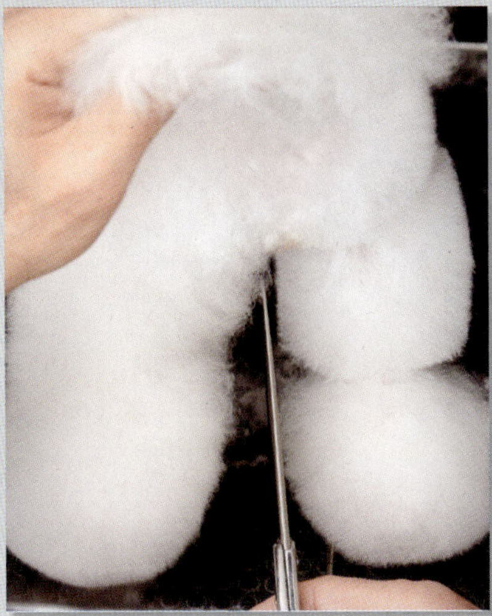

**50** 어퍼 브레슬릿의 안쪽은 ㊾와 평행한 면을 만들도록 정리합니다.

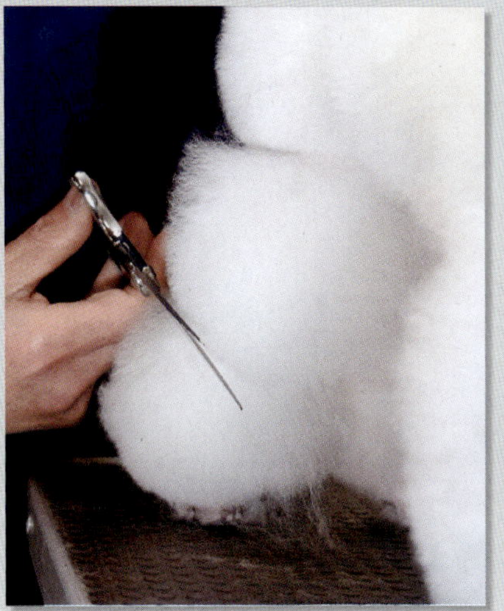

**51** 아래쪽 가위밴드와 어퍼 브레슬릿의 모서리가 없어지도록 커트. 다리 앞(털만 있는 부분)도 마찬가지로 모서리를 제거합니다.

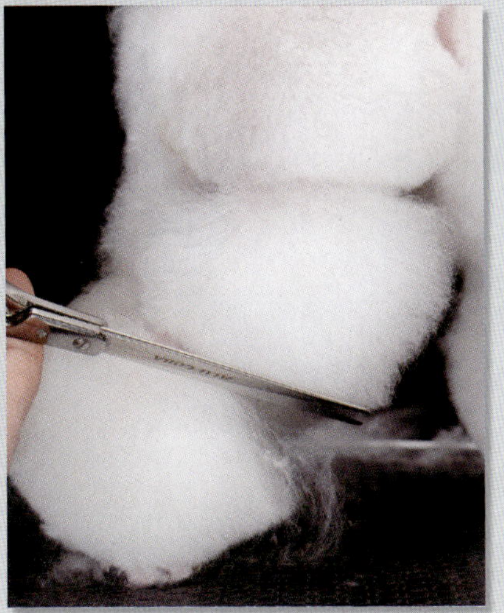

**52** 옆에서 봤을 때 ㊺와 ㊻의 교차점에 생긴 모서리를 없애줍니다.

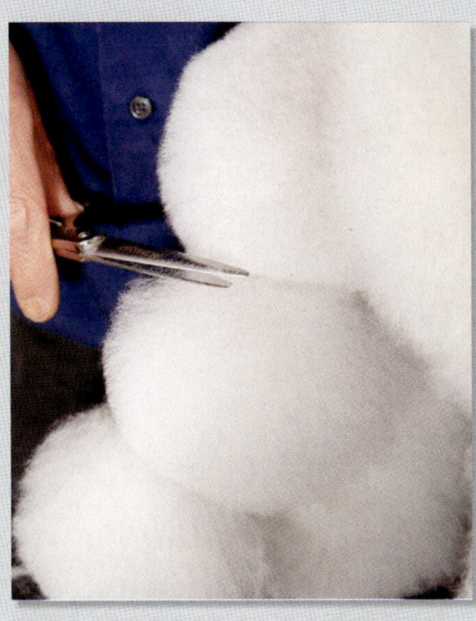

**53** 위쪽 가위밴드와 어퍼 브레슬릿의 모서리가 없어지도록 커트합니다.

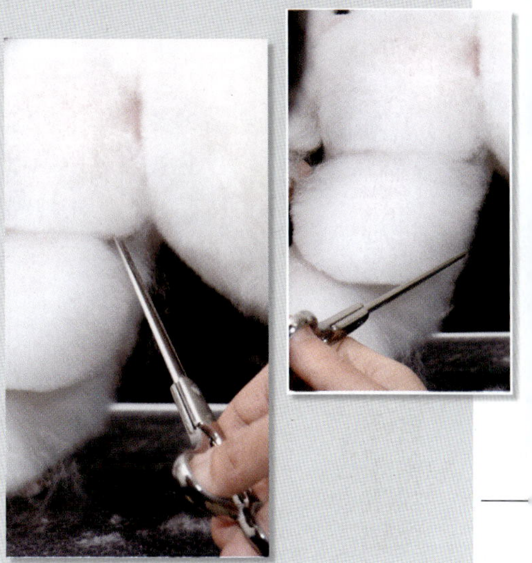

**54** (51)에 이어서 어퍼 브레슬릿 앞쪽을 커트합니다. 무릎보다 위쪽은 가위를 약간 세워 위쪽 가위밴드와의 모서리도 없애줍니다.

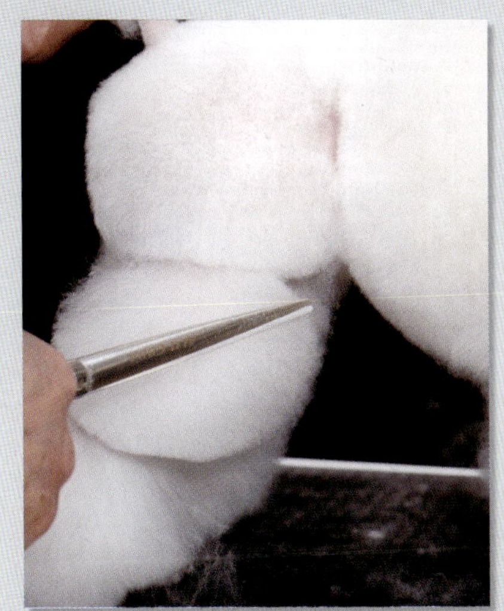

**55** (54)와 바깥쪽, 안쪽 면과의 모서리를 없애줍니다.

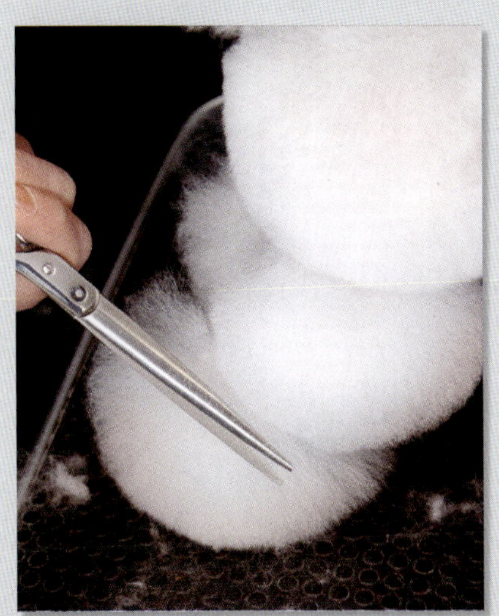

**56** 뒤에서 봤을 때 바텀 브레슬릿의 바깥쪽을 어퍼 브레슬릿의 폭에 맞추어 커트. 안쪽은 바깥쪽과 평행한 면이 되도록 정리합니다.

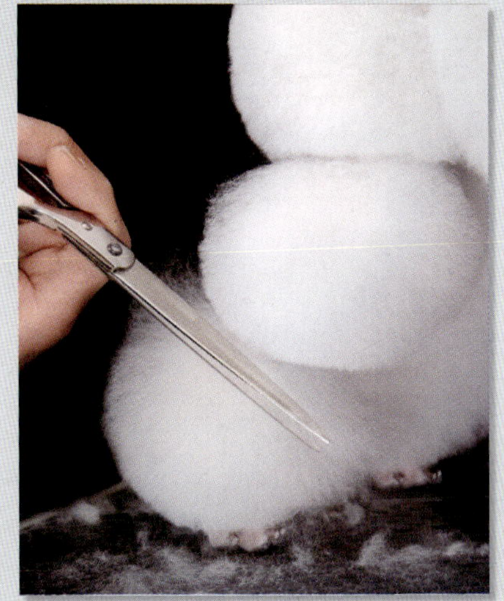

**57** 아래쪽 가위밴드와 바텀 브레슬릿의 모서리가 없어지도록 커트합니다.

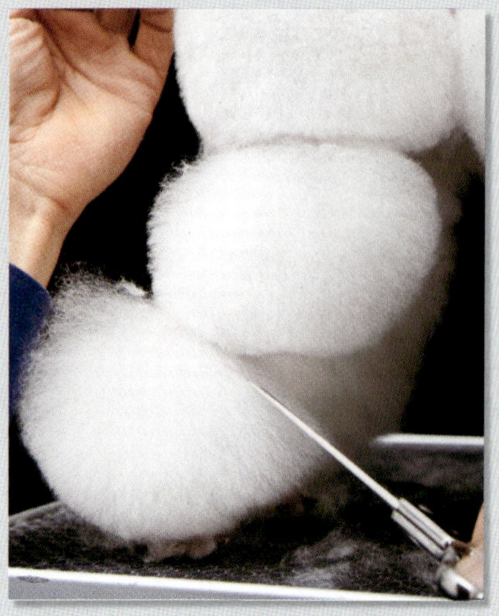

**58** 바텀 브레슬릿은 털끝까지 테이블 면과 35~40도를 유지합니다.

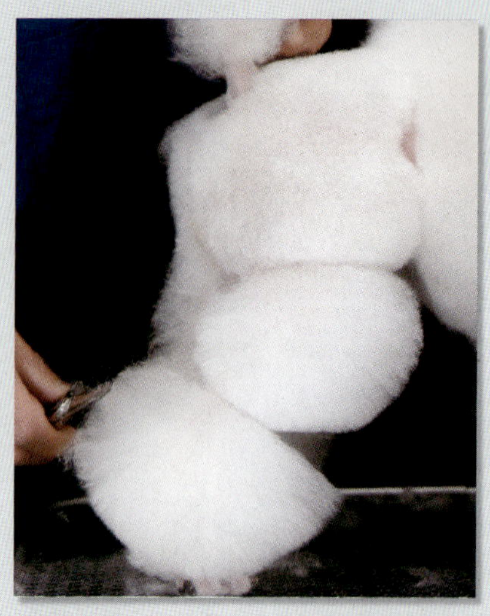

**59** 바텀 브레슬릿 뒤쪽을 커트합니다. ⑭에서 정한 앞쪽 풋라인과 평행하게 커트합니다.

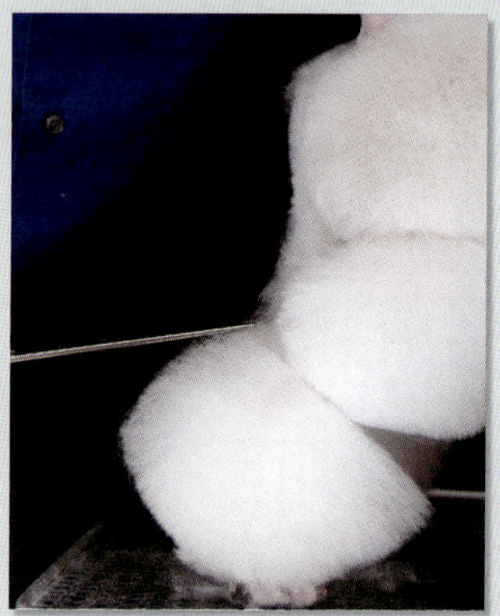

**60** 측면에서 봤을 때 아래쪽 가위밴드와 (59)에서 생긴 모서리를 테이블 면과 수직으로 커트합니다.

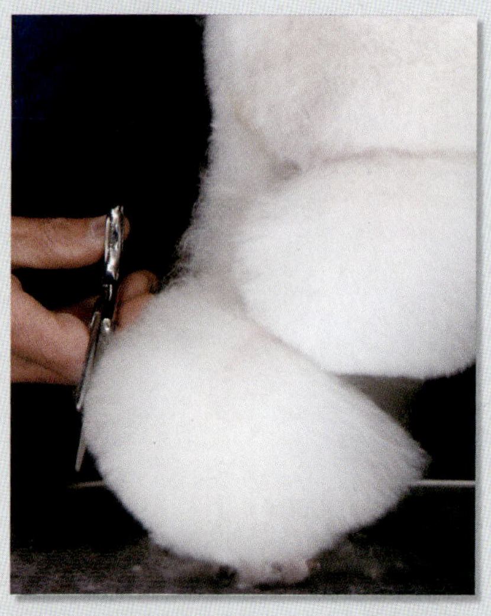

**61** ⑬에서 정한 뒤쪽 풋라인과 (59)의 모서리를 테이블 면과 수직으로 커트합니다.

\ point /

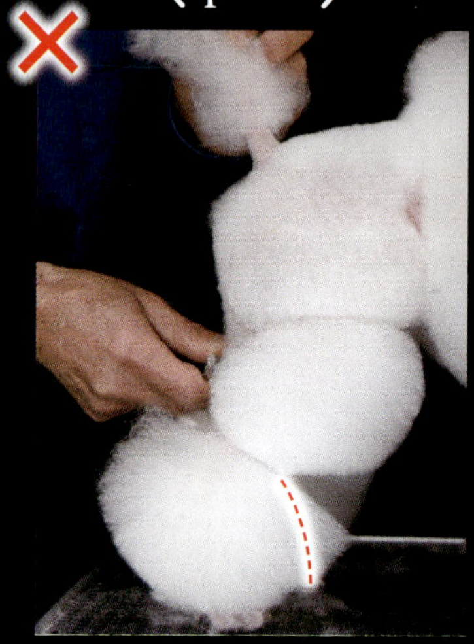

다리에서 가까운 곳부터 모서리를 제거하지 않도록 주의합니다.

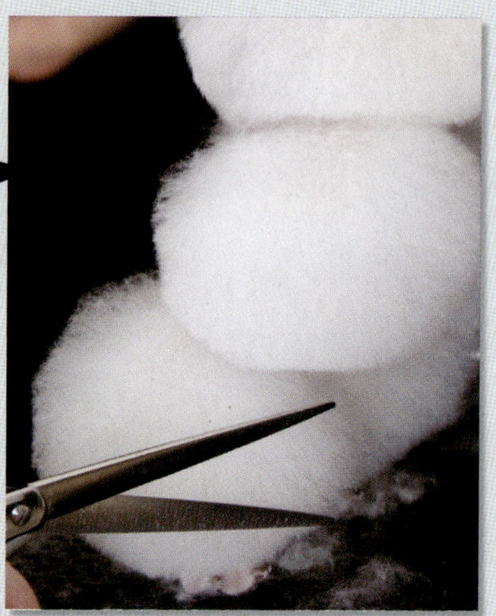

**62** ⑭에서 정한 풋라인과 바텀 브레슬릿 위쪽 라인의 모서리를 테이블 면과 수직으로 커트합니다.

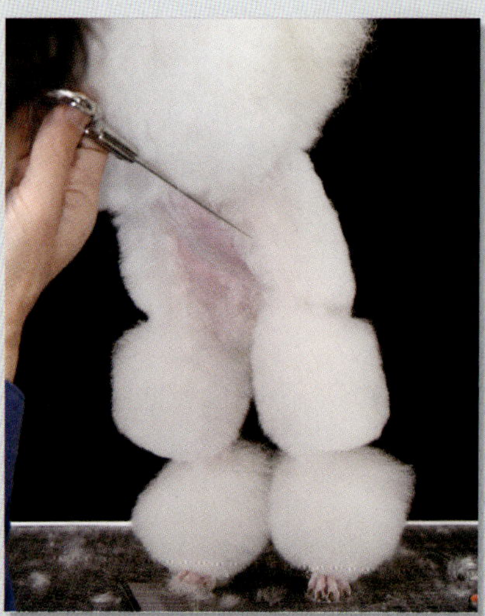

**63** 복부를 커트합니다. 개를 후지로 세우고 코밍한 후, ③의 클리핑라인에 가위를 다시 넣어줍니다.

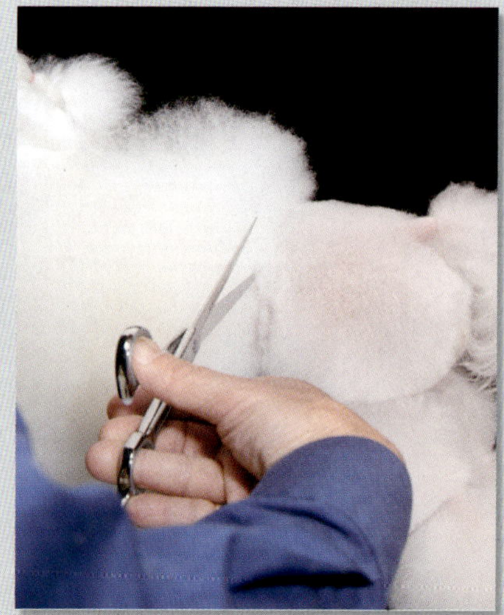

**64** ㊱에서 넣은 파팅라인에 가위를 다시 넣고, 메인코트의 뒤쪽을 정리합니다.

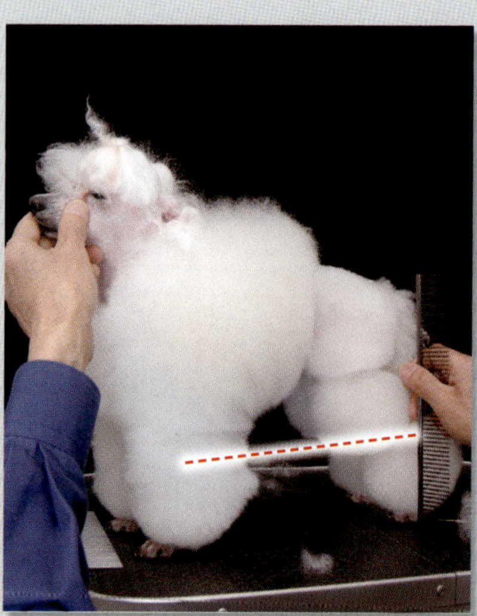

**65** 전지의 브레슬릿 높이를 정합니다. 후지의 아래쪽 가위밴드와 후지 뒤쪽의 교차점을 높이의 기준으로 합니다.

**66** ⑥⑤에서 설정한 위치보다 약간 위로하여 라인을 얕은 깊이로 넣어줍니다. 미리 깊지 않은 위치로 넣어주면 나중에 수정이 가능하게 됩니다.

**67** 전지의 뒤쪽을 클리핑합니다. 1mm의 날을 장착한 클리퍼로 ⑥⑥의 높이에서 역방향으로 밀어줍니다. 날이 팔꿈치에 부딪히는 위치보다 살짝 위까지 밀어줍니다.

**68** 전지의 바깥쪽, 앞쪽을 밀어줍니다. ⑥⑦과 같은 높이까지 역방향으로 밀어줍니다.

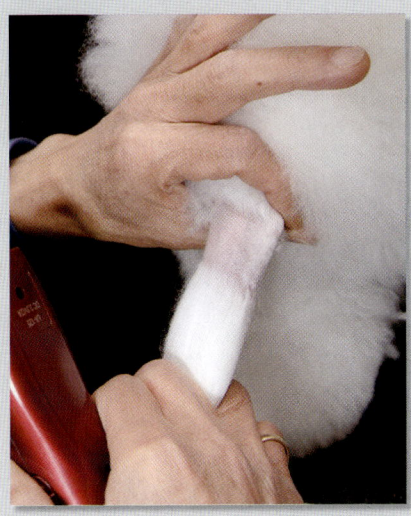

**69** 이 단계에서는 전지의 클리핑 위쪽의 라인을 맞추는 것을 생각해야 합니다. 브레슬릿라인은 가지런하지 않아도 됩니다.

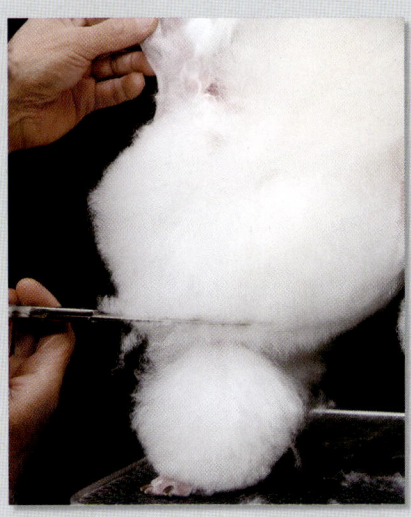

**70** 전구의 메인코트 아래쪽을 ⑥⑦~⑥⑧보다 조금 낮은 위치에서 커트합니다.

**71** ⑦⓪과 높이를 맞추어, 앞다리 주변을 테이블 면과 평행하게 커트합니다.

**72** 좌우 앞다리 사이도 ⑦①과 마찬가지로 커트합니다.

**73** 메인코트의 언더라인을 커트합니다. ⑦②과 ㊹의 사이를 연결해줍니다.

**74** 메인코트를 코밍하여 전체적으로 털을 고르게 세워줍니다.

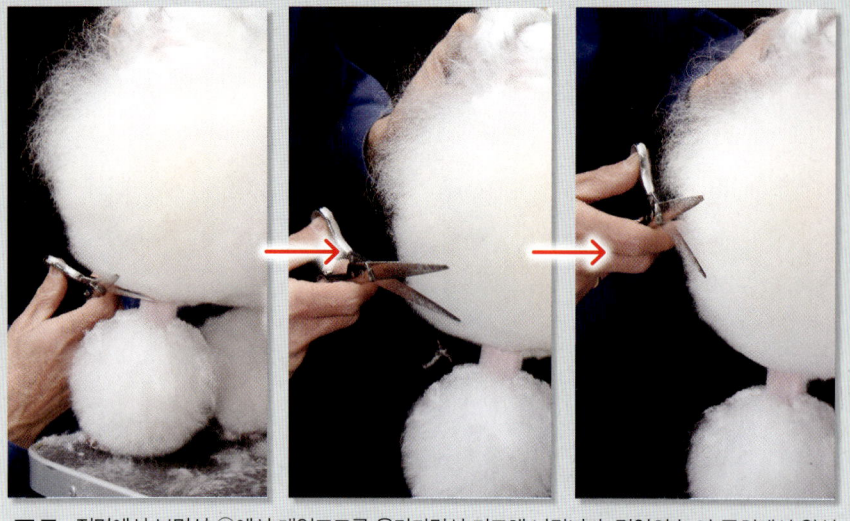
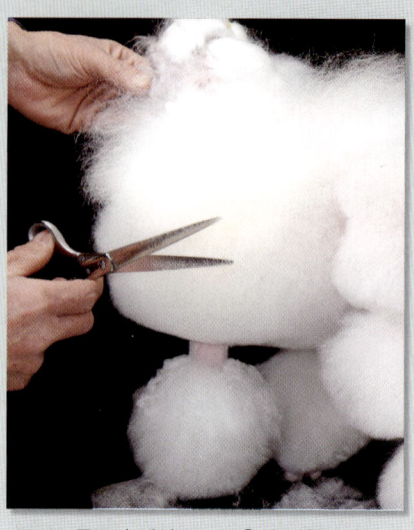

**75** 정면에서 보면서 ㉛에서 메인코트를 올라가면서 커트해 나갑니다. 턱업의 높이 근처에서 완성 시 몸의 폭을 설정해 두고, 그 폭에 맞추어 둥글게 연결해가면서 가위가 테이블 면과 수직이 될 때까지 커트합니다.

**76** 중구의 메인코트도 ㉕와 마찬가지로 커트합니다.

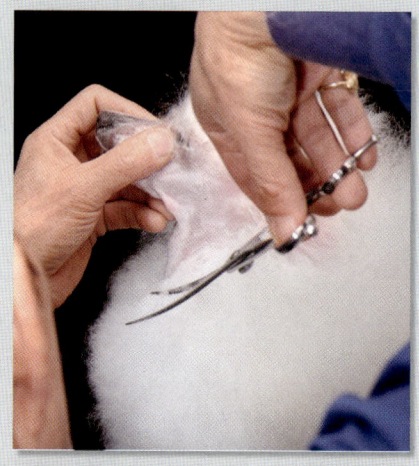

**77** ㊹와 연결되는 부분은 각각의 각도에 맞게 가위를 대고 ㉕와 똑같이 커트합니다.

**78** 메인코트의 측면을 정리합니다. 가위의 앞날을 세워 좌골단의 높이를 기준으로 테이블 면과 수직으로 면을 만들면서 커트합니다.

**79** 넥라인을 커트합니다. 가위를 흉추와 직각의 방향으로 넣고, 넥라인을 따라서 앞가슴의 털을 커트합니다. 그리고 메인코트의 바깥쪽 면과의 모서리를 제거합니다(커브가위).

> 더 자세히! **P122~** 프런트 브레슬릿의 순서와 포인트

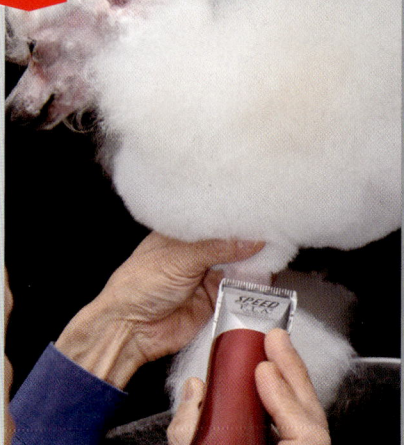

좌골단

**80** 앞가슴을 테이블 면과 수직으로 커트하고 메인코트의 바깥쪽 면과의 모서리를 제거해 줍니다. ㉙중간의 모서리는 좌골단과 같은 높이로 제거합니다(커브가위).

**81** ㊿과 ⑰~⑲의 모서리를 제거합니다. ㉕~㉖에 맞추어 커트하고, 턱업의 높이로 테이블과 수직의 면이 연결되도록 합니다.

**82** 전지 브레슬릿은 후지의 바텀 브레슬릿의 뒤쪽과 같은 높이로 설정하고 브레슬릿라인보다 위쪽을 역클리핑합니다.

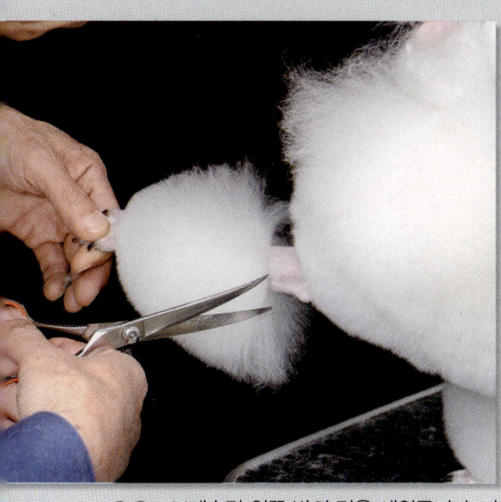

**83** 브레슬릿 위쪽 반의 털을 세워줍니다. 바깥쪽, 안쪽 또는 앞쪽, 뒤쪽 면을 각 테이블 면과 45도 각도에서 커브가위로 곡선의 모양으로 아래로 잘라줍니다.

**84** ⑱~⑲에서 완성했던 풋라인과 ㉝의 모서리를 테이블 면과 수직으로 커트. 아래로 향한 둥근 면, 수직인 면, 위로 향한 둥근 면이 각각 브레슬릿 높이의 1/30이 되도록 합니다.

**85** 커브가위로 꼬리털을 커트합니다. 털을 비틀어서 잡고 털끝을 자르고 폼폰을 둥글게 정리합니다.

 더 자세히! P124~ 셋업의 순서와 포인트

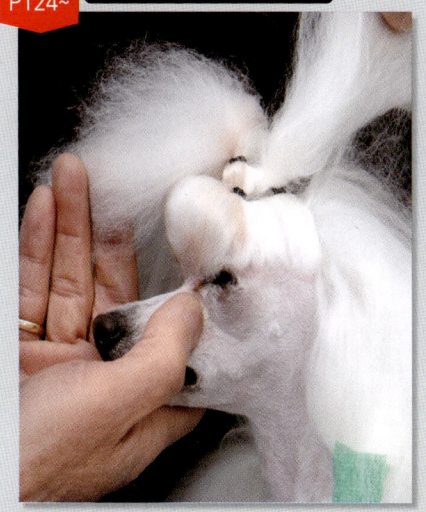

**86** 셋업을 합니다. 귀의 앞쪽 접합부보다 앞쪽을 털을 2~3개 블록으로 나누고 맨 앞쪽의 매듭은 2개로 만들어 스웰을 부풀게 만듭니다.

**87** 스프레이와 코밍을 반복하여 메인코트를 제대로 세워줍니다.

**88** 어깨 근처의 좌골 단에서 등선의 높이의 메인코트를 약간 각도를 주어 아래로 잘라줍니다. 메인코트 전체의 높이와 두께도 조정합니다.

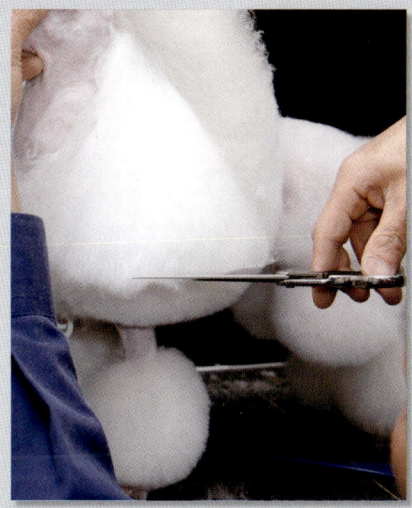

**89** 귀 랩핑을 떼어낸 후 브러싱하여 테이블 면~등선 높이의 중간 위치에 맞춰 귀 털 길이를 커트합니다.

*finish*

# 세컨드 퍼피 클립

Show Clip 3

퍼피 클립을 더욱 화려하게, 그리고 전구와 후구 사이에 파팅라인을 넣은 스타일 사지와 바디의 전체를 완성하는 방법이 다른 쇼 클립과 크게 다른 점입니다.

*second puppy Clip*

트리밍 후 약 2개월이 지난 상태

더 자세히! P70~ 발 클리핑 포인트

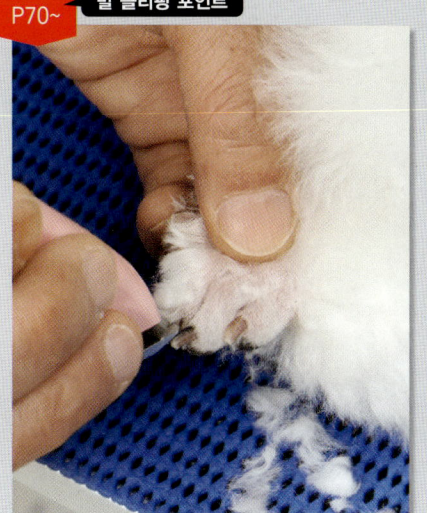

**1** 미니 클리퍼로 발가락 끝에서 관절(쥐었을 때 구부러지는 부분)까지 역방향으로 클리핑을 합니다.

**2** 뒤쪽도 ①과 동일한 높이까지 역방향으로 클리핑합니다. 패드 사이와 발가락 사이의 털도 깨끗하게 잘 밀어줍니다.

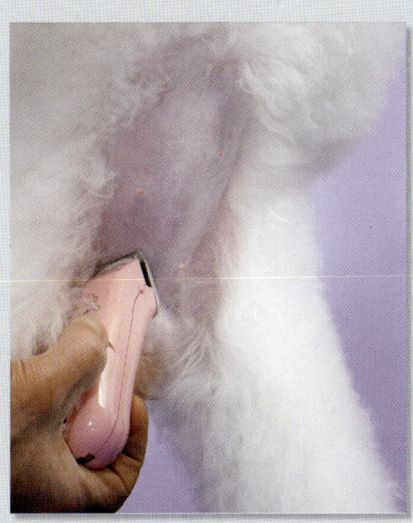

**3** 복부를 밀어줍니다. 개를 뒷다리로 세운 후 배꼽 아래의 서혜부보다 안쪽을 역방향으로 밀어줍니다.

**4** 꼬리를 밀어줍니다. 1mm날을 댄 후 클리퍼로 꼬리의 뿌리부터 1.5cm 정도 역방향으로 밀어줍니다. 나중에 조정할 수 있도록 이 단계에서는 높은 위치까지 털을 너무 많이 밀지 않도록 합니다.

**5** 꼬리의 뿌리에서 V자형으로 밀면서 들어갑니다. V자의 벌어진 쪽은 꼬리의 폭과 같게 합니다.

**6** ⑤의 클리핑라인부터 계속해서, 꼬리의 사이드를 테이블 면에 30도 각도로 하여 역방향으로 클리핑합니다.

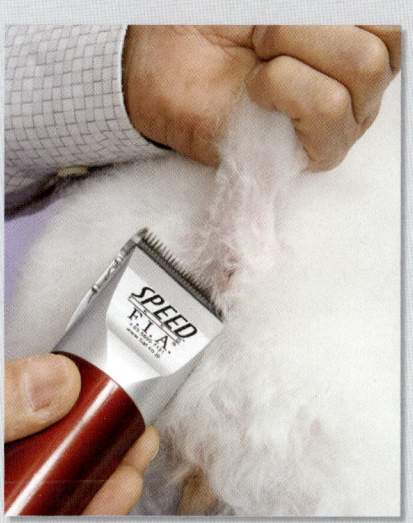

**7** 뒤에서 봤을 때 좌우의 ⑥ 클리핑의 끝 지점이 항문 밑에서 연결되어 V자 형으로 보이도록 털을 밀어줍니다.

더 자세히! P64~ 얼굴 클리핑 포인트

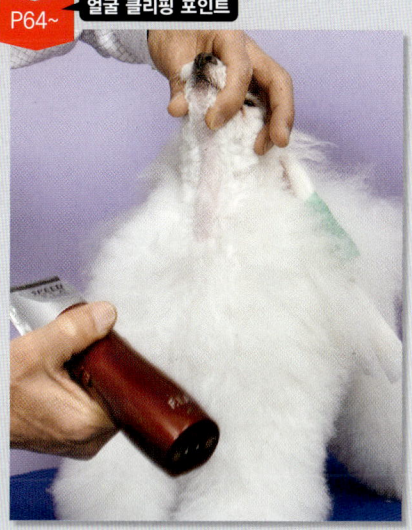

**8** 인후부에서 아래로, 머즐과 같은 거리의 포인트를 넥라인의 정점으로 하여 정점~하악을 일직선으로 역방향으로 클리핑합니다.

Show Clip

**9** 귓구멍 앞쪽 털을 깨끗이 제거하고 넥라인의 정점~귀 뒤쪽의 끝부분을 U자형으로 연결하면서 역방향으로 클리핑합니다.

**10** 이미지너리라인을 만듭니다. 귀 앞쪽 접합부~눈꼬리까지 개가 바른 자세로 섰을 때 테이블 면과 평행한 라인을 만듭니다.

**11** 눈 밑~머즐을 역방향으로 밀어주고 위아래 입술 주변과 아래턱도 깨끗하게 밀어줍니다.

**12** 스톱~머즐의 윗부분을 밀고, 인덴테이션을 넣어줍니다.

**13** 후지의 풋라인을 커트합니다. 후지를 들어 올려 중족골과 평행하게 코밍합니다.

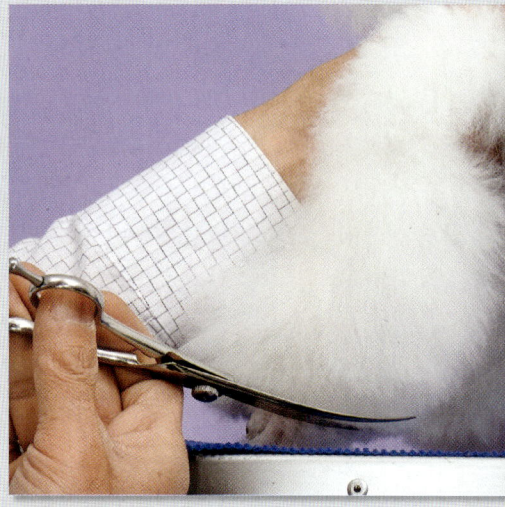

**14** 트리머와 가까운 테이블의 가장자리에 개를 똑바로 세우고 ①~②의 클리핑라인을 따라 커트합니다. 가위는 테이블 면과 평행하게 댑니다(커브가위).

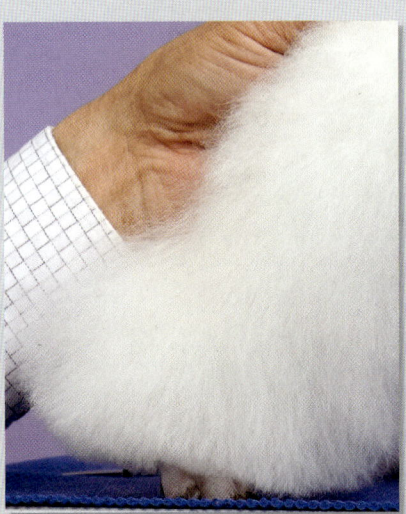

**15** 풋라인의 높이는 앞쪽 발가락(지골) 관절을 살짝 덮을 정도로 합니다(커브가위).

**16** 풋라인의 뒤쪽 각도를 정합니다. 옆에서 봤을 때 발 뒤쪽의 클리핑라인부터 테이블 면과 45도 각도로 하여 곡선으로 잘라줍니다(커브가위).

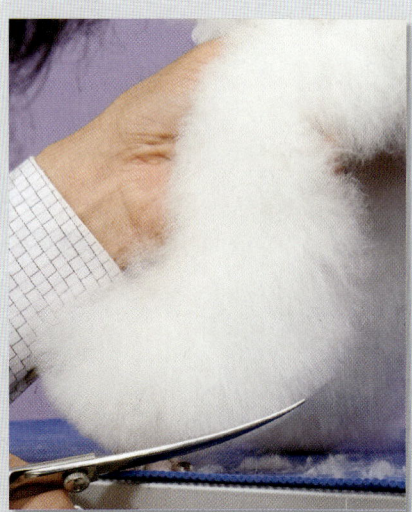

**17** 풋라인의 앞쪽의 각도를 정합니다. 옆에서 봤을 때 ⑯의 라인과 직각으로 교차하는 각도로 적당히 둥근 모양으로 커트합니다(커브가위).

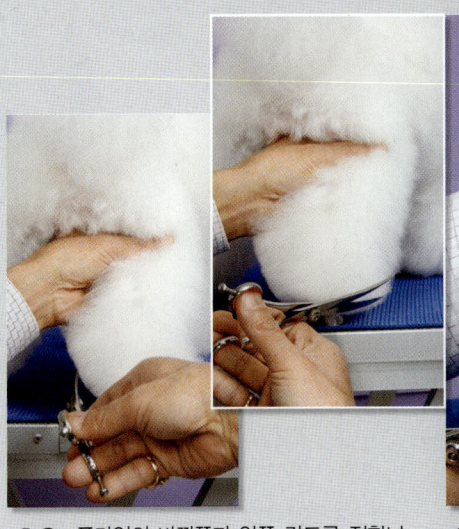

**18** 풋라인의 바깥쪽과 안쪽 각도를 정합니다. 뒤에서 봤을 때 테이블 면과 45도 각도로 보기 좋은 곡선으로 커트하면서 올려줍니다(커브가위).

**19** ⑯~⑱로 커팅한 풋라인의 모서리를 없애면서 커트합니다(커브가위).

**20** 코밍과 컷을 반복하여 후지의 발 주위를 정리합니다. 풋라인은 뒤에서 봤을 때 밥공기 모양으로, 옆에서 봤을 때 앞뒤 라인의 연장선을 만드는 각도가 90도가 되어야 합니다.

**21** 전지 풋라인을 커트합니다. 발끝까지 콤을 넣을 수 있도록 팔꿈치를 뒤에서 앞으로 밀면서 들어 발끝을 편 상태에서 전지를 들어 올려 코밍합니다.

**22** 트리머와 가까운 테이블 가장자리에 개를 똑바로 세우고 ①~②의 클리핑라인을 따라 커트합니다. 커브가위는 테이블 면과 평행으로 맞춥니다.

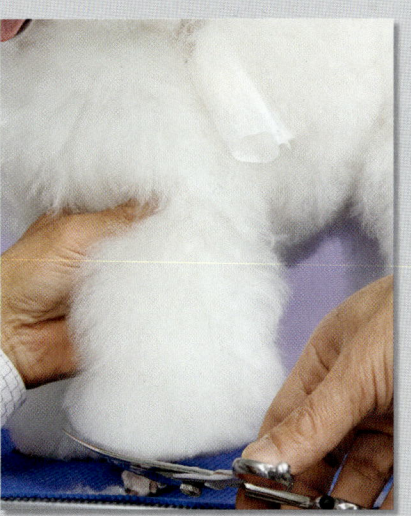

**23** 풋라인의 앞쪽과 뒤쪽 각도를 정합니다. 패스턴이 구부러지므로 각도를 정함에 미세한 조정이 필요합니다. 옆에서 봤을 때 앞쪽은 테이블 면과 30도, 뒤쪽은 45도를 기준으로 커브가위로 세밀하게 커트하며 완성합니다.

**24** 풋라인의 바깥쪽과 안쪽 각도를 정합니다. 정면에서 봤을 때 테이블 면과 각각 45도를 기준으로 하여 둥근 라인으로 완성합니다(커브가위).

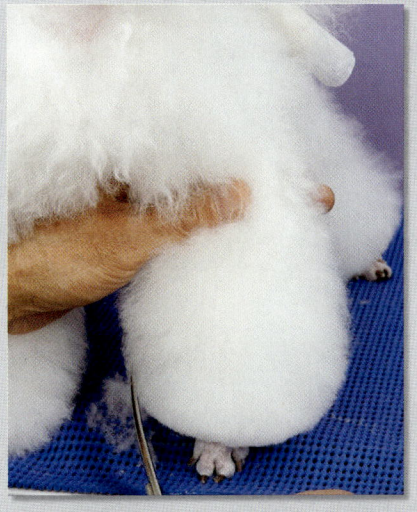

**25** 바깥쪽과 안쪽의 풋라인을 커트할 때는 완성 시 다리의 굵기를 가정하고 커브가위로 둥글게 조절하며 커트합니다.

**point**

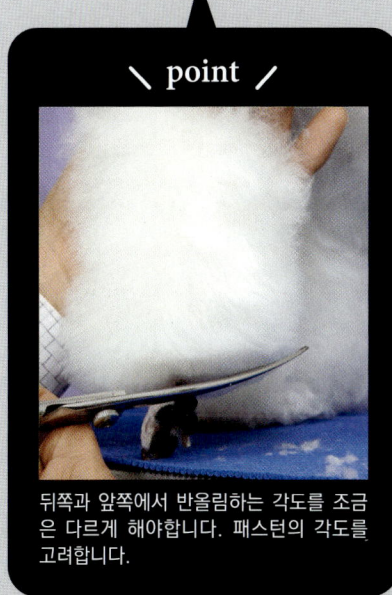

뒤쪽과 앞쪽에서 반올림하는 각도를 조금은 다르게 해야합니다. 패스턴의 각도를 고려합니다.

**26** 복부를 커트합니다. 개를 뒷다리로 세워 코밍한 후 ③의 클리핑라인에 가위를 다시 넣어 다듬어 줍니다.

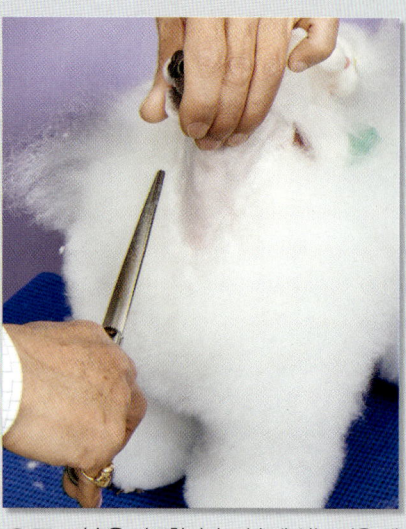

**27** 가슴을 커트합니다. 가슴에 있는 털을 세워 ⑨의 클리핑라인보다 안쪽으로 튀어나온 털만을 커트합니다.

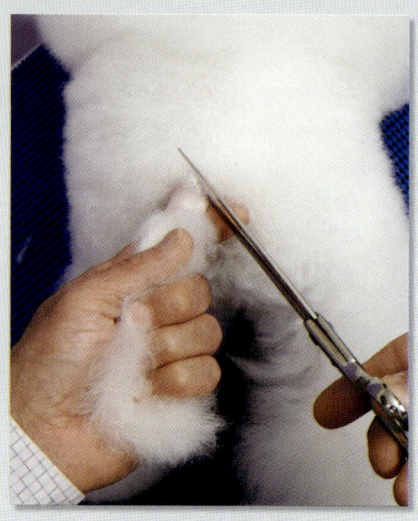

**28** 후구를 커트합니다. 후구의 털을 뒤쪽으로 코밍한 후 ⑤의 클리핑라인에 가위를 다시 넣어 다듬어 줍니다.

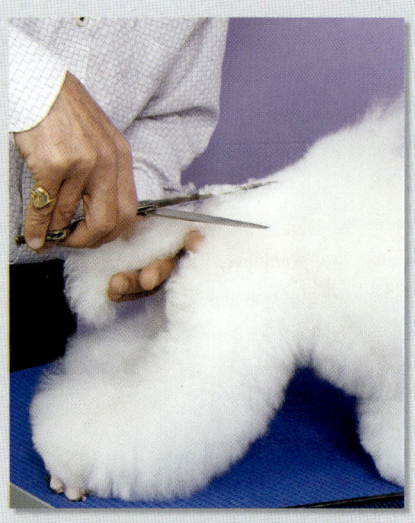

**29** 후구의 털을 세우고, 등선을 커트합니다. 꼬리를 내려 메인코트를 향해 거의 테이블 면과 평행한 각도로 커트합니다.

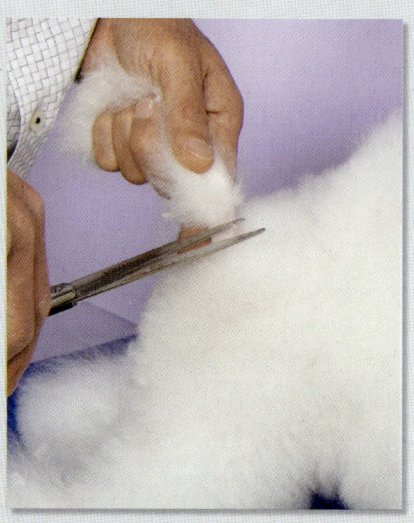

**30** 꼬리를 올리고 꼬리의 앞에서 세워진 털을 커트합니다.

**31** 꼬리 사이드를 코밍해서 ⑦의 클리핑라인에 가위를 다시 넣어 다듬어 줍니다.

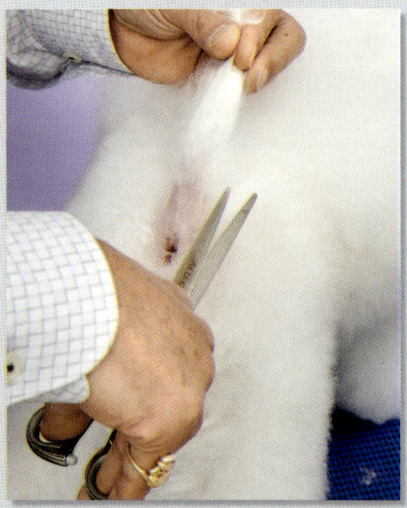

**32** 주변으로부터 항문까지 덮인 털을 자르고 가위를 클리핑라인에 다시 넣어 다듬어 줍니다.

**33** 꼬리를 올리고 후지의 앵귤레이션이 시작되는 포인트로부터 꼬리 사이드의 끝지점이 이르는 부분까지 테이블 면에 대해 수직으로 커트합니다.

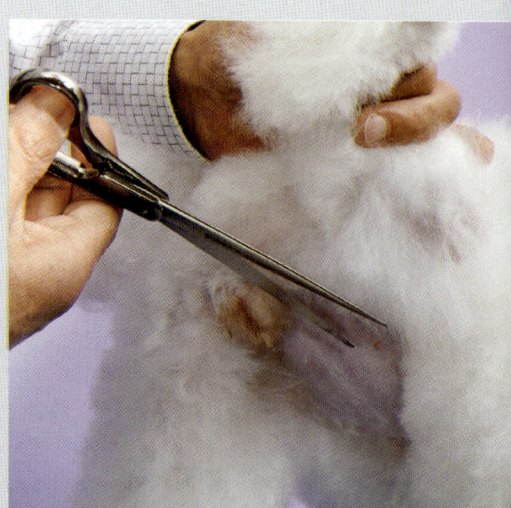

**34** 허벅지를 커트합니다. 한쪽 뒷다리를 들어 생식기의 옆에서 2~3cm, 평평한 면을 만들면서 커트합니다.

**35** 대퇴부~후지 바깥쪽을 커트합니다. 후구의 폭은 체고의 40%를 목표로 흉추와 평행하게 가위를 댑니다.

**36** 뒷면에서 봤을 때 대퇴부부터 발끝까지 테이블 면에서 만든 직각과 10도 정도의 각도로 벌어지게 하여 평평한 면을 만들면서 커트합니다.

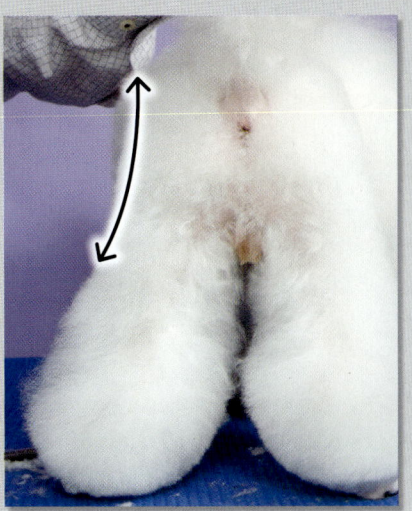

**37** 다리 아래쪽 털은 아래로 처지기 쉽기 때문에 후지 바깥쪽(대퇴부 부위)은 살짝 도려내는 것처럼 잘라내야 완성 시 평평해 보입니다.

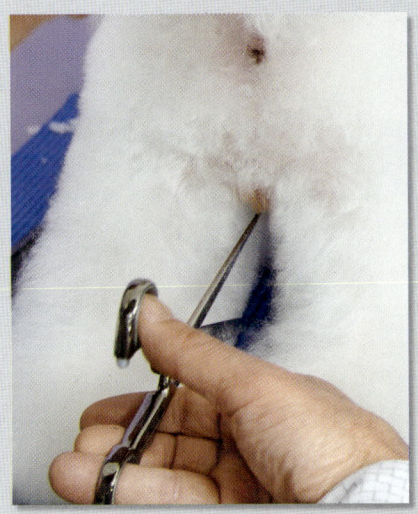

**38** 후지 안쪽을 커트합니다. 위에서 봤을 때 등뼈에 대해 평행하게 가위를 대고, ㊱라인에 대해 약간 벌어진 면을 만들도록 커트합니다.

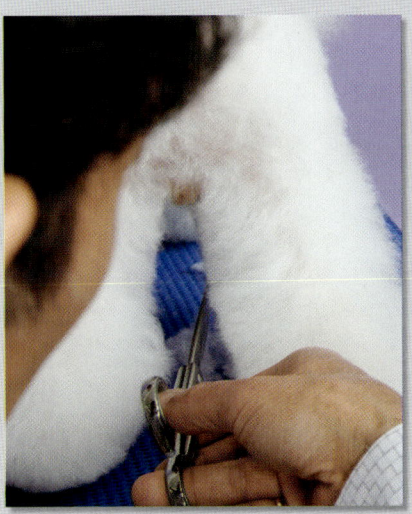

**39** 안쪽 면의 앞부분의 털은 가위에 잘 잡히지 않으므로, 가위 끝을 약간 바깥쪽을 향해서 커트하면 흉추와 평행한 면을 만들 수 있습니다.

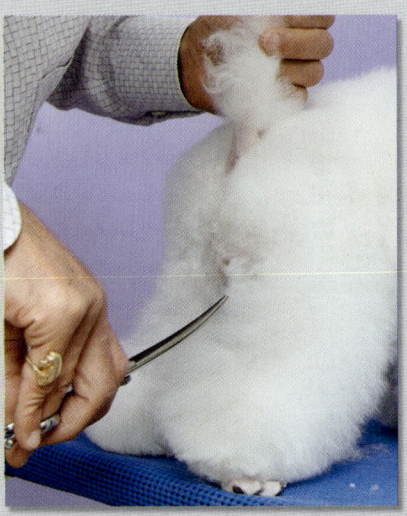

**40** 후지 뒤쪽을 커트합니다. 털을 세워서 비절~㉝과 연결하여 살짝 r의 형태로 커트합니다(커브가위)

**41** ⑯에서 만든 라인에 가위를 대고 ⑰에서 커트한 라인과 90도를 기준을 커트합니다(커브가위).

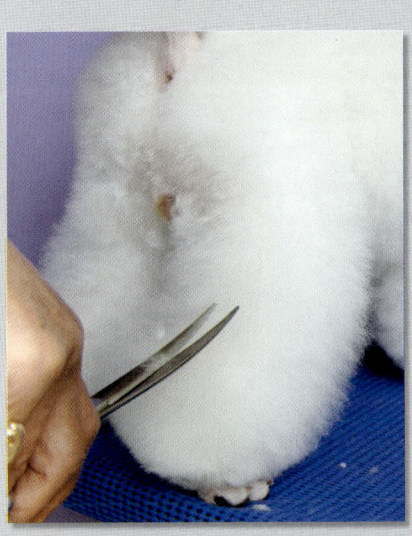

**42** 커브가위로 ㊵과 후지의 바깥쪽, 안쪽의 모서리를 커트합니다.

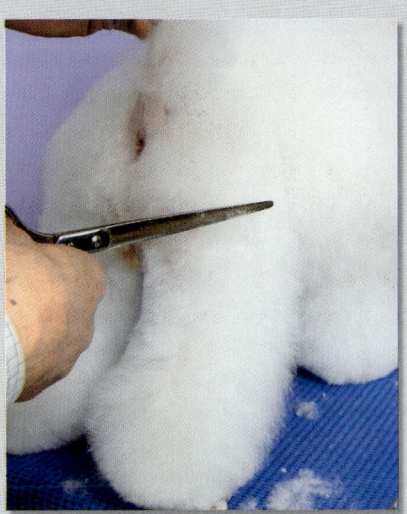

**43** ㉝과 후지의 바깥쪽, 안쪽의 모서리를 커트합니다.

**44** 후구의 등선과 바디 측면의 모서리를 커트합니다.

**45** 후지의 앞쪽을 커트합니다.

**46** 무릎보다 위는 가위를 조금 더 세워서 커트합니다.

**47** 후지의 앞쪽과 바깥쪽, 안쪽 면의 모서리가 없어지도록 커트합니다.

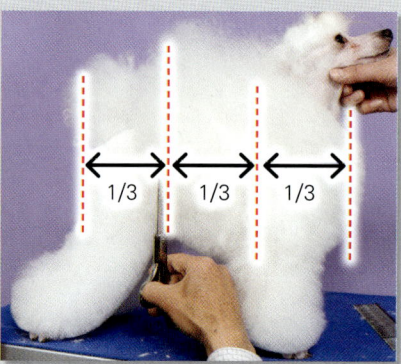
**48** 파팅라인의 위치를 정합니다. 체장의 1/3이 기본입니다.

**49** ㊽에서 결정한 파팅라인의 위치까지 후구의 측면을 커트합니다.

**50** ㊽에서 결정한 위치에 가위의 날끝을 사용하여 일직선으로 라인을 넣어줍니다.

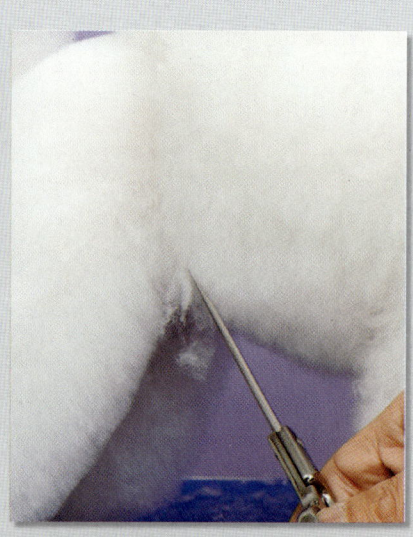
**51** 메인코트를 콤다운하고 파팅라인 아래에서 테이블 면과 45도 각도로 언더라인을 커트합니다.

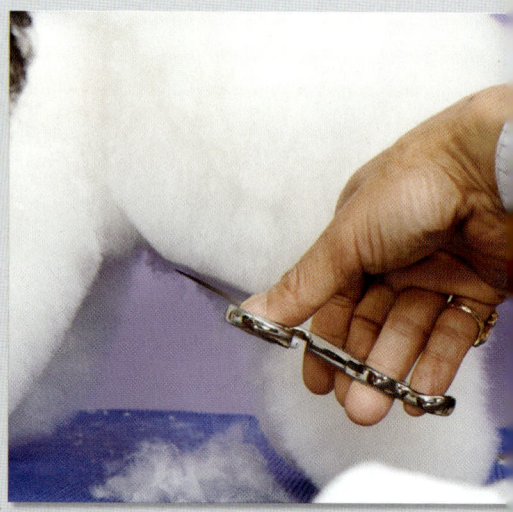
**52** 팔꿈치 뒤쪽~㉛이 약간 비스듬히 연결되도록 언더라인을 커트합니다.

104

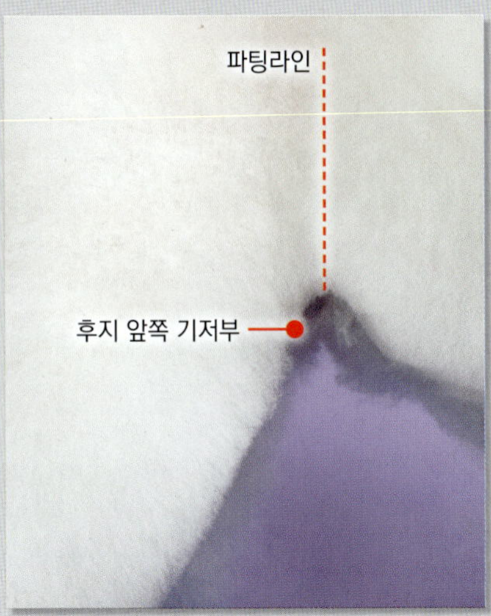


**53** 후지 앞쪽 기저부~파팅라인 하부를 약간 둥근 라인으로 연결되도록 커트합니다.

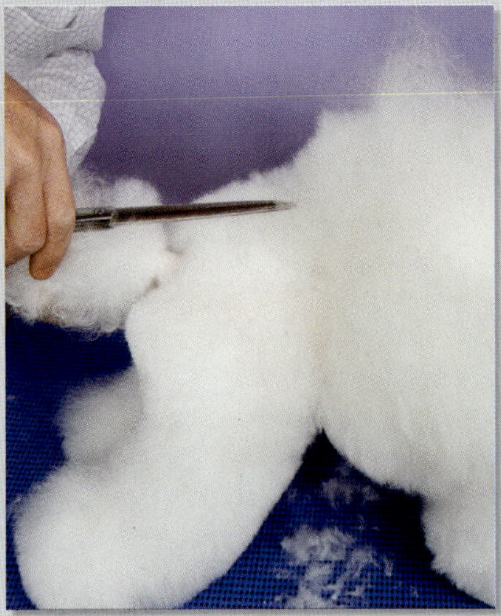

**54** 후구의 등선을 파팅라인의 위치까지 넓혀서 커트합니다.

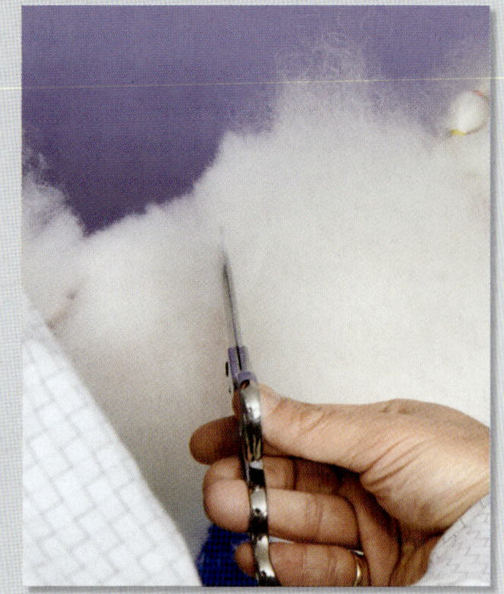

**55** 파팅라인을 따라 메인코트를 커트합니다. 가위는 테이블 면과 수직의 방향으로 잡아줍니다.

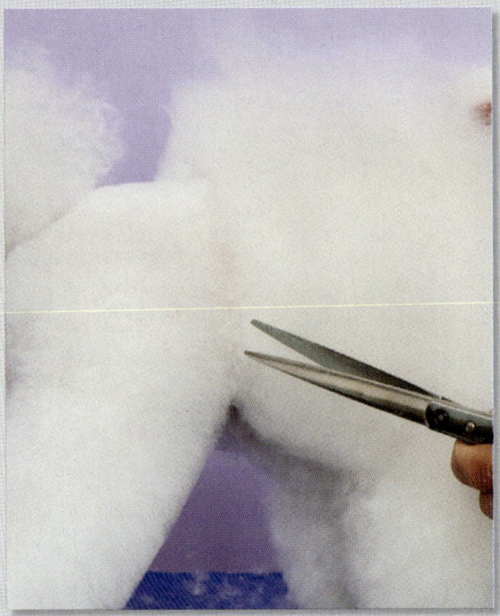

**56** 메인코트의 측면과 (55)의 모서리를 제거하면서 커트합니다.

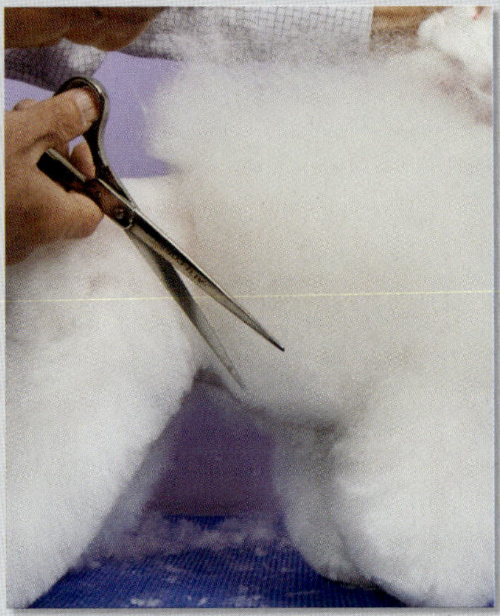

**57** (51)과 (56)의 모서리를 제거해 줍니다.

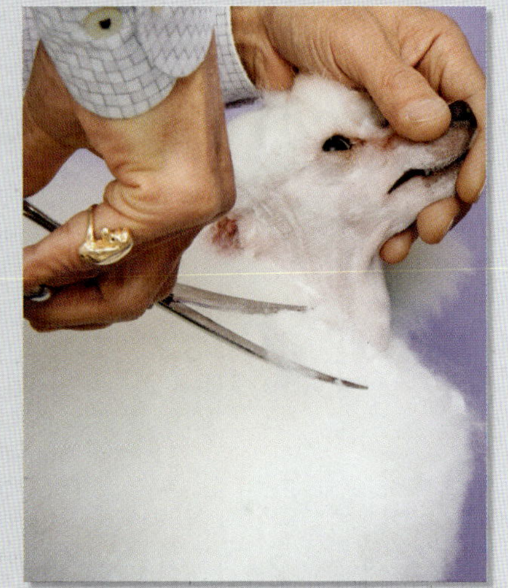

**58** 가슴을 커트합니다. 가위를 흉추와 직각의 방향으로 대고 넥라인을 따라서 앞가슴의 털을 커트합니다. 그리고 메인코트의 바깥쪽 면과 생긴 모서리를 없애줍니다(커브가위).

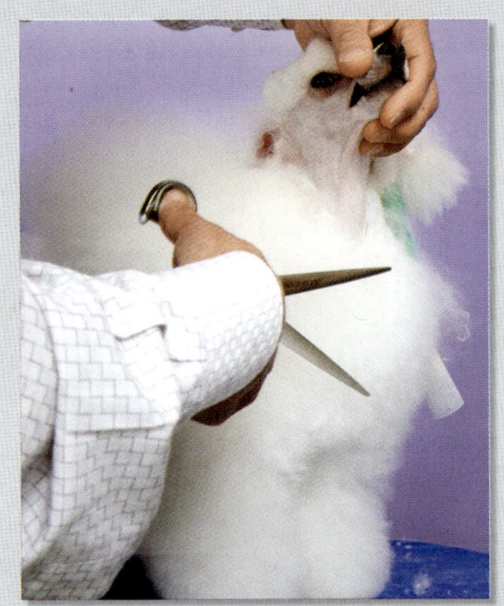

**59** 앞가슴을 테이블 면과 수직의 방향으로 커트하고, 메인코트의 바깥쪽 면과 생긴 모서리를 없애줍니다.

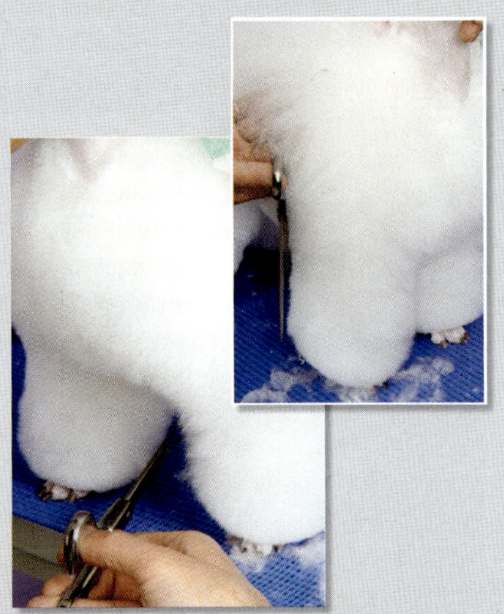

**60** 전지를 커트합니다. 털을 세워서 바깥쪽, 안쪽, 앞쪽, 뒤쪽을 일직선으로 잘라서 각각의 면 사이에 생기는 모서리를 제거해줍니다.

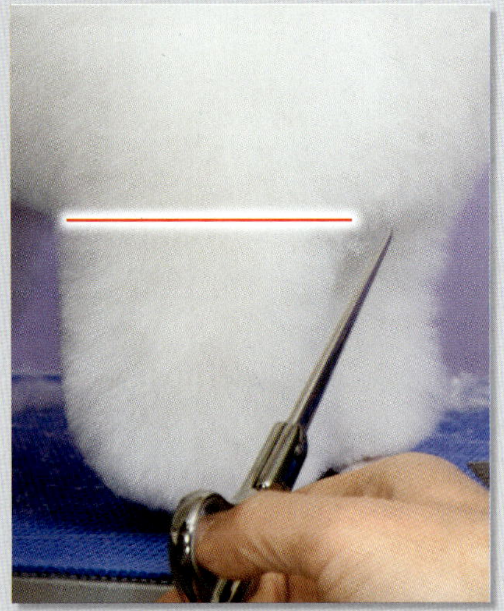

**61** 가슴과 바디라인을 연결합니다. 가슴의 아래가 테이블 면과 평행이 되도록 커트.

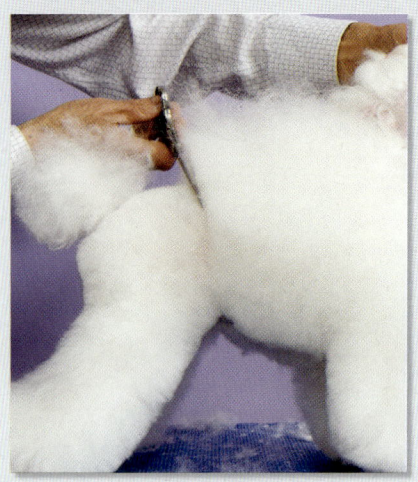

**62** 메인코트의 뒷부분을 결정합니다. 털을 세워 파팅라인을 따라서 일직선으로 커트합니다. 가위의 각도는 테이블 면과 수직보다 살짝 바디의 뒤쪽을 향해서 높여지게 합니다.

**63** 귀 뒤쪽 끝부분보다 뒤에 있는 털을 뒤의 방향으로 가볍게 빼내듯이 코밍해 줍니다.

**64** 어깨 근처 부위의 메인코트는 좌골단에서 등선 높이의 위치에 살짝 각도를 넣어 커트합니다. 이 부분을 커트해두면 탑코트를 앞부분부터 자연스럽게 연결할 수 있습니다.

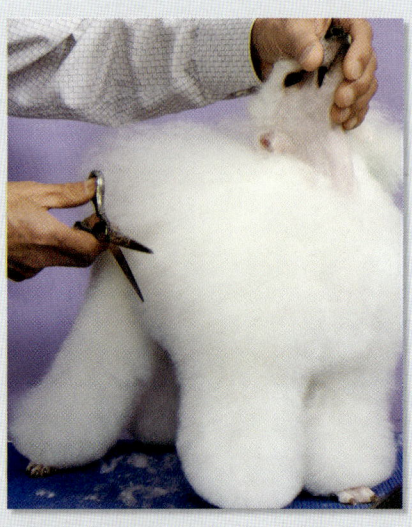

**65** 메인코트의 사이드를 커트합니다. 턱업의 높이를 기준으로, 메인코트의 아래쪽을 잘라서 마무리합니다. ㊿과 ㊾의 각도의 차이를 생각하면서 커트합니다.

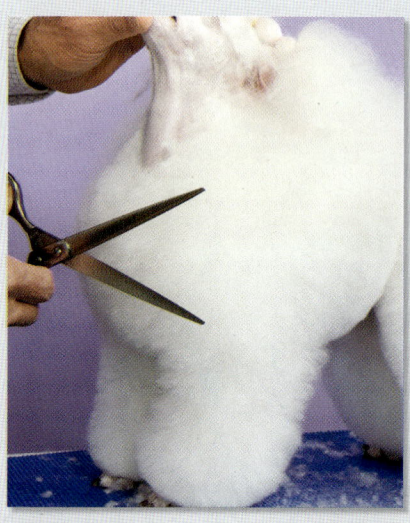

**66** 에이프론의 아래쪽을 살짝 각도를 넣어 마무리합니다.

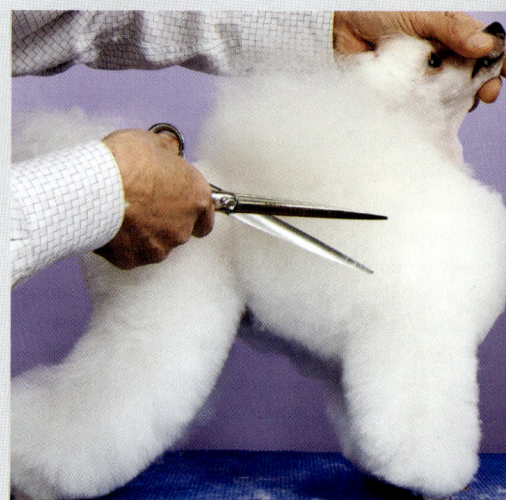

**67** 메인코트의 사이드를 커트합니다. 턱업에서 좌골단의 높이까지 테이블 면과 수직으로 커트합니다.

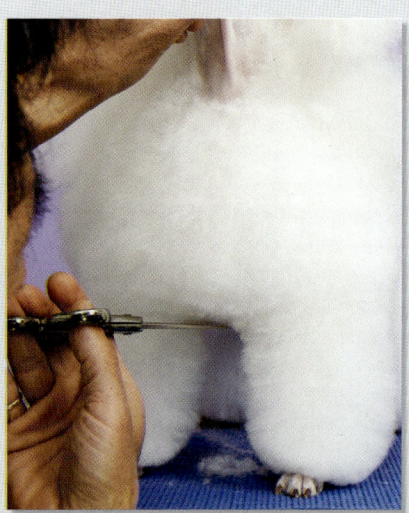

**68** 가슴 아래를 커트합니다. 길게 튀어나오는 털이 있으면 깨끗하게 잘라줍니다.

**69** 꼬리를 커트합니다. 털을 비틀어서 털끝을 자르고 폼폰을 둥글게 다듬어 줍니다.

**70** 셋업 전 커트가 종료된 모습.

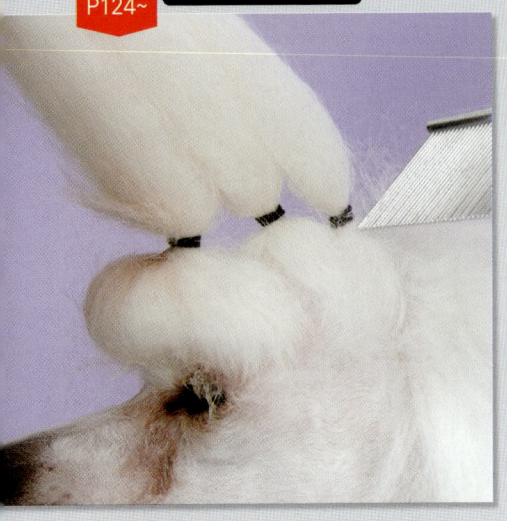

**71** 귀 앞 접합부의 앞쪽 털을 3블록으로 나누어 묶고 스웰의 볼륨을 만들어 줍니다.

**72** 가운데 묶은 부분의 뒤쪽 털 1/3과 뒤에 묶은 털 앞쪽 1/3을 묶어 고정시킵니다 (모량에 따라 두 블록으로 해도 좋다).

**73** 스프레이와 코밍을 반복하여 메인코트를 바짝 세워줍니다.

**74** 어느 정도 털을 세웠으면 털끝에 포크 콤을 넣어 털의 흐름을 정리합니다.

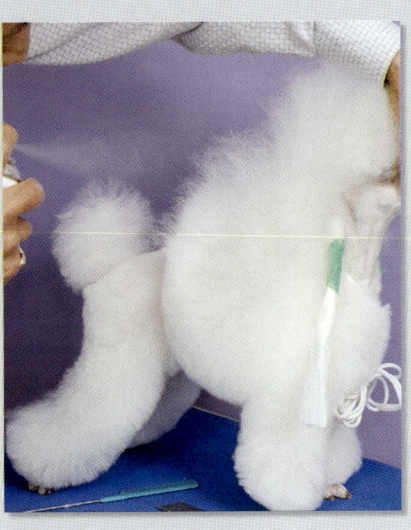

**75** 스프레이 업이 거의 끝난 모습.

**76** 밸런스를 보면서 메인코트를 커트하면서 높이와 두께를 정리합니다.

**77** 귀의 랩핑을 떼어낸 후 코밍하여 필요에 따라 털 끝을 커트합니다.

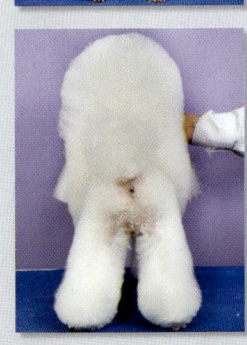

*finish*

Show Clip

# 퍼피 클립

1살 미만의 강아지용 쇼 클립으로 강아지 같은 귀여움이 표현되고 있습니다.
피모를 기르는 시기이기도 하므로 조심스럽게 다루도록 합시다.

*Puppy Clip*

트리밍 후 약 2개월이 지난 모습

**P70~** 발 클리핑 포인트

**1** 미니 클리퍼로 발가락 끝에서 관절(쥐었을 때 구부러지는 부분)까지 역방향으로 클리핑을 합니다.

**2** 뒤쪽도 ①과 동일한 높이까지 역방향으로 클리핑합니다. 패드 사이와 발가락 사이의 털도 깨끗하게 잘 밀어줍니다.

**3** 복부를 밀어줍니다. 개를 뒷다리로 세운 후 배꼽 아래의 서혜부보다 안쪽을 역방향으로 밀어줍니다.

**4** 꼬리를 밀어줍니다. 1㎜날을 장착한 후 클리퍼로 꼬리의 뿌리부터 2㎝ 정도 역방향으로 밀어줍니다. 꼬리의 뿌리에서 V자형으로 밀면서 들어갑니다.

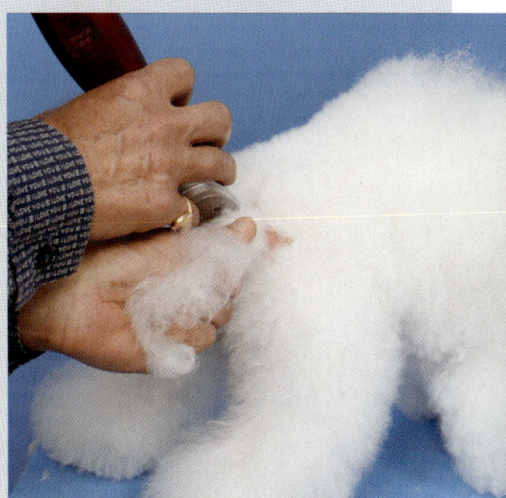

**5** ④의 클리핑라인부터 계속해서, 꼬리의 사이드를 테이블 면에 30도 각도로 하여 역클리핑합니다.

**P64~** 얼굴 클리핑 포인트

**6** 꼬리의 뒷면을 밀어줍니다. ⑤의 클리핑 끝 지점이 항문 밑에서 연결되어 V자 형으로 보이도록 털을 밀어줍니다.

**7** 인후부에서 아래로, 머즐과 같은 거리의 포인트를 넥라인의 정점으로 하여 정점~하악을 일직선으로 역클리핑합니다.

**8** 귓구멍 앞쪽 털을 깨끗이 제거하고 넥라인의 정점~귀 뒤쪽의 끝부분을 U자형으로 연결하면서 역클리핑합니다.

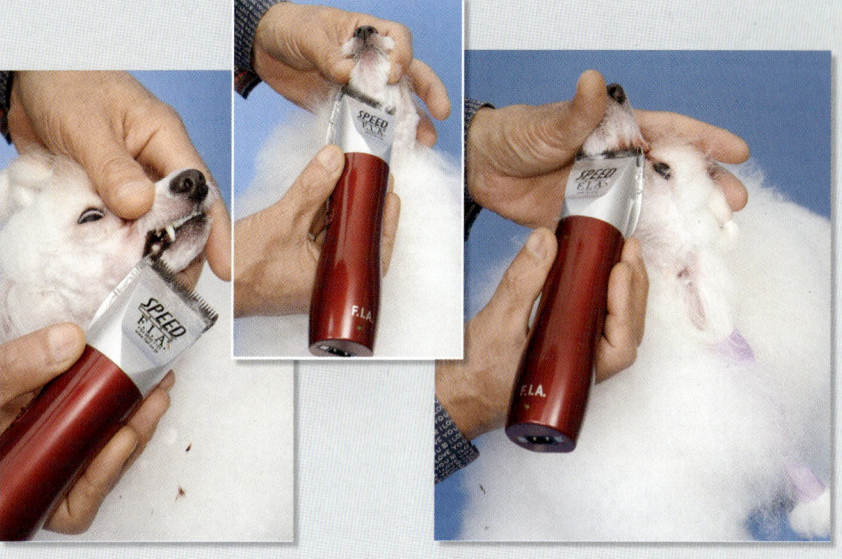
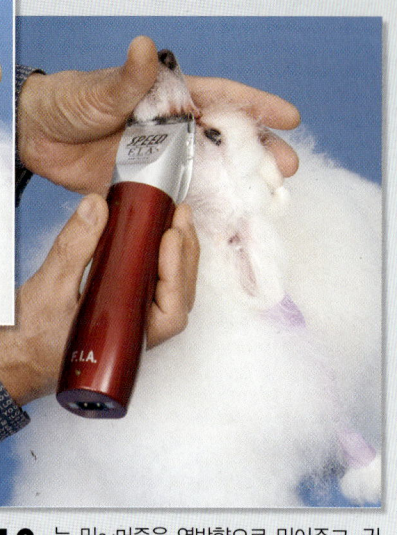

**9** 하악과 위아래 입술 주변을 깨끗이 밀어 줍니다.

**10** 눈 밑~머즐을 역방향으로 밀어주고, 귓구멍의 앞쪽 털도 제거합니다.

**11** 이미지너리라인을 만듭니다. 귀 앞쪽의 끝부분~눈꼬리까지 개가 바르게 섰을 때 테이블 면과 평행한 라인을 만들어줍니다.

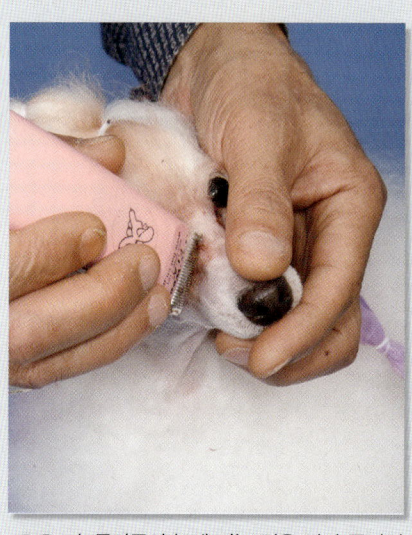
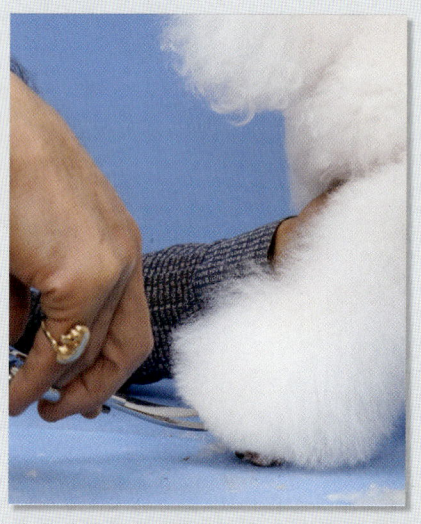

**12** 스톱~머즐의 윗부분을 밀어주고 인덴테이션(눈과 눈 사이에 새겨주는 음각)을 넣습니다.

**13** 눈물자국이 눈에 띄는 경우 미니 클리퍼로 신경이 쓰이는 부분을 클리핑해도 괜찮습니다.

**14** 후지 풋라인을 커트합니다. 다리의 털을 빗질하고 테이블 가장자리에 개를 세워서 ①~②의 클리핑라인을 따라 잘 커트합니다. 가위는 테이블 면과 평행하게 댑니다(커브가위).

> **point**
> 개의 좌측(우측으로 향하게 함)은 앞에서, 우측(좌측으로 향하게 함)은 뒤에서 클리퍼를 대면 실수가 없습니다.
>
> 우측   좌측

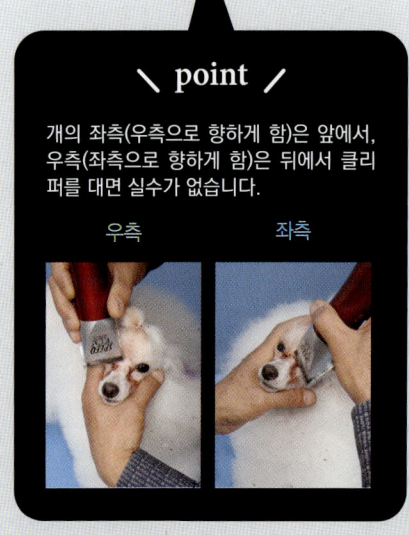

**15** 풋라인의 뒤쪽 각도를 정합니다. 옆면에서 봤을 때 테이블 면과 45도 각도의 둥근 형태를 커브가위로 완성합니다.

**16** 풋라인의 앞쪽 각도를 정합니다. 옆면에서 봤을 때 ⑭와 수직으로 교차하는 각도에서 적당한 둥근 모양을 만들며 커트합니다(커브가위).

**17** 풋라인의 바깥쪽, 안쪽 각도를 정합니다. 뒤에서 봤을 때 45도 각도의 둥근 형태로 커트합니다(커브가위).

**18** 전지의 풋라인을 커트합니다. 발끝을 편 상태에서 전지를 들어 올려 코밍한 후 커브가위로 테이블 면과 평행하게 커트합니다.

풋라인의 높이는 지골 관절의 높이까지 합니다.

**19** 풋라인의 앞쪽과 뒤쪽의 각도를 정합니다. 패스턴의 굴곡이 있으므로 각도의 미세한 조정이 필요합니다. 측면에서 봤을 때 앞쪽은 테이블에 대해 30도, 뒤쪽은 45도를 기준으로 커브가위로 세밀하게 완성합니다.

\ point /

X각이 강한 경우는, 안쪽보다 바깥쪽의 풋라인을 약간 낮게 해 두면 안심. 나중에 수정하기 쉬워집니다.

**20** 풋라인의 바깥쪽, 안쪽의 각도를 정합니다. 정면에서 봤을 때 테이블 면과 45도를 기준으로 하여 둥글게 완성합니다.

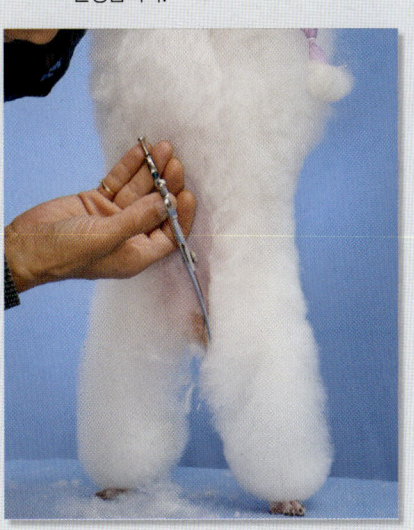

**21** 복부를 잘라줍니다. 개를 뒷다리로 세우고 코밍한 후, ③의 클리핑라인에 가위를 다시 넣습니다.

**22** ④로 넣은 V자형의 클리핑라인에 가위를 다시 넣습니다.

체장의 뒤에서 1/3정도까지 커트합니다.

**23** 후구의 털을 세우고 등선을 커트합니다. 꼬리를 내려 앞을 향해 올라가는 각도로 커트합니다.

**24** 꼬리를 올리고 꼬리의 앞에서 부풀어오르는 털을 잘라줍니다.

**25** 꼬리의 사이드를 코밍하여 ⑤에서 넣은 꼬리 사이드의 클리핑라인에 가위를 다시 넣어 정리합니다.

세컨드 퍼피 클립에 비해 등선을 향한 각도가 크기 때문에 이부분과 등선이 연결이 되도록

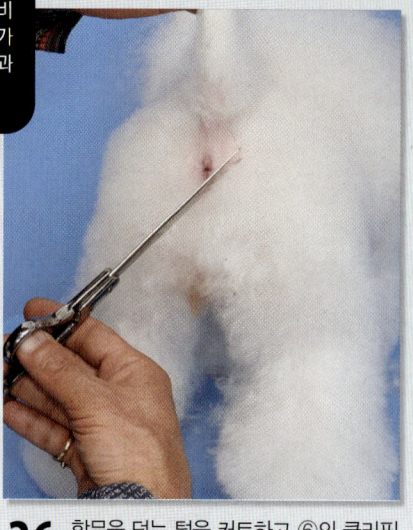

**26** 항문을 덮는 털을 커트하고 ⑥의 클리핑 라인에 가위를 다시 넣어 정리해줍니다.

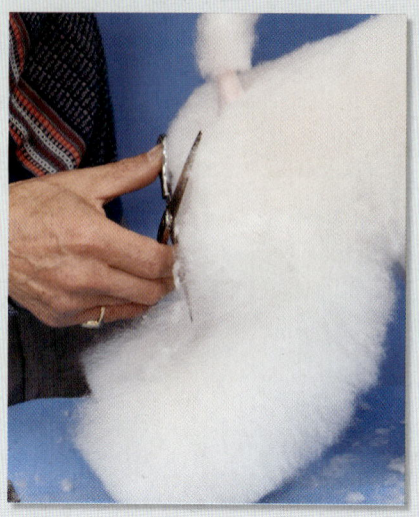

**27** 엉덩이~후지 뒤쪽을 커트합니다. 꼬리를 올리고 후지의 앵귤레이션이 시작되는 포인트부터 꼬리 사이드의 끝 지점에 이르는 부분까지 테이블 면과 수직으로 커트합니다.

**28** 대퇴부~후지의 바깥쪽을 커트합니다. 후구의 폭은 체고의 40%를 목표로 하여 흉추와 평행하게 가위를 댑니다.

**29** 후지의 바깥쪽은 무릎 근처의 높이까지 테이블 면과 거의 수직으로 커트하고 무릎보다 아랫부분은 약간 벌어지게 합니다.

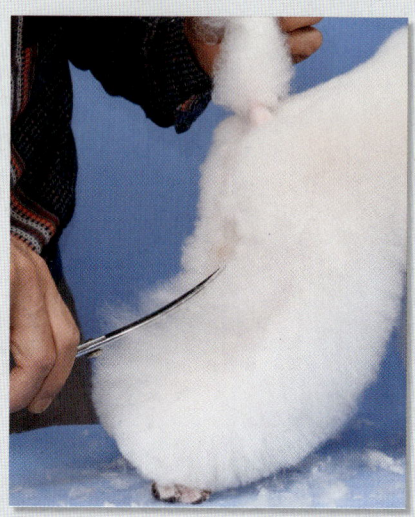

**30** 커브가위로 후지 뒤쪽을 커트합니다. 털을 세워서 비절~㉗을 향해서 살짝 r의 모양으로 커트합니다. 이어서 바깥쪽 면과의 모서리를 없애줍니다.

**31** 허벅지를 커트합니다. 한쪽 다리를 들어올려 가위의 정날을 생식기 옆에 대고 약간 평평한 면을 만들도록 커트합니다.

오른쪽 뒷다리만 커팅 완료

**32** 후지 안쪽을 커트합니다. 바깥쪽의 면은 약간 퍼지는 모양을 커트하고 뒷면에 있는 모서리를 없애줍니다.

**33** 뒤에서 가위를 넣을 경우 안쪽 면의 앞쪽의 털은 빠져나가기 쉬우므로 가위 끝을 약간 바깥쪽을 향하게 커트해야 흉추와 평행한 면을 만들 수 있습니다.

**34** ⑮와 ㉚에서 생긴 모서리를 테이블 면과 수직방향으로 약간만 커트합니다. 커브 가위로 접하고 있는 각각의 면의 모서리를 제거합니다.

**35** 후구의 측면과 등선 사이의 모서리를 제거하고 다시 ㉕와의 모서리를 없애줍니다. 둥근 모양으로 만들지 않고, 모서리가 약간 남아있도록 커트합니다.

**36** 후지 앞쪽 털을 앞으로 향하게 코밍하고, 후지 앞쪽 털을 커트합니다. 측면에서 바라보며 풋라인에서 무릎까지 ㉚에 대하여 약간 넓게 커트해줍니다.

**37** 무릎보다 위는 가위를 약간 세워서 커트. 후지의 앞쪽과 바깥쪽, 안쪽의 모서리를 제거합니다.

**38** 가위를 흉추에 대해 직각의 방향으로 대고 넥라인을 따라 앞가슴의 상부를 커트합니다.

(넥라인의 꼭대기에는 앞으로 나오는 털을 약간 넉넉하게 남깁니다.)

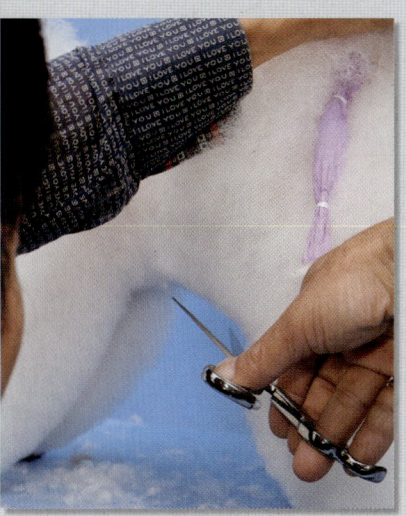

**39** 중구의 언더라인을 커트합니다. 기갑과 테이블 사이의 중간 지점에서 체장의 뒤 1/3까지 테이블 면과 20도 각도로 일직선으로 연결합니다.

**40** ㊴에서 설정한 체장의 뒤쪽 1/3까지 ㉓, ㉘의 면과 연장합니다.

(앞을 향해 올라가는 등선 / 흉추와 평행하게 / 뒤에서 1/3)

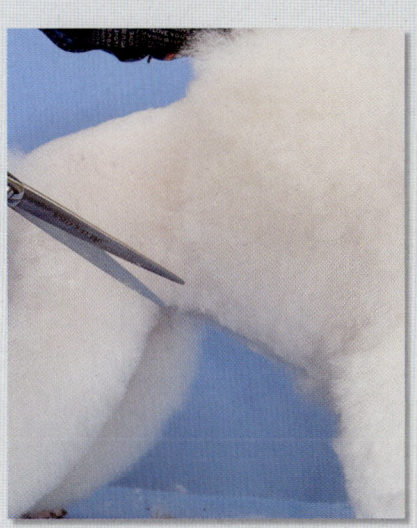

**41** ㊴의 뒷부분의 라인을 약간 둥근 라인으로 커트하고 후지 앞쪽과 연결합니다.

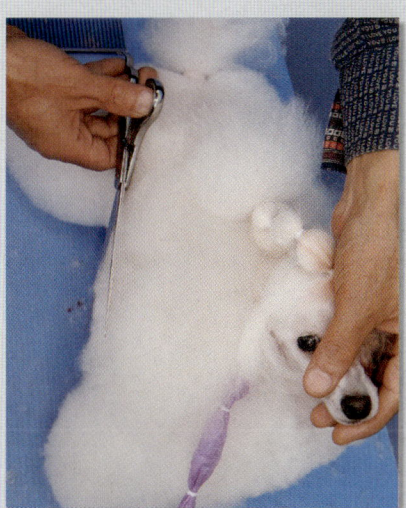

**42** 중구의 측면을 커트합니다. 위에서 봤을 때 몸의 앞쪽을 향해 나아가면서 커트합니다. 가위는 테이블 면과 수직의 방향으로 맞춥니다.

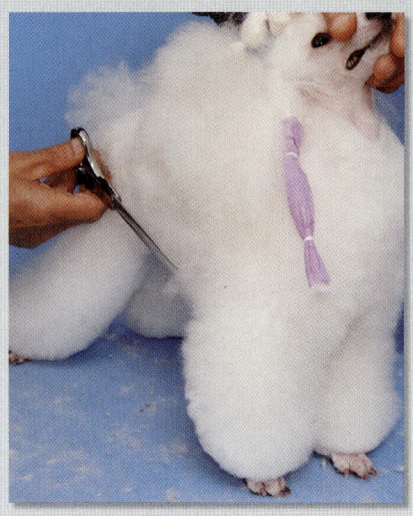

**43** 턱업에서 테이블 면과 평행선을 설정하고 그 선보다 45도 아래의 각도로 잘라줍니다.

**44** 후구~중구를 연결합니다. 중구보다 앞쪽 털의 길이에 맞춰 톱라인을 향해 연결되도록 커트합니다.

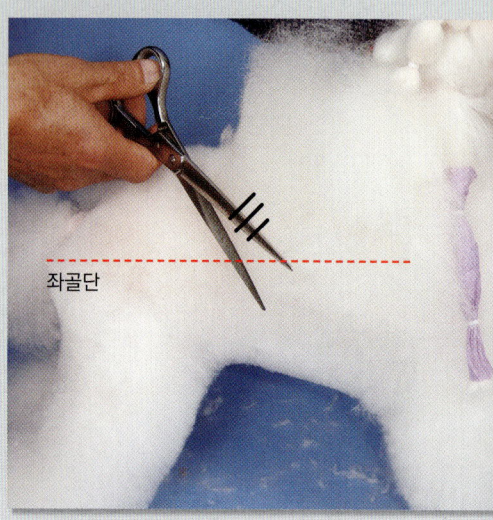

좌골단

**45** ㊹에서 커트한 부분에서 좌골단의 높이보다 위쪽은 테이블 면과 45도의 각도로 아래쪽으로 커트합니다.

**46** 전구의 측면을 커트합니다. 꼼꼼하게 털을 세워서 흉추와 평행하게 커트합니다.

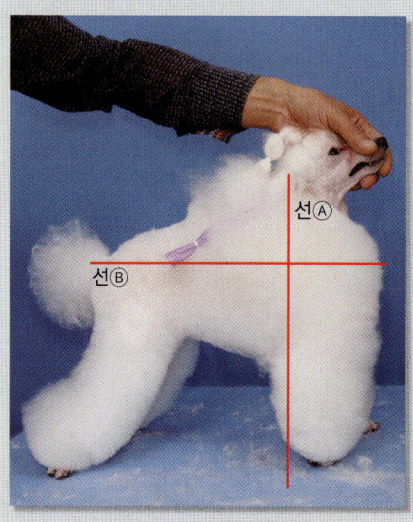

선Ⓐ
선Ⓑ

**47** 귀 뒤쪽 끝에서 테이블 면과 수직선(선Ⓐ)과 좌골 단에서 테이블 면과 평행선(선Ⓑ)을 설정합니다.

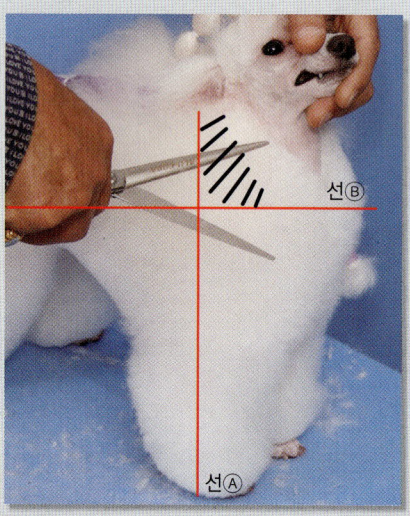

선Ⓑ
선Ⓐ

**48** 선 Ⓐ보다 앞쪽, 선 Ⓑ보다 위쪽 부분을 테이블을 향해서 45도 각도를 기준으로 등선의 높이까지 커트하고, 서서히 가위의 각도를 세워서 귀 뒤쪽에서 마무리합니다.

**49** 전지를 커트합니다. 안쪽과 바깥쪽은 풋라인을 향해서 일직선으로 커트합니다.

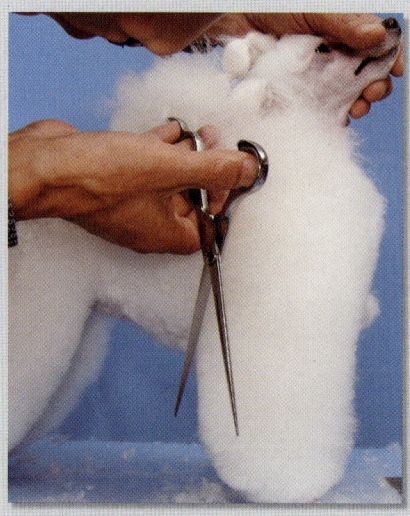

**50** 전지의 뒤쪽은 ㊴에서 정한 언더라인의 시작부터 풋라인을 향해서 일직선으로 커트. 앞쪽도 같은 높이에서 똑바로 커트하고 각 면 사이에 생긴 모서리를 없애줍니다.

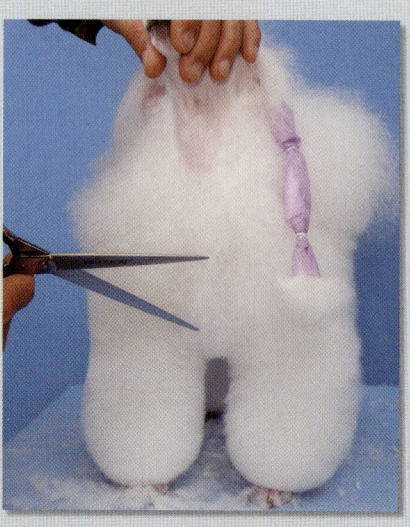

**51** 앞가슴을 커트합니다. ㊿에서 정한 전지앞쪽 시작부분~선 Ⓑ(좌골단 높이)를 바로 연결하고 모서리를 제거합니다.

더 자세히! P124~ 셋업의 포인트

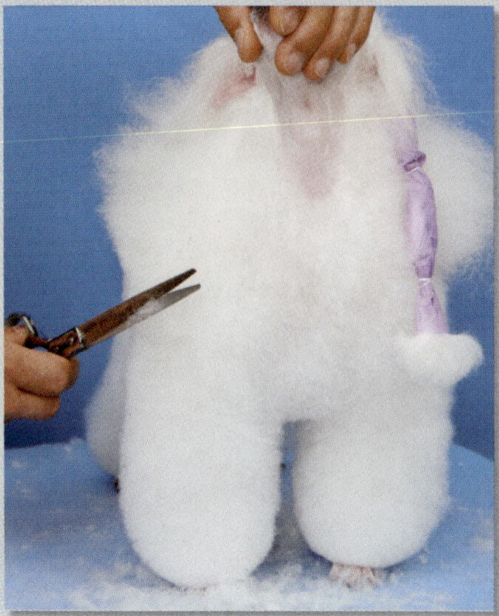

**52** (51)의 면과 전지 측면과 앞쪽에 생기는 모서리를 제거합니다.

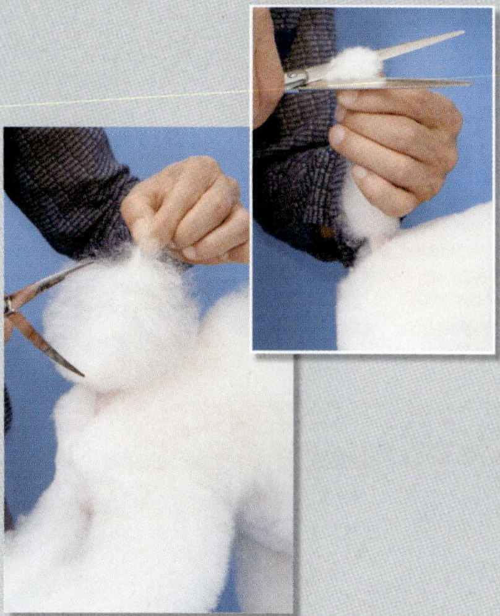

**53** 꼬리를 커트합니다. 털을 비틀어서 잡고 모아진 털의 가운데 끝을 잘라줍니다. 털을 톡톡 펴서 커팅하고 동글게 다듬어줍니다(커브가위).

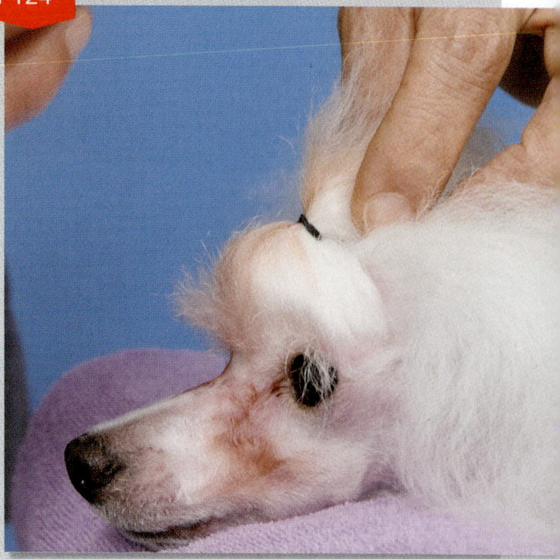

**54** 셋업을 합니다. 귀 앞부분~눈꼬리 중간 지점에서 V자형으로 라인을 만들면서 털을 나누고, 고무줄로 묶어 스웰을 부풀게 해줍니다.

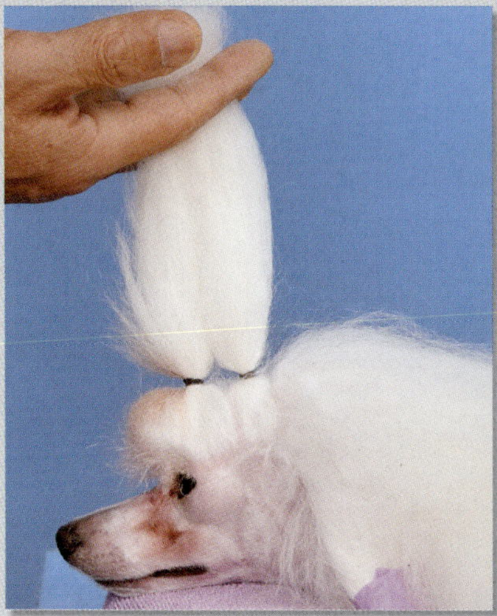

**55** 귀 앞쪽 부분과 (54)의 가르마의 중간지점에서 털을 똑바로 나누어서 고무줄을 묶습니다.

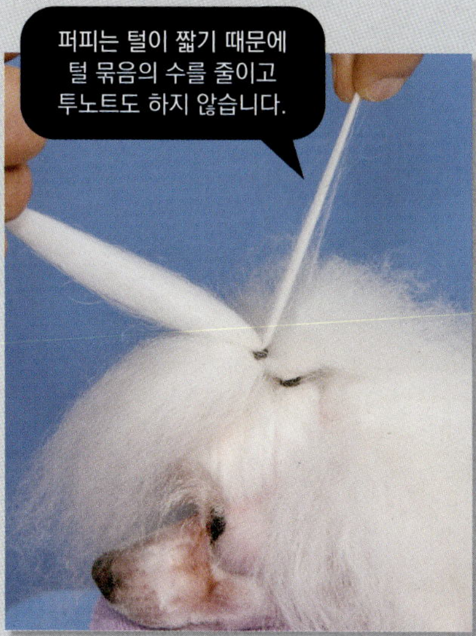
퍼피는 털이 짧기 때문에
털 묶음의 수를 줄이고
투노트도 하지 않습니다.

**56** 앞쪽 묶인 털의 뒤 1/3과 뒤쪽의 묶인 털의 앞 1/3을 모아서 고무줄을 묶습니다. 묶인 털을 2부분으로 나누어서 잡고 고무줄을 털의 뿌리 쪽으로 내려가게 밀어줍니다.

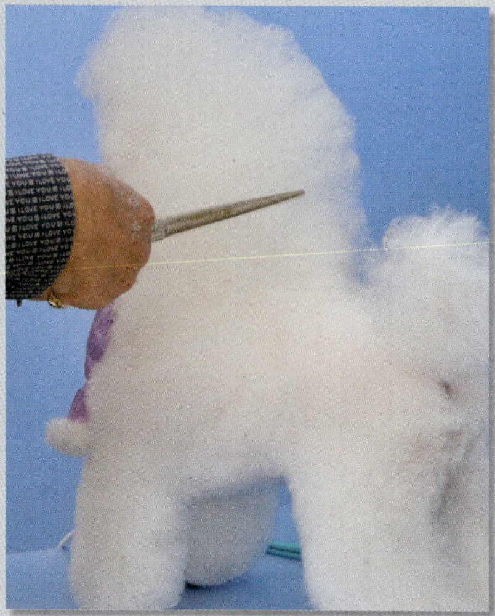

**57** 스프레이와 코밍을 반복하여 코트를 세워주고, 아웃라인을 커팅하여 정돈합니다.

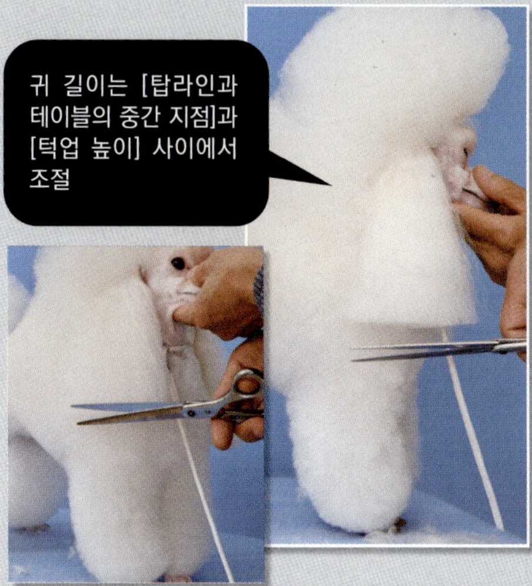
귀 길이는 [탑라인과
테이블의 중간 지점]과
[턱업 높이] 사이에서
조절

**58** 귀를 커트합니다. 털끝을 일직선으로 자르고, 자른 부분과 바깥쪽 모서리만 조금 다듬어줍니다.

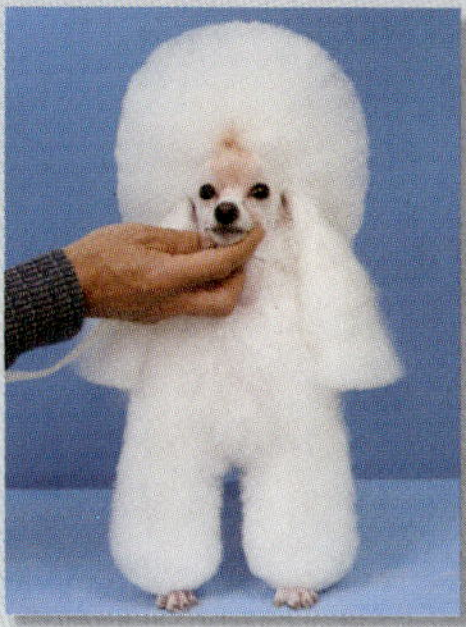

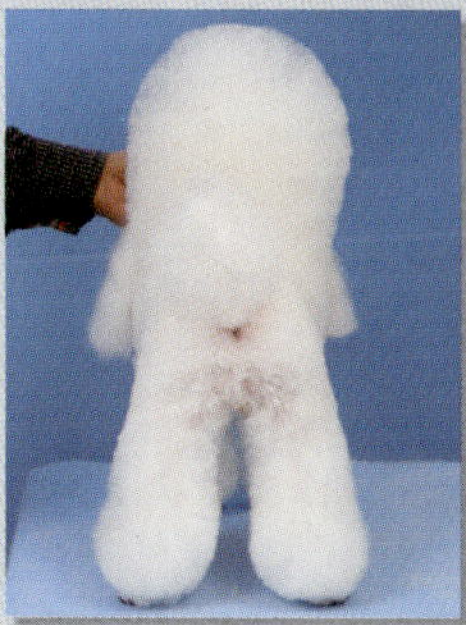

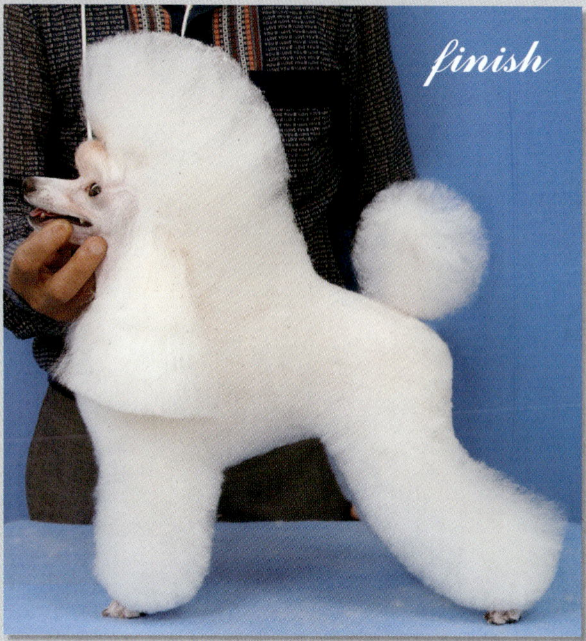
finish

## Show Clip 5

퍼피 클립의 베이스를 만들다
# 강아지의 퍼스트 트리밍

푸들은 생후 3개월 무렵을 기준으로 첫 번째 트리밍을 실시합니다.
퍼피 클립(P108~)으로 자연스럽게 이행하기 위한 중요한 트리밍의 과정입니다.

*first trimming*

약 1개월 전, 발과 얼굴만 클리핑한 모습

**1** 후지의 발 주변의 털을 깎습니다. 왼손을 비절을 위쪽부터 대고 자연스러운 각도로 다리를 구부려 발가락 관절(쥐었을 때 구부러지는 부분)보다 아랫부분을 나란히 밀어줍니다.

**2** 발끝부터 ①의 클리핑라인까지 역클리핑합니다.

더 자세히! P70~ 발 클리핑 포인트

**3** 발가락 사이사이와 패드 사이사이의 털을 제거합니다.

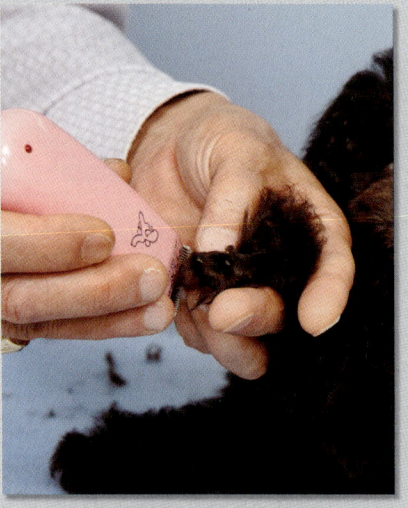

**4** 전지도 마찬가지로 클리핑을 합니다. 트리밍에 익숙해질 때까지 개를 무리하게 세우지 말고 싫어하지 않는 자세로 작업합니다.

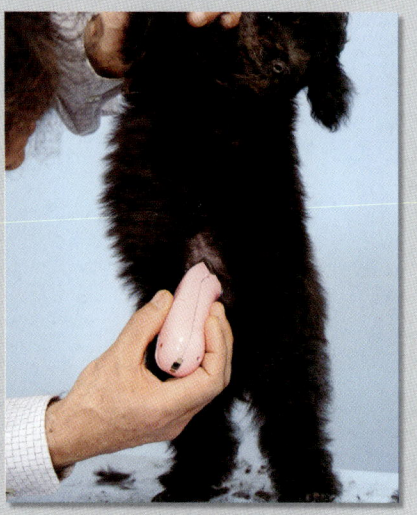

**5** 복부의 털을 제거합니다. 모델인 개는 수컷이어서 서혜부에서 거꾸로 클리핑하며, 배꼽보다 1㎝ 정도 위로 역V자형으로 보이도록 연결합니다.

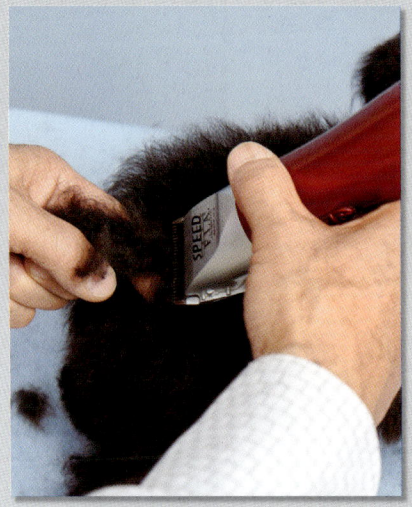

**6** 꼬리의 털을 제거합니다. 1.5㎝의 날을 장착한 클리퍼로 꼬리의 뿌리에서 1.5㎝ 정도로 클리핑합니다.

**7** 꼬리 뿌리 부분의 양쪽을 테이블 면과 30도 각도로 잡고 클리핑합니다.

**8** ⑦의 클리핑라인의 포인트를 항문 아래에서 V자 모양으로 연결하며 클리핑합니다.

Show Clip

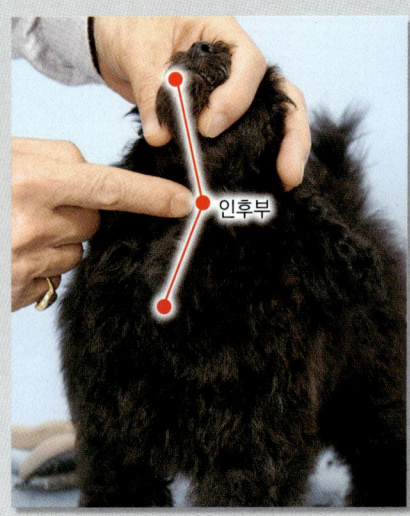

**9** 넥라인의 정점을 결정합니다. 인후부를 기준으로 아랫방향으로 인후부~코끝까지의 길이와 같은 길이에 있는 지점을 넥라인을 정점으로 정합니다.

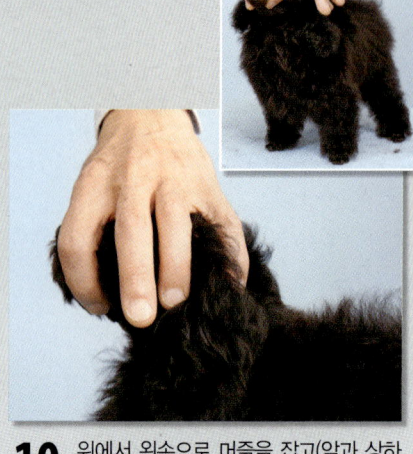

**10** 위에서 왼손으로 머즐을 잡고(앞과 상하좌우로 움직임을 멈추게 한다) 새끼손가락으로 후두부를 지지합니다(뒤로 움직이는 것을 멈추게 한다).

**11** ⑨에서 결정한 정점에서 하악의 방향으로 역클리핑합니다. 클리퍼의 날이 왼손 엄지에 닿으면 보정하는 손의 위치를 바꾸어 입 끝까지 털을 제거합니다. 비경의 아래 털도 역클리핑합니다.

이 단계의 트리밍은 정확한 라인을 잡지 않아도 OK

**12** 눈꼬리~귀 앞쪽의 끝부분을 연결하는 선을 기준으로 이미지너리라인을 클리핑합니다.

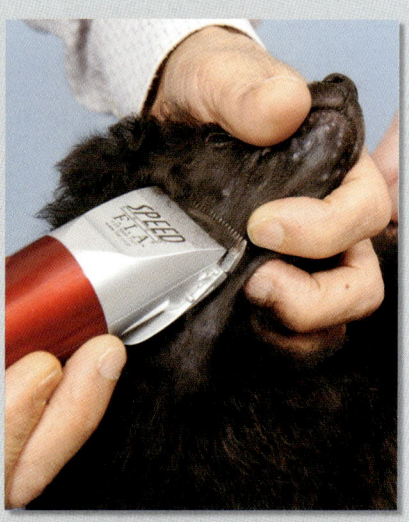

**13** 넥라인을 정리해줍니다. 넥라인의 정점~귀 뒤쪽 뿌리를 자연스럽게 연결합니다.

**14** 스톱에서 머즐의 윗면을 역클리핑합니다. 비경의 앞쪽은 모류가 반대방향이기 때문에 클리퍼를 대는 방향을 바꿉니다.

**15** 입술 주위의 털을 제거합니다. 입을 다물게 하고 입술(립)라인을 따라 가볍게 클리핑한 후 검지로 윗입술을 들어올립니다. 엄지로 아랫입술을 뒤로 당겨주고 입술 주변을 깔끔하게 클리핑합니다.

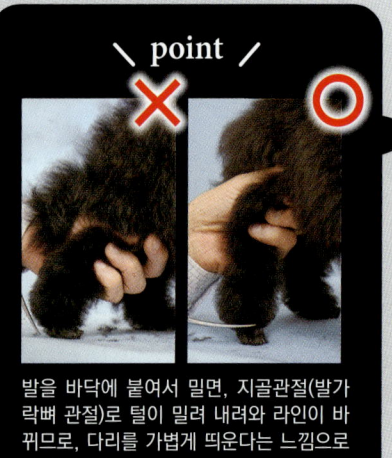

point ✗ ○

발을 바닥에 붙여서 밀면, 지골관절(발가락뼈 관절)로 털이 밀려 내려와 라인이 바뀌므로, 다리를 가볍게 띄운다는 느낌으로 보정합니다.

**16** 네 다리의 발 주위를 커트합니다. ①~②의 클리핑라인에 따라서 테이블 면과 45도 각도로 유지하며 둥글게 커트합니다(커브가위).

**17** 엉덩이를 커트합니다. 후구를 뒤로 돌려서 코밍한 후 꼬리를 똑바로 세우고 클리핑라인 ⑥에 가위를 다시 넣습니다.

**18** 털을 세우고, 후구의 등선을 커트합니다. 미근부에서 테이블 면과 10~20도의 각도로 끝나는 곳(털이 있는 곳)까지 커트합니다.

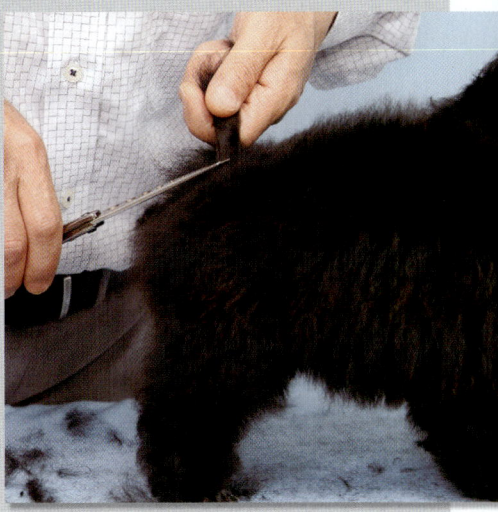

**19** ⑦의 클리핑라인에 가위를 다시 넣어줍니다.

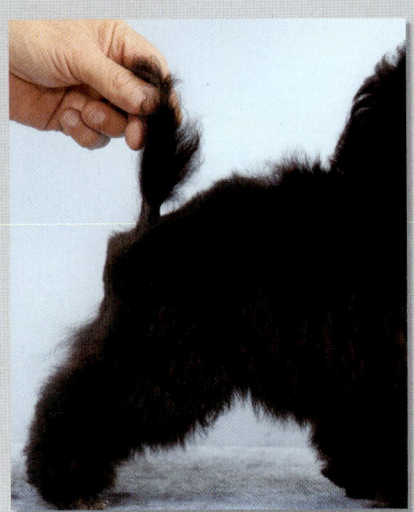

**20** 엉덩이를 커트합니다. ⑲의 끝에서 후지의 앵귤레이션이 시작되는 포인트까지 테이블 면과 수직의 방향으로 커트합니다.

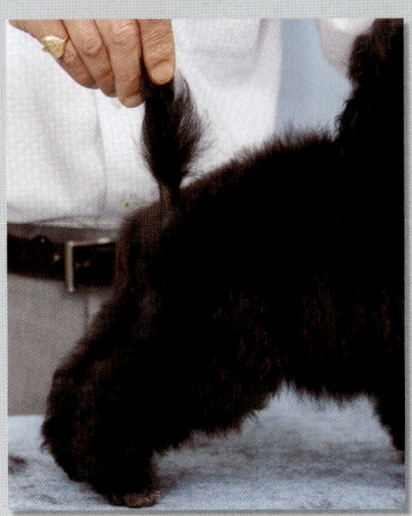

**21** 후지 뒤쪽을 커트합니다. 후지 앵귤레이션이 시작되는 포인트~비절을 일직선으로 연결하여 커트합니다. 비절보다 아래는 커트하지 않고 털을 남깁니다.

**22** 후지 바깥쪽과 안쪽을 커트합니다. 바깥쪽은 대퇴부~무릎 근처, 안쪽은 서혜부~비절 위쪽까지를 기준으로 면을 평평하게 정리합니다.

**23** 엉덩이~무릎, 무릎~비절의 뒤쪽과 바깥쪽, 안쪽의 모서리를 제거하면서 커트합니다(커브가위).

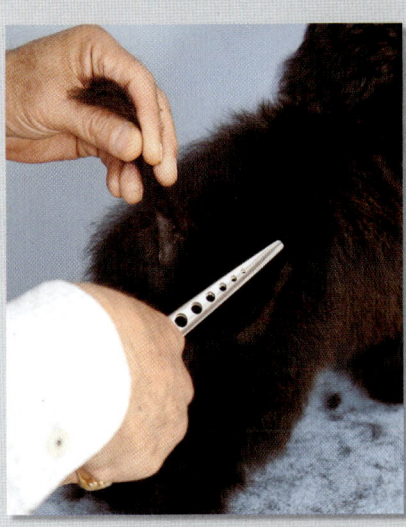

**24** 등선과 대퇴부의 모서리를 제거하고 다시 ⑲와 대퇴부와의 모서리를 제거하면서 커트합니다.

\ point /

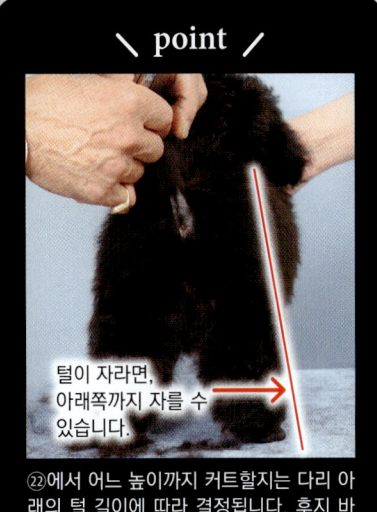

털이 자라면, 아래쪽까지 자를 수 있습니다.

㉒에서 어느 높이까지 커트할지는 다리 아래의 털 길이에 따라 결정됩니다. 후지 바깥쪽은 테이블 면과의 수직선보다 약간 벌어지는 이미지로 면을 만듭니다.

Show Clip

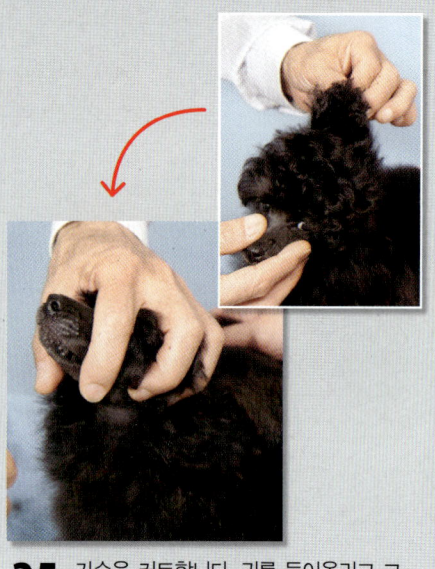

**25** 가슴을 커트합니다. 귀를 들어올리고 그 대로 머리와 함께 잡아줍니다.

**26** 앞가슴의 털을 세워서 넥라인에 가위를 넣어줍니다(커브가위).

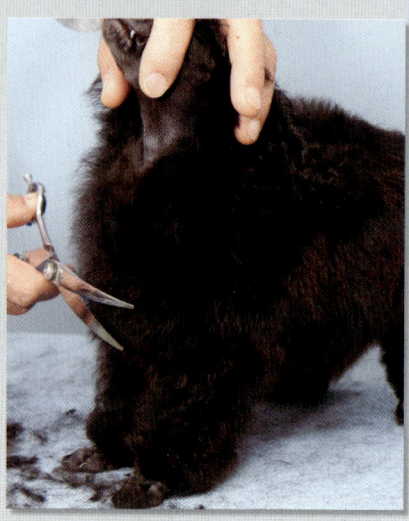

**27** 앞가슴의 털을 커트합니다. 측면에서 봤을 때 테이블 면과 수직으로 커트합니다(커브가위).

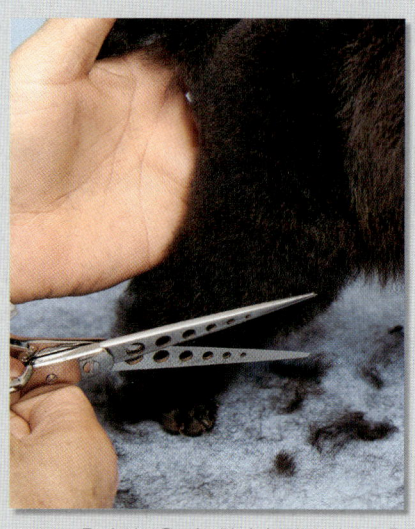

**28** 후지 앞쪽을 커트합니다. 털의 길이가 충분하지 않기 때문에 후지의 뒤쪽과 평행한 라인을 상상하여 정해서, 그 라인에서 벗어나는 털만을 커트합니다. 바깥쪽, 안쪽과의 모서리도 제거합니다.

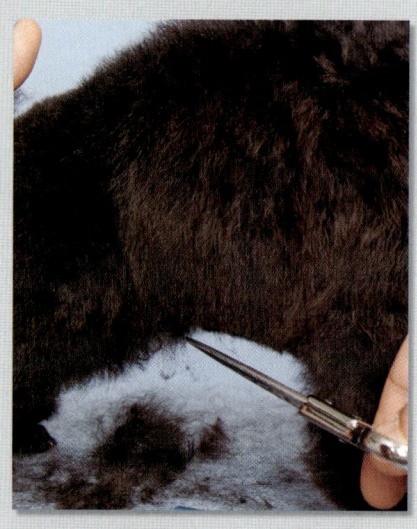

**29** 중구를 커트합니다. 코밍으로 털을 내려주고 아랫가슴을 따라 언더라인을 커트합니다.

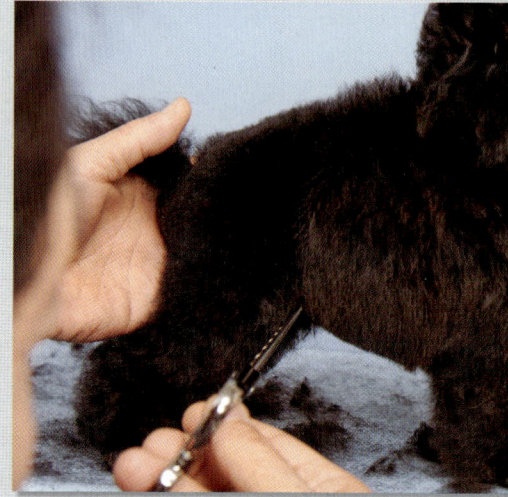

**30** 후지 앞쪽~언더라인 사이의 털을 가볍게 잘라내어 중구와 후구를 연결합니다.

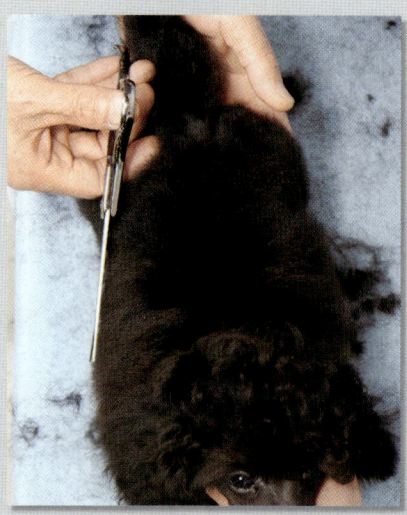

**31** 바디 측면을 커트합니다. 중구에서 전구로 약간 넓혀가면서 자연스럽게 연결되도록 합니다.

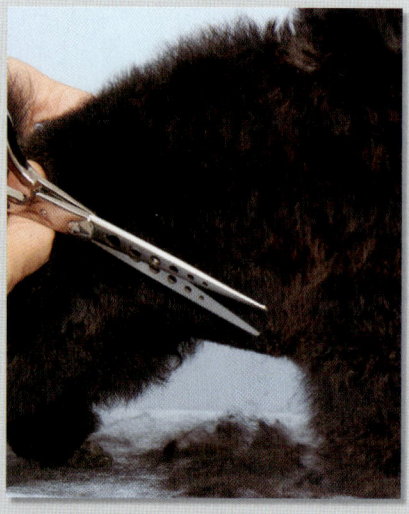

**32** 중구의 측면과 언더라인의 모서리를 제거해주면서 커트합니다.

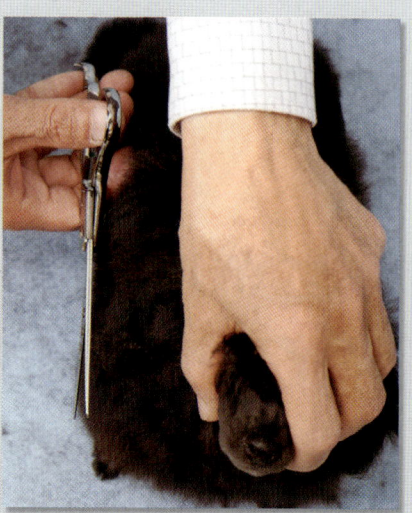

**33** 전구의 측면을 흉추와 평행이 되도록 커트합니다.

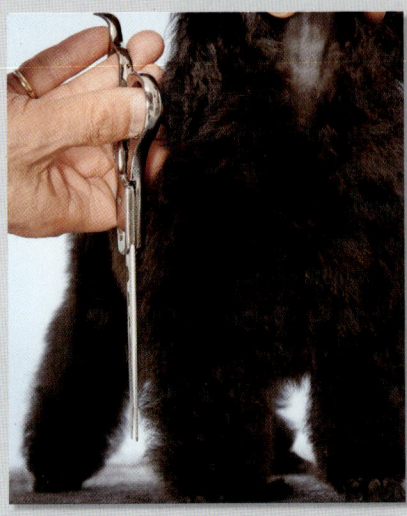

**34** ㉝과 이어서 전지의 바깥쪽을 테이블 면과 수직으로 커트하고 안쪽도 똑같이 커트합니다.

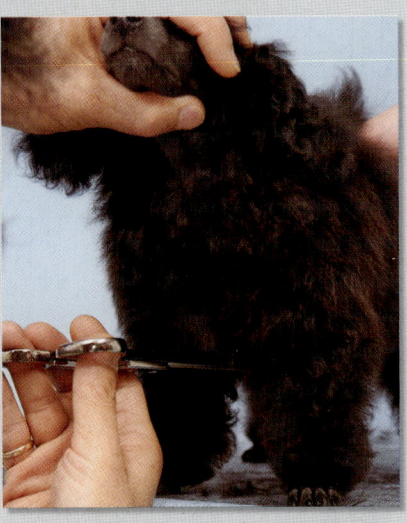

**35** 중구의 언더라인에 연결될 수 있도록 아랫가슴을 커트합니다.

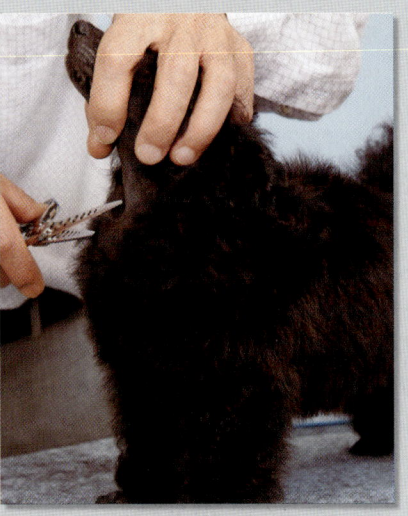

**36** 넥라인~앞가슴을 향해서 잘라내면서 아래쪽으로 커트합니다.

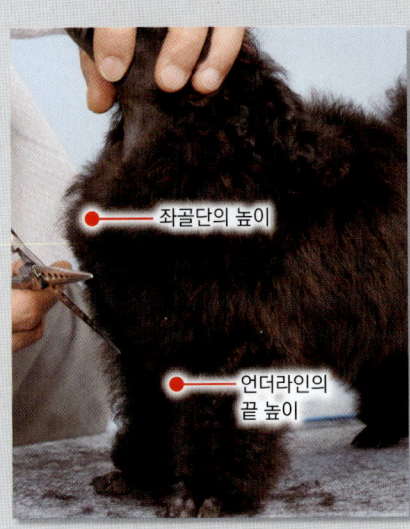

좌골단의 높이
언더라인의 끝 높이

**37** 앞가슴을 커트합니다. 측면에서 봤을 때 언더라인의 끝 높이에서 좌골 끝의 연장선 높이까지 비스듬히 올리면서 커트해 나갑니다.

**38** ㊱, ㊲은 바디에 있는 모서리를 없애면서 커트합니다. 등선~머리를 향해서 연결되는 부분을 조정하여 바디 측면과의 모서리들을 제거합니다.

**39** 꼬리 부분을 커트합니다. 털을 모아서 비틀어 준 뒤 털끝을 잘라줍니다.

**40** 털을 톡톡 가볍게 털어 세워서 ⑥의 클리핑라인에 가위를 다시 넣어 아래쪽을 비스듬하게 커트합니다(커브가위).

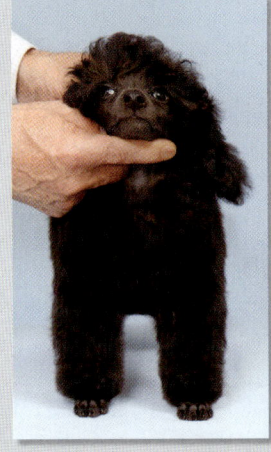

*finish*

Show Clip

## ▶▶▶ 프런트 브레슬릿의 순서와 포인트

**1** 프런트 브레슬릿을 만들기 위해서는 약간 높은 위치까지 털을 남겨둡니다. 먼저 기준이 되는 리어 브레슬릿(잉글리시 새들의 경우는 바텀 브레슬릿)의 뒤쪽 높이를 확인합니다.

**2** ①에서 확인한 리어 브레슬릿과 같은 높이로 만들어 갑니다.

**3** ①~②에서 확인한 높이에 클리퍼 또는 가위로 가볍게 표시를 합니다. 다리의 약간 앞쪽 부분에 넣어주면 됩니다.

**POINT** 다리 뒤쪽 피부가 늘어나 있어 뒤쪽은 약간 높은 위치까지 털을 남깁니다

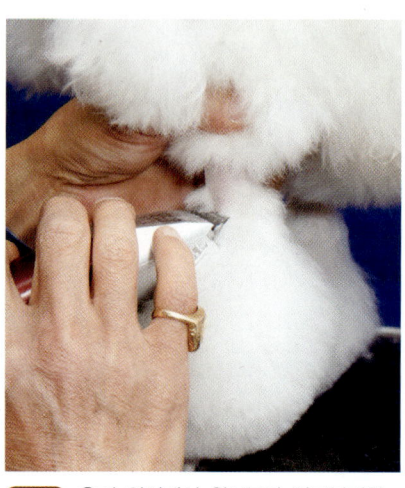

**4** ③의 위치에서 윗부분만 역클리핑합니다.

**5** ④의 높이부터 테이블 면과 평행하게 전지의 바깥쪽을 역클리핑합니다.

**6** 전지를 들어 올려 클리핑라인이 뒤에서는 약간 올라가도록 밀어줍니다. 이렇게 하면 다리를 내렸을 때 클리핑라인이 테이블 면과 평행하게 됩니다.

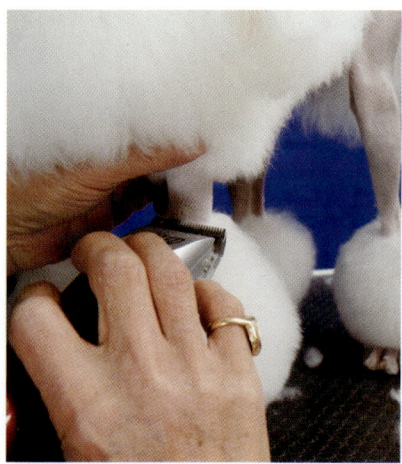

**7** ⑤부터 이어서 다리의 뒤쪽~안쪽~앞쪽도 역클리핑합니다.

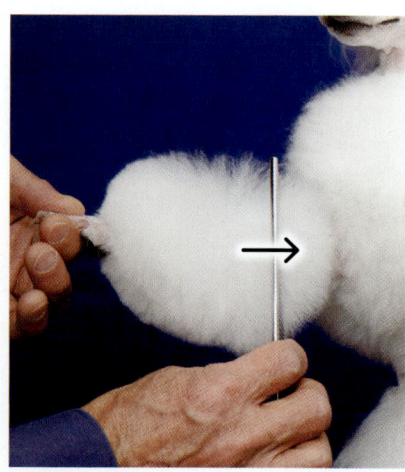

**8** 전지를 들어올려 브레슬릿의 위쪽으로 절반에 해당하는 털을 세워서 코밍합니다. 그리고 난 후 다리를 가볍게 흔들어 털을 세우며 정리합니다.

**9** 브레슬릿 절반의 위쪽 바깥쪽을 커브가 위로 커트합니다. 정면에서 봤을 때 클리핑라인과 5mm 떨어진 지점에서 테이블 면과 수직의 방향으로 45도 각도로 깎으면서 내려갑니다.

| 10 | 브레슬릿 절반의 위쪽 안쪽을 커브가위로 커트합니다. 정면에서 봤을 때 클리핑라인과 5mm 떨어진 지점에서 테이블 면과 수직의 방향으로 45도 각도로 깎으면서 내려갑니다.

| 11 | 브레슬릿 절반의 위쪽 앞쪽을 커브가위로 커트합니다. 측면에서 봤을 때 클리핑라인과 1cm 떨어진 지점에서 테이블 면과 수직의 방향으로 45도 각도로 깎으면서 내려갑니다.

| 12 | 커브가위로 브레슬릿 절반의 뒤쪽 윗부분을 커트합니다. 측면에서 봤을 때 테이블 면과 수직의 방향으로 45도 각도로 깎으면서 내려갑니다.

| 13 | ⑨~⑩과 안쪽 혹은 바깥쪽의 풋라인(테이블 면과 45도로 접해 있다)의 모서리를 테이블과 수직으로 커트합니다.

**POINT**

⑬~⑭는 위를 향해 약간 벌어지는 면을 만들면서 커트. 세운 털이 안정되면 테이블 면과 수직으로 보입니다.

| 14 | ⑪~⑫와 전후의 풋라인(테이블 면과 30도로 접해 있다)의 모서리를 테이블과 수직으로 완성되게 커트합니다.

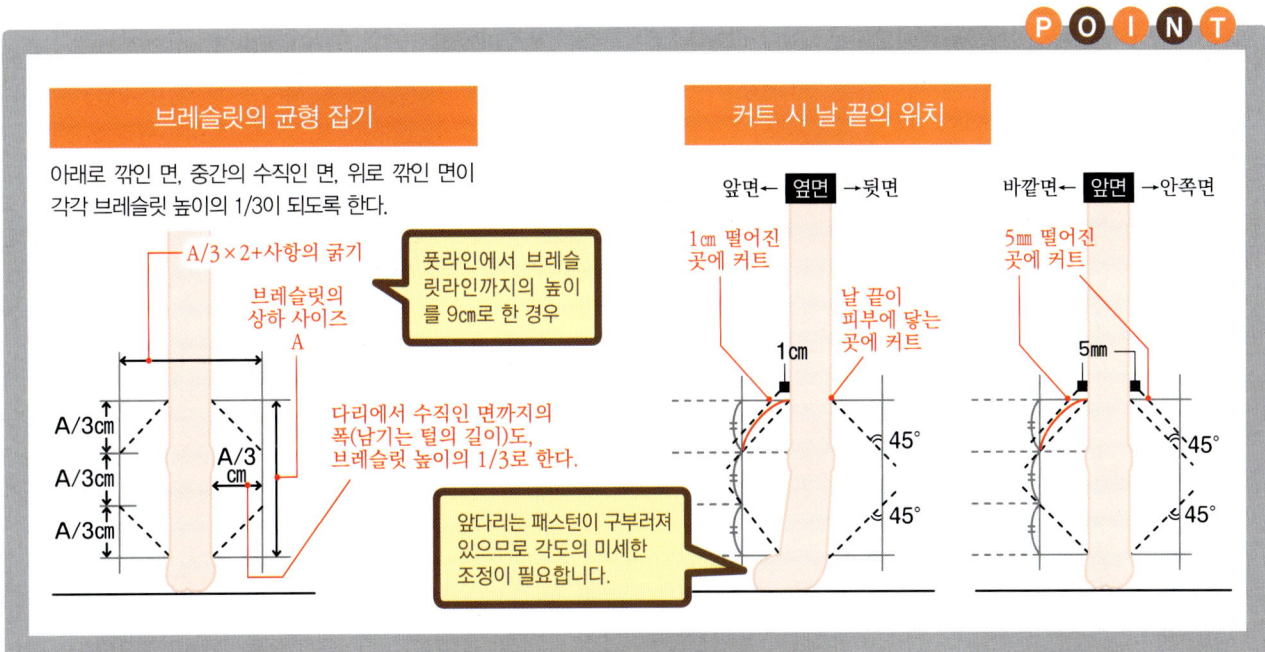

# >>> 셋업의 순서와 포인트

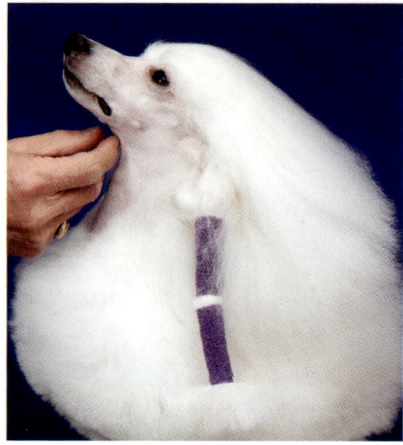

**1** 두부와 귀털을 정확하게 분리하고 귀털은 묶어둡니다.

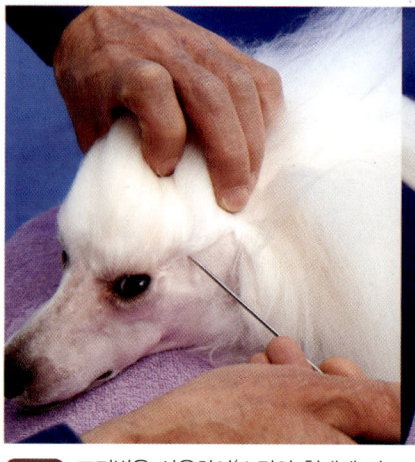

**2** 꼬리빗을 사용하여(스컬의 형태에 따라) 귀 앞부분~눈꼬리 중간 지점 전후로 털을 분리합니다.

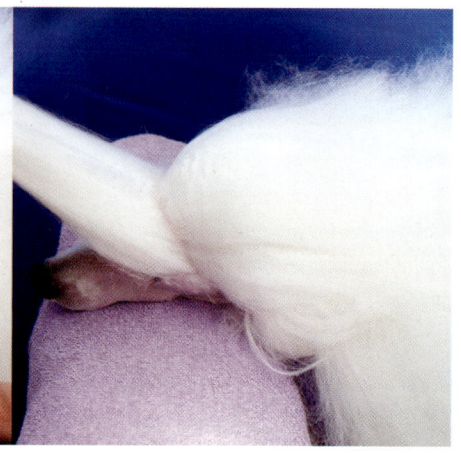

**3** ②에서 만든 좌우의 가르마를 위에서 봤을 때 뒤로 향해 퍼지는 V자형이 되도록 연결합니다.

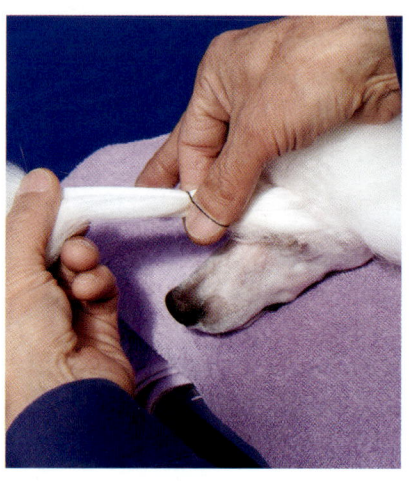

**4** ③의 털을 가능한 앞에서 정리해 잡고 고무줄로 고정합니다.

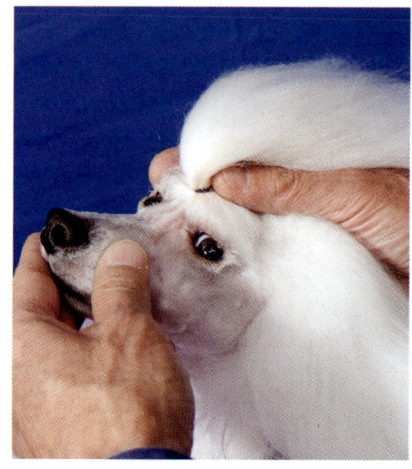

**5** ④에서 묶은 털 뒤쪽 1/2~1/3을 고무줄 위로 오른손으로 잡습니다.

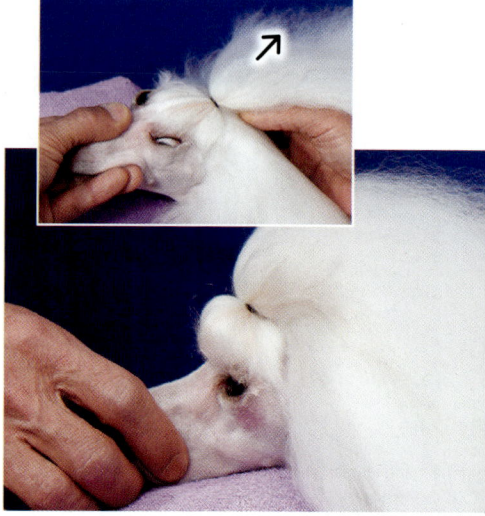

**6** 왼손으로 스톱을 눌러주고 스컬을 따라서 오른손을 뒤로 당겨 스웰을 부풀게 만듭니다.

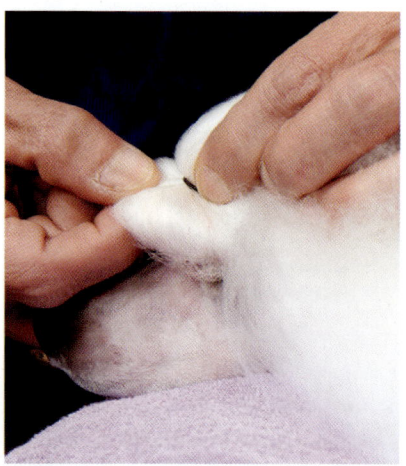

**7** 고무줄을 묶은 부분의 아래를 손가락으로 잡아당기며 스웰의 부푼 부분을 정돈합니다.

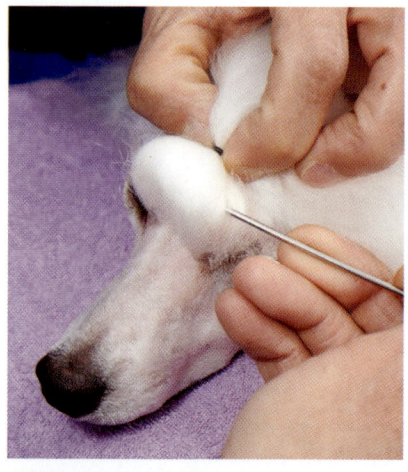

**8** 스웰에 꼬리빗의 끝을 넣어 부푼 스웰의 안쪽 털을 적당히 앞으로 빼냅니다.

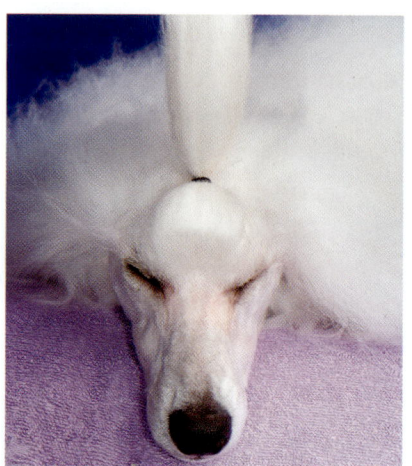

**9** 앞에서 봤을 때 스웰 위의 고무줄이 테이블 면과 평행이 되었는지 확인합니다.

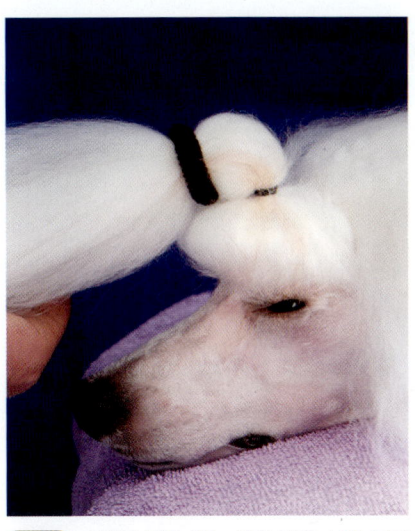

**10** 스웰의 위에 있는 묶은 털을 살짝 묶어서 정리해줍니다.

**11** 귀 앞부분과 ②의 가르마 중간 지점에서 털을 일직선으로 나누어줍니다.

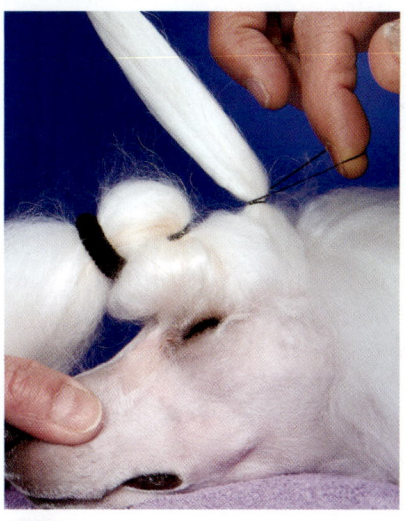

**12** ⑪의 털을 모아서 중심에서 정리해서 잡아주고, 고무줄을 묶어서 고정합니다.

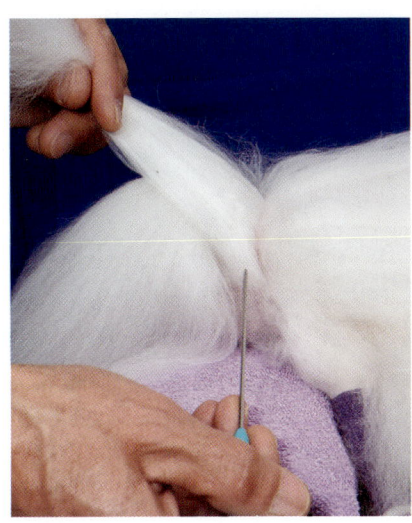

**13** 귀의 앞쪽에서 털을 똑바로 나눕니다.

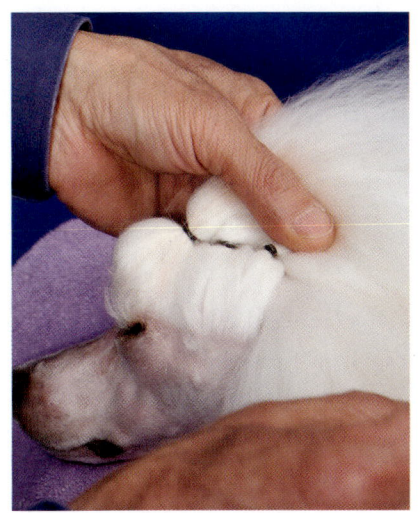

**14** ⑬의 털을 모아서 중심에서 정리해서 잡아주고, 고무줄을 묶어서 고정합니다.

**15** 가운데 부분의 묶은 털의 앞 1/3을 맨 앞의 묶은 털과 맞춰줍니다.

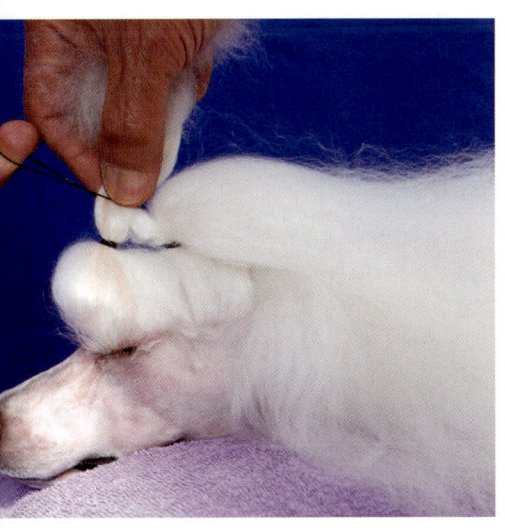

**16** ⑮와 스웰의 묶인 털을 세워서 가운데에 쥐고 ④의 고무줄보다 1.5㎝ 정도 위에서 고무줄을 묶어 줍니다.

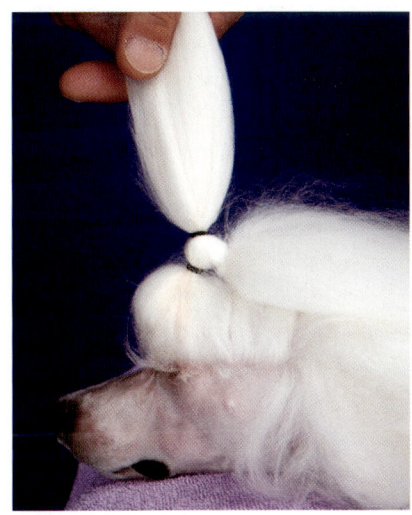

**17** 측면에서 봤을 때 ⑯의 고무줄이 약간 앞으로 내려감으로써 ⑯의 묶인 털이 테이블 면에 대해 약간 세워진 것을 확인합니다.

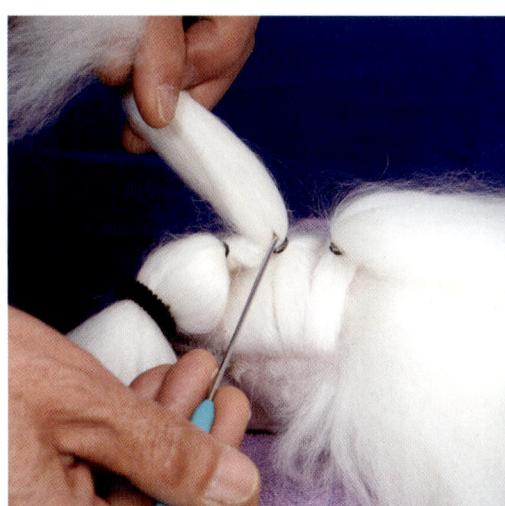

**18** 가운데 묶인 털의 뒤 1/3을 잡아 임시적으로 고무줄을 묶어놓습니다.

19 맨 뒤쪽의 묶인 털의 앞 1/3을 잡습니다. ⑱과 함께 고무줄을 묶어서 고정합니다.

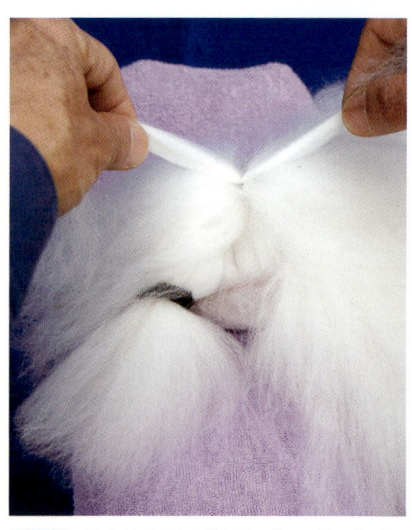

20 ⑲에서 묶인 털을 두 개로 나누어 당겨 고무줄을 모근까지 내려줍니다. 그리고 임시로 고정해놓은 고무줄을 제거합니다.

21 ④와 ⑯의 고무 사이에 콤의 빗살을 넣고 앞으로 빼서 부풀기를 조절합니다.

22 고무줄 묶는 작업이 끝난 모습

23 리드를 넣습니다. 목 뒤(기갑의 2cm 정도 앞이 기준)로 털을 앞뒤로 나누어서 코밍합니다.

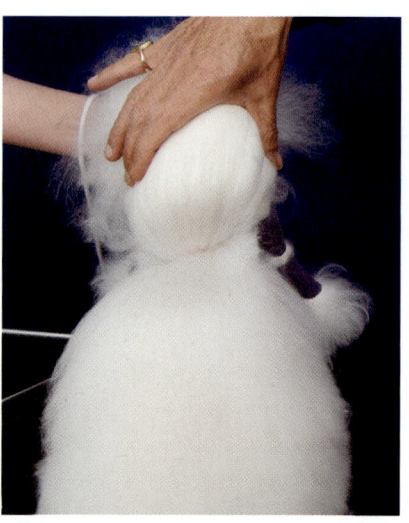

24 꼬리빗으로 ㉓의 파팅라인을 조절합니다. 위에서 봤을 때 견체 오른쪽에서 왼쪽으로 약간 내려가게 합니다.

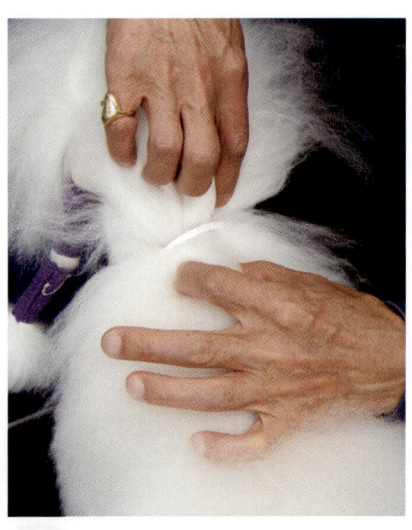

25 ㉔의 파팅라인을 따라 리드를 넣습니다.

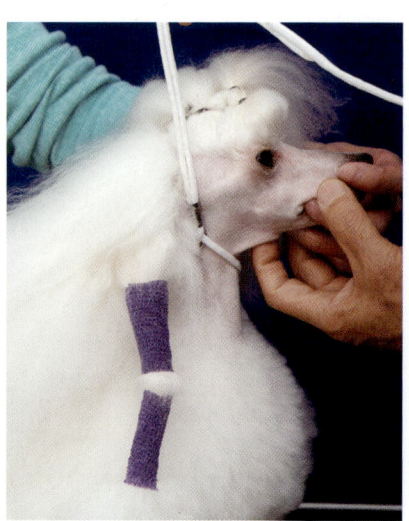

26 걸을 때의 위치에서 리드를 걸어서 털이 부자연스럽게 찌그러지는 곳이 없는 지를 확인합니다.

27 스프레이로 세워줍니다. 앞쪽(⑯에서 고무줄을 묶은 부분)의 털과 그 뒤의 고무줄을 묶은 부분(2단째)을 앞으로 향해서 코밍합니다.

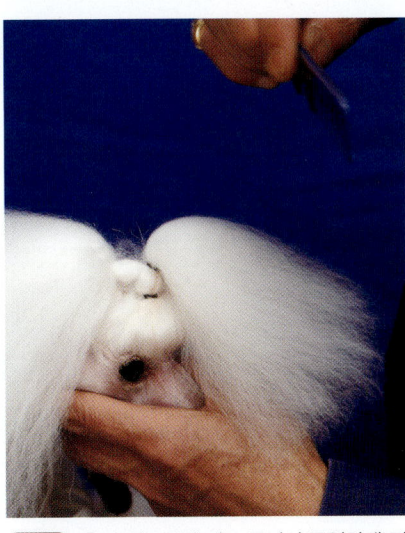

28 ㉗의 뒷부분만 뒤로 돌려서 균일하게 펼치도록 코밍합니다.

29 앞쪽의 털을 균일하게 다시 펴서 뒤에서 스프레이를 분사합니다. 뿌리에는 강하게 윗부분에는 약하게 스프레이를 분사합니다.

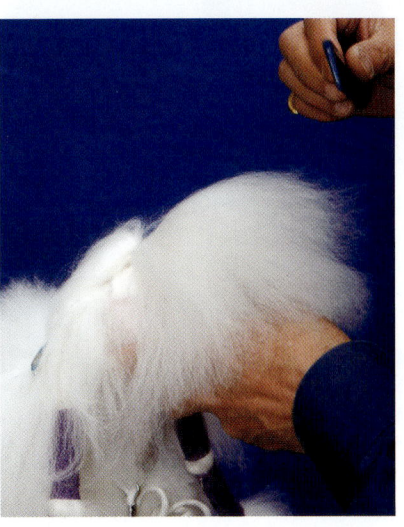

30 ㉘을 뒤에서 세워서 코밍하여 앞쪽 털에 붙여줍니다.

31 정면에서 봤을 때 ㉙~㉚에서 털을 세운 부분이 테이블 면과 수직인지, 위의 고무줄(⑯에서 건 것)이 테이블과 수평인지 확인합니다.

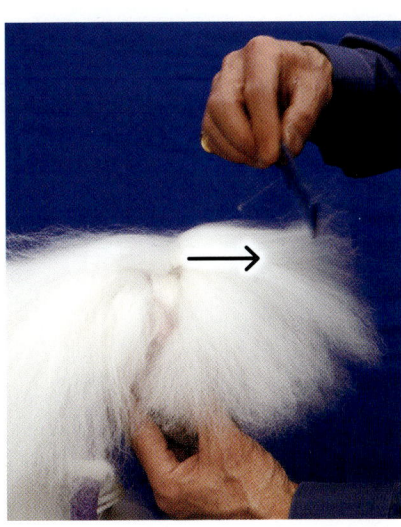

32 상단 뒤쪽(⑲~⑳으로 고무줄을 묶은 부분)의 털을 앞으로 젖혀서 골고루 펼치듯이 코밍해 줍니다.

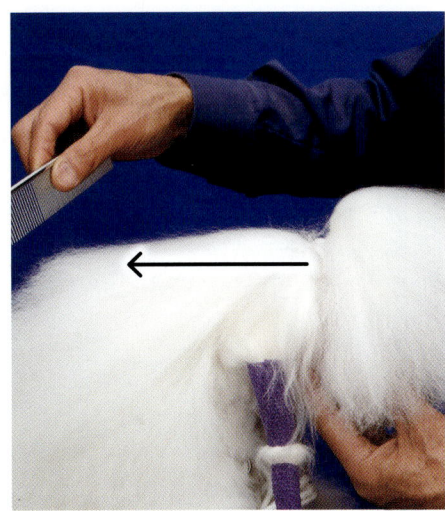

33 앞쪽으로 젖혀진 털의 뒤에 있는 털은 뒤를 향해 균일하게 펼쳐지도록 코밍하고 클립 등으로 가볍게 고정합니다.

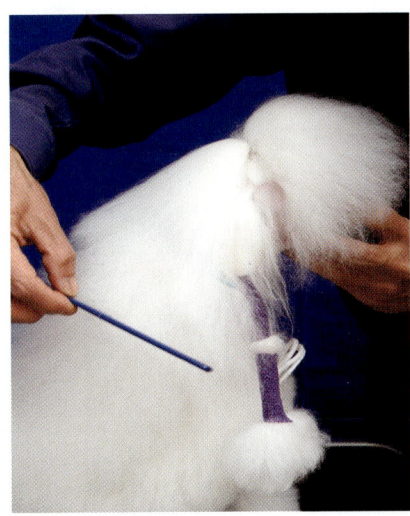

34 상단의 뒤쪽 털을 뒤쪽으로 돌려 부채 모양으로 펼치듯 코밍합니다.

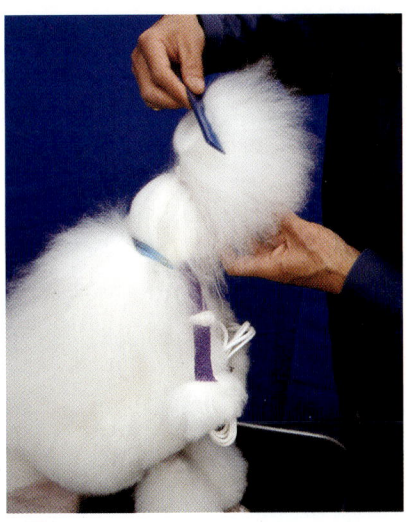

35 ㉚에서 세운 털 부분을 뒤에서 스타일링제를 뿌리고, ㉞를 앞쪽으로 향하게 부채꼴로 펴서 골고루 붙여줍니다.

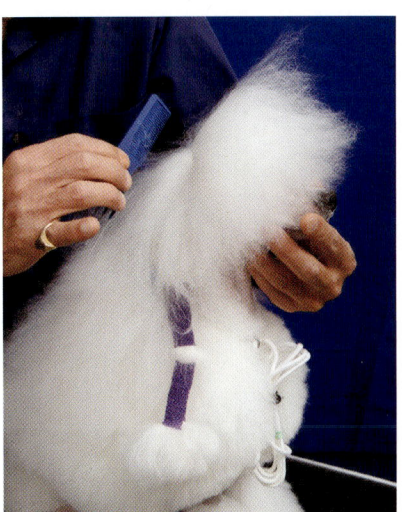

36 ㉟에서 다 붙지 않은 부분을 뒤쪽으로 부채 모양으로 펼치도록 코밍합니다.

Show Clip

127

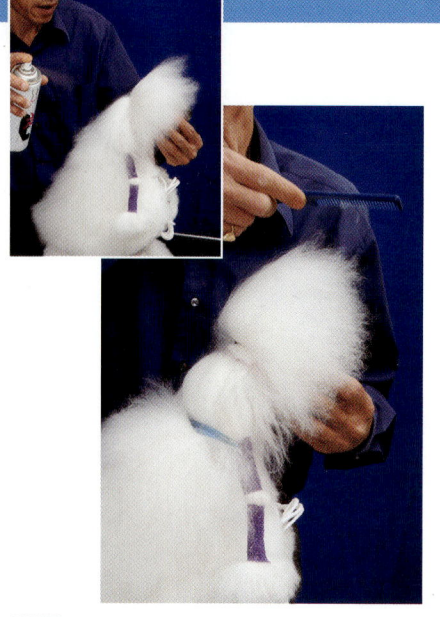

37 ㉟~㊱의 작업을 반복합니다.

38 ⑬의 가르마보다 뒤쪽은 꼬리빗으로 얇게 털을 나누고 일단 앞으로 향하여 코밍합니다.

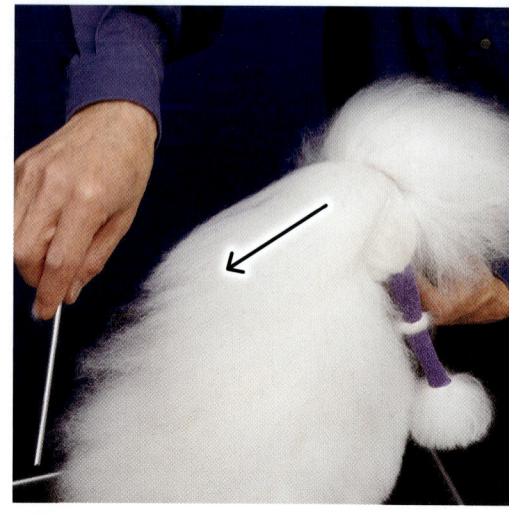

39 ㊳보다 뒷부분은 뒤쪽을 향하여 코밍하고 클립 등으로 가볍게 고정해 둡니다.

40 ㊳을 뒤쪽으로 붙여서 부채꼴로 펼쳐주고 ㉟~㊱과 같은 방법으로 앞쪽으로 붙여줍니다.

41 ㊵의 작업을 반복합니다. 후두부부터 뒤쪽은 '앞'이 아니라 '위'로 털을 세운다는 생각으로 붙여나갑니다.

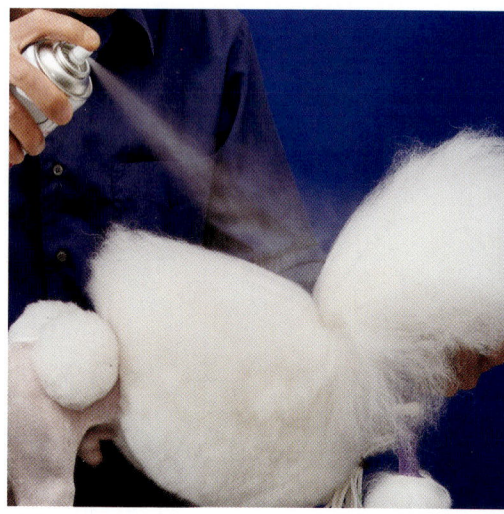

42 뒷부분일수록 털이 짧고 세우기 쉽기 때문에 스타일링제의 스프레이하는 양도 줄여 나갑니다.

43 털을 다 세운 모습

44 털끝에만 콤을 넣어서 털의 흐름을 가볍게 정리해줍니다.

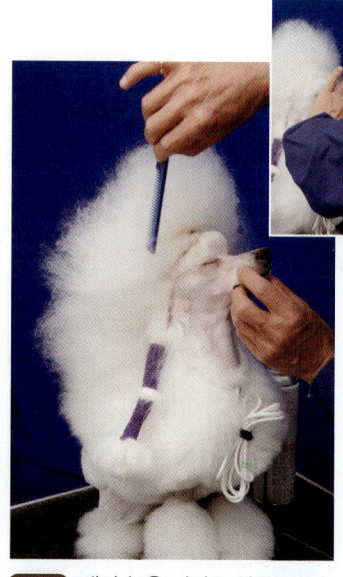

45 개의 눈을 가리고 앞부분부터 스타일링제를 뿌려서 앞쪽의 털을 더욱 확실하게 세워주면서 털의 흐름을 정리합니다.

# 푸들의 펫 클립

- 전통적인 펫 클립
- 테디베어 컷의 기본

Chapter 5

# 전통적인 펫 클립

푸들의 펫 클립은 테디베어컷(P132~)이 주류가 되고 있지만
클래식한 타입의 스타일도 기억해 둡니다.

### 램 클립(P50~)

베이직하고 친근한 스타일. 클리핑하는 곳은 얼굴, 발끝, 복부, 미근부만 해당되므로 피부 노출을 꺼려하는 견주에게도 추천하기 쉽습니다.

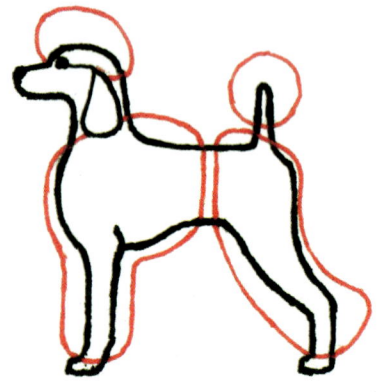

### 파자마 더치 클립(맨하탄 클립)

넥(목)과 웨이스트(허리) 부분을 클리핑한 스타일. 웨이스트의 밴드는 상부와 측면 모두 일직선으로 재킷과 긴 바지를 입은 듯하게 완성한 스타일입니다.

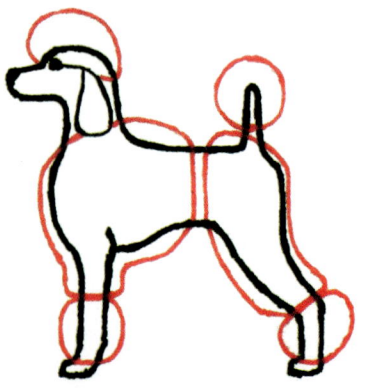

### 볼레로 맨하탄 클립

맨하탄 클립을 변형한 스타일. 램 클립이나 파자마 더치 클립 등으로 변형해서 만들 수 있습니다.

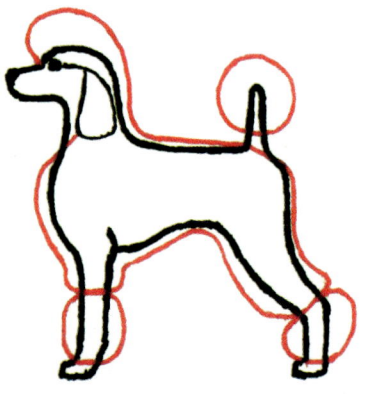

### 마이애미 클립

램 클립의 사지의 특징인 브레슬릿을 착용한 스타일. 브레슬릿을 돋보이게 하기 위해 바디는 어느 정도 짧게 자르기 때문에 경쾌한 인상을 주고 비교적 손질이 간단합니다.

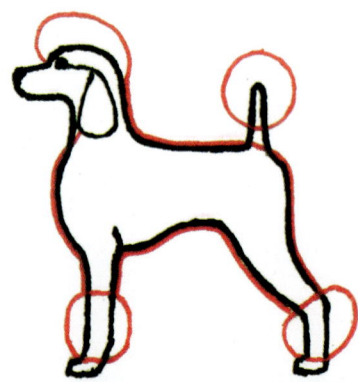

### 썸머 마이애미 클립

마이애미 클립을 바탕으로 머리, 귀, 브레슬릿, 꼬리에만 피모를 남기고 다른 부위를 클리핑한 스타일. 보다 캐주얼하고 가벼운 느낌을 줍니다.

### 스포팅 클립

네 다리는 굵게 만들고 몸을 짧게 클리핑한 스타일. 시원하고 관리하기 쉬운 점이 특징이다.

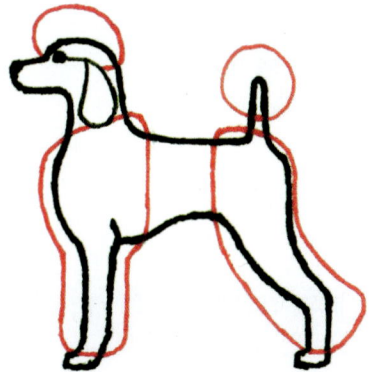

### 타운 & 컨트리 클립

더치 클립의 한 종류로 벨트를 굵게 맨 스타일. 네 다리에 피모를 남겨서 산뜻하고 시원한 분위기를 만들 수 있습니다.

### 만다린 클립

바디와 사지는 램 클립과 마찬가지로 커트. 목걸이를 빼고 넥라인을 보여준 스타일입니다.

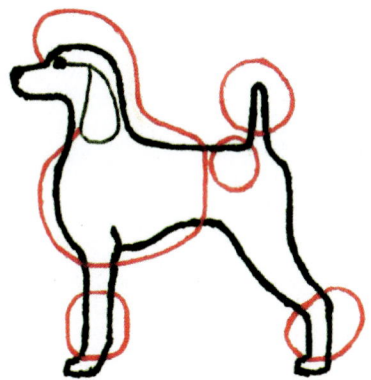

### 퍼스트 콘티넨탈 클립

콘티넨탈 클립(P74~)을 펫의 느낌으로 변형한 스타일. 두부는 둥글게 커트하여 크라운을 만듭니다. 목 둘레를 클리핑하는 버전도 있습니다.

### 할리우드 클립

후구는 잉글리시 새들 클립(P86~)과 비슷하게 커트. 전지에는 브레슬릿, 두부는 크라운을 만드는 스타일입니다.

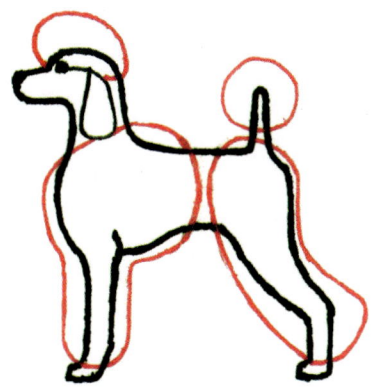

### 스위트하트 클립

### 로열 더치 클립

동시에 파자마 더치 클립을 베이스로 한 스타일. 벨트의 등선에 가위집을 내는 것으로 측면에서 봤을 때 밴드의 폭은 넓고, 곡선으로 보이게 만듭니다. 위에서 봤을 때 스위트하트 클립은 전구도 후구도 하트형으로 보입니다. 로열 더치 클립은 흉추를 따라 채널을 넣어서 십자(크로스라인)가 생기게 합니다. 측면은 스위트하트 클립과 같습니다.

### 스위트하트 클립(위에서 봤을 때)

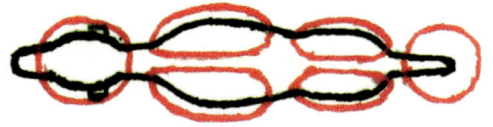

### 로열 더치 클립(위에서 봤을 때)

*Pet Clip*

# 테디베어 컷의 기본

이제는 푸들의 펫 커트라고 하면 대부분 테디베어!
여러 가지 종류가 있지만, 여기에서는 가장 기본적인 패턴으로 설명합니다.

*Teddy Bear Cut*

> 더 자세히! **P70~** 발 클리핑 포인트

> 발 미용을 하지 않고 마무리하고 싶은 경우 → P141로!

*before*

이전에 한 트리밍으로부터 1개월 후

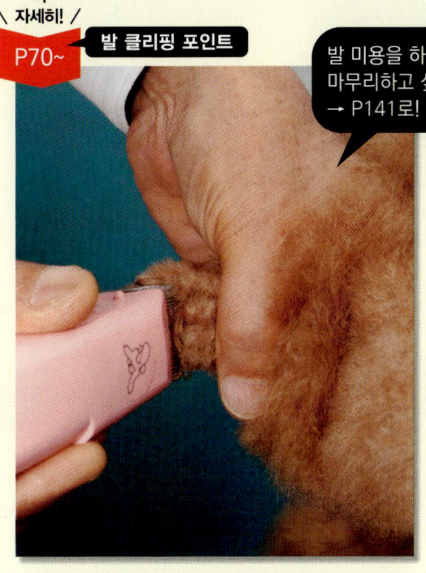

**1** 네 다리의 발 주위를 클리핑합니다. 패드 라인(발목이 휘어지는 부분)까지 똑바로 역클리핑하고 발바닥 털도 제거합니다.

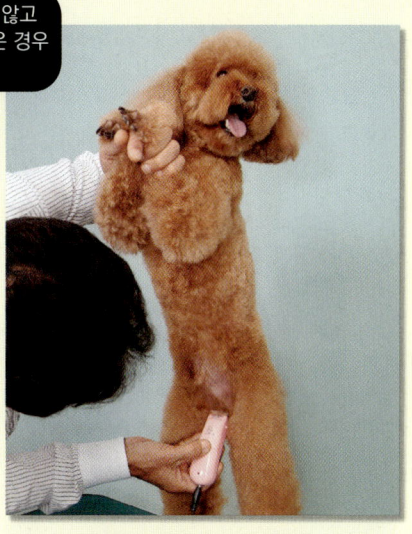

**2** 복부를 밀어줍니다. 모델견은 수컷이므로 서혜부로부터 역클리핑, 배꼽보다 조금 더 위로 역V자형으로 연결합니다.

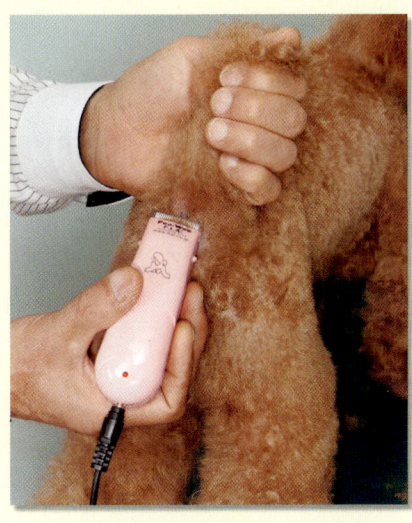

**3** 항문 주위를 밀어줍니다. 더러워지기 쉬운 부분의 털을 제거하지만, 폼폼을 미근부로부터 만들어야 하기 때문에 항문보다 위쪽의 털을 너무 많이 제거하지 않도록 합니다.

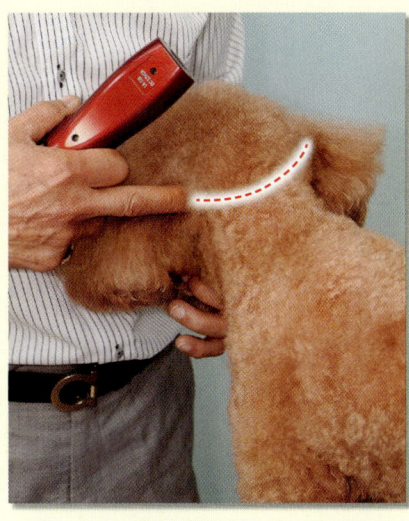

**4** 5mm 날을 장착한 클리퍼로 목 뒤쪽에서부터 클리핑합니다. 머리와 목을 나누는 라인은 양쪽 귀의 뒤쪽 끝부분을 둥글게 이어지도록 만듭니다.

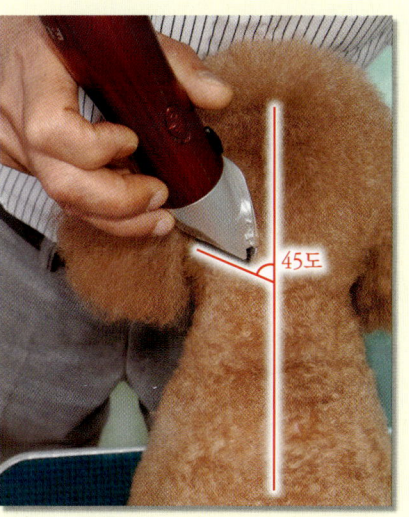

**5** 귀 뒤쪽의 뿌리에 클리퍼의 모서리를 대고 흉추에 대해 45도 각도로 목의 측면을 클리핑합니다.

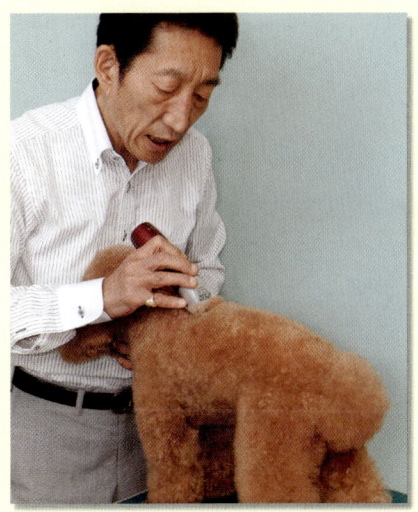

**6** ⑤ 사이에 남은 털은 클리퍼 날을 흉추에 직각으로 대고 평행으로 밀면서 나갑니다.

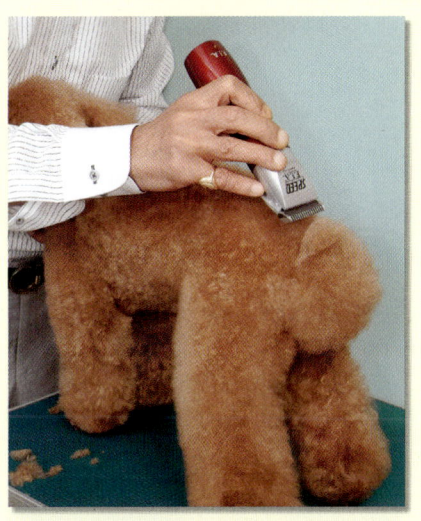

**7** ⑥과 연결하여 등선을 밀어줍니다. 미근부까지 똑바로 밀어줍니다.

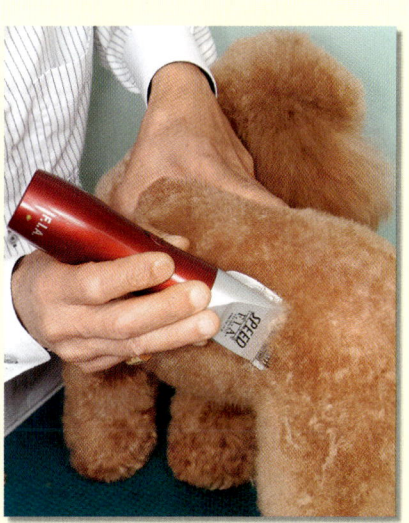

**8** 세운 것을 바꾸지 않고 ⑦부터 계속해서 중구의 왼쪽 측면을 나란히 클리핑합니다. 클리퍼의 날 끝으로 피부가 밀려나지 않도록 반대의 손으로 개의 몸을 가볍게 누르면서 작업합니다.

Pet Clip

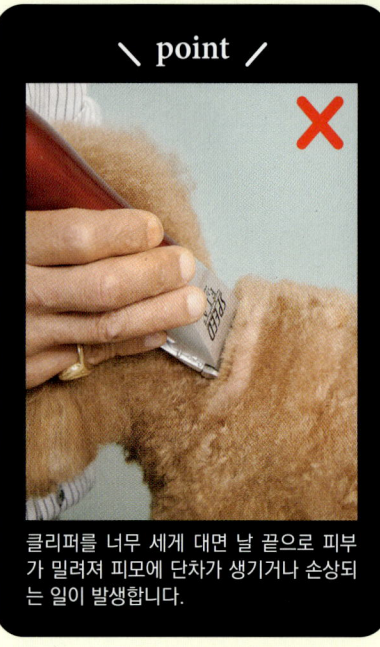

\ point /

클리퍼를 너무 세게 대면 날 끝으로 피부가 밀려져 피모에 단차가 생기거나 손상되는 일이 발생합니다.

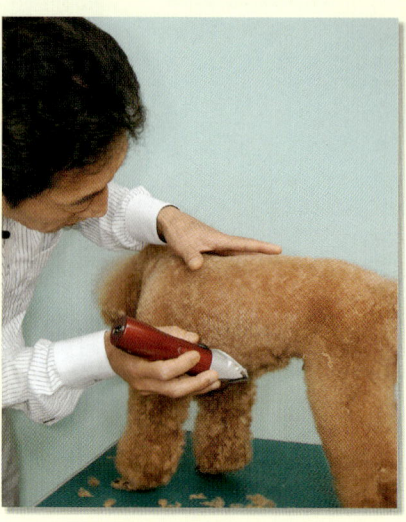

**9** 몸통 하부는 클리퍼가 무리없이 들어가는 곳까지 몸의 측면부터 시작하여 계속해서 밀어줍니다.

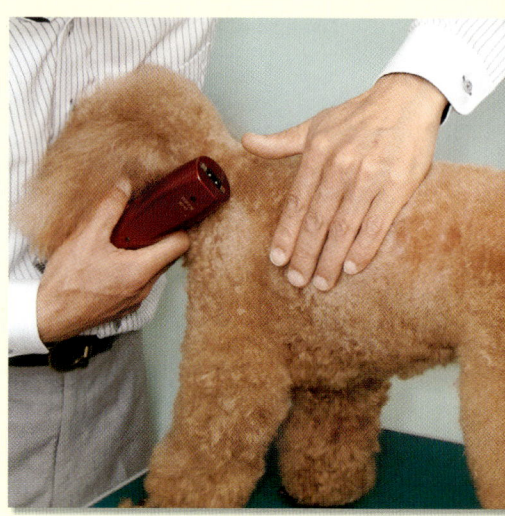

**10** 클리핑 한 부분의 털을 손으로 가볍게 세우고 다시 밀어주어 클리핑한 면을 정리합니다.

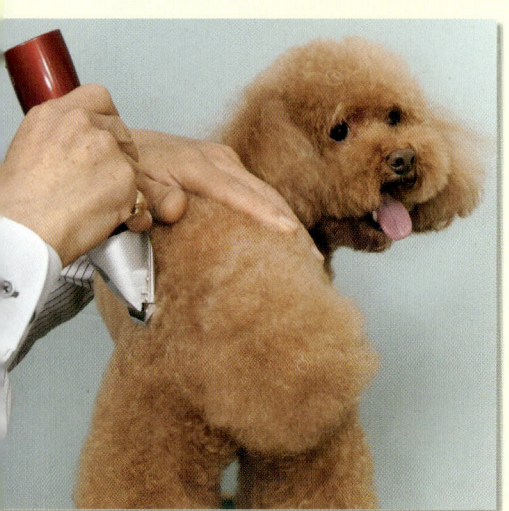

**11** 왼쪽의 대퇴부를 클리핑합니다. 개의 옆으로 이동하여 미는 부분과 같은 높이로 시선을 낮춥니다.

**12** 클리퍼는 흉추와 평행하게 대고 그 각도를 유지한 채 대퇴부 근육이 끝나는 지점까지 클리핑합니다. 클리핑이 끝나는 부분에서 날 끝을 앞쪽으로 띄웁니다.

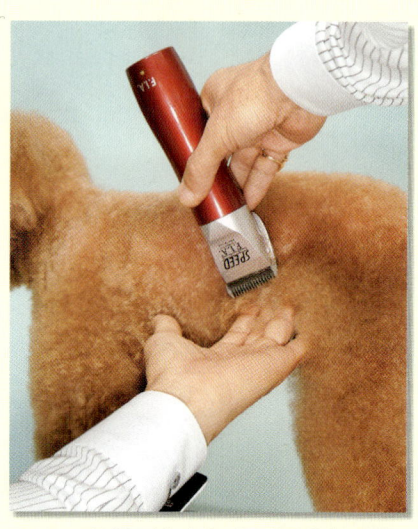

**13** 턱업을 깎습니다. 피부가 얇은 부분이므로 뒤에서 손을 대고 나란히 클리핑합니다.

**14** 전구의 왼쪽 측면을 깎습니다. 목 아래의 부근에서 클리핑하고 엘보보다 조금 위에서 앞쪽으로 날을 띄웁니다.

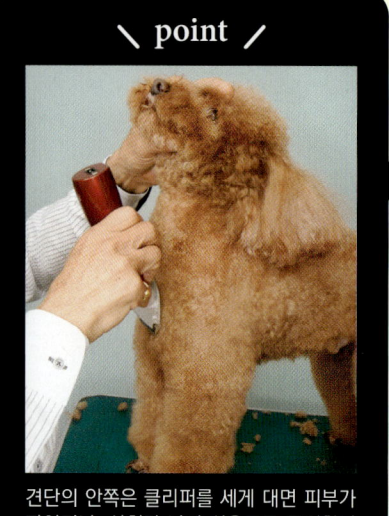

\ point /

견단의 안쪽은 클리퍼를 세게 대면 피부가 파이거나, 상처가 나기 쉬우므로 주의합니다. 눈높이를 낮춰 미는 곳을 보면서 작업합니다.

**15** 목~앞가슴을 밀어줍니다. 귀를 들어서 누르고, ⑤의 클리핑라인 앞을 목 아래에서부터 밀어줍니다.

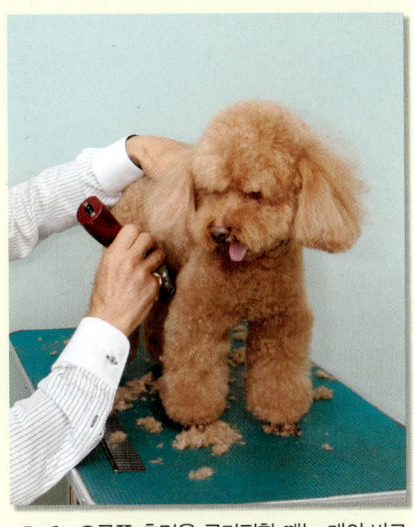

**16** 오른쪽 측면을 클리핑할 때는 개의 바로 옆에 서서, ⑧~⑭와 같이 작업합니다.

**17** 오른쪽 대퇴부는 클리핑을 특히 꼼꼼하게, 가위를 사용할 경우에는 모류와는 반대방향으로 날을 대게 되어 날 자국이 남기 쉬우므로 가능한 한 클리퍼로 완성하도록 합니다.

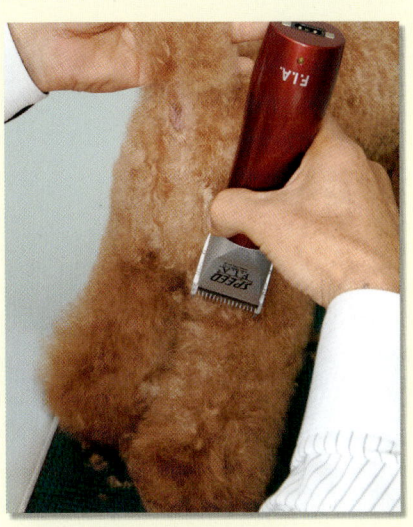

**18** 엉덩이를 밀어줍니다. 미근부부터 밀기 시작하여 대퇴부에 연결합니다.

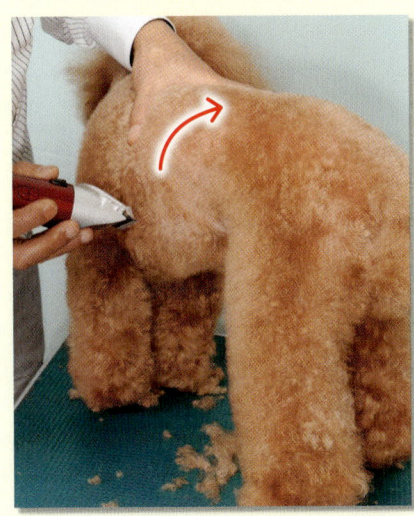

**19** 몸통의 아래쪽을 밀어줍니다. 왼손으로 피부를 위로 끌어올리듯이 하면서 몸통 측면부터 계속하여 여러 번 클리핑합니다.

가위는 클리핑라인의 1㎜ 아래에 댈 생각으로

**20** 커브가위로 발 주위를 커트합니다. 발끝의 털을 코밍하고 가위를 테이블 면과 평행으로 대고 발 주위를 빙 둘러 커트합니다.

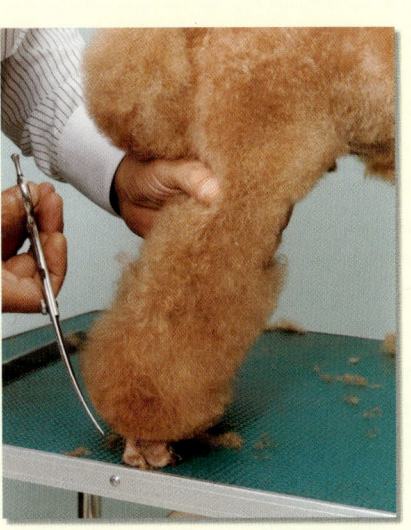

**21** 커브가위로 풋라인의 뒤쪽을 커트합니다. 패드의 뒤에서 테이블 면과 45도 각도로 둥근 모양으로 올려서 커트합니다.

\ point /

다리가 테이블에 바짝 붙지않을 정도로

풋라인의 앞쪽을 자를 때는 지골 관절의 튀어나온 부분에 상처를 내기 쉬워집니다. 다리를 가볍게 들어올리면서 보정합니다.

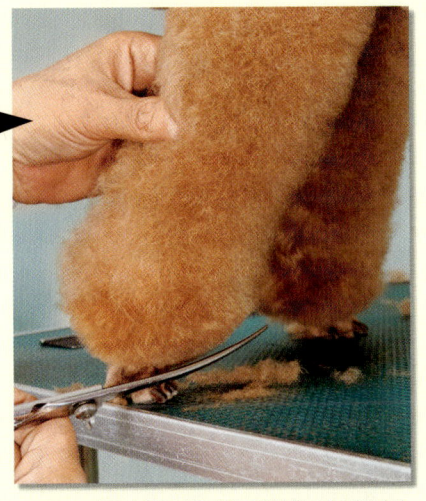

**22** 커브가위로 풋라인 앞쪽을 커트합니다. 측면에서 봤을 때 ㉑과 직각으로 교차하는 지점에 둥근 모양이 연결되도록 커트합니다.

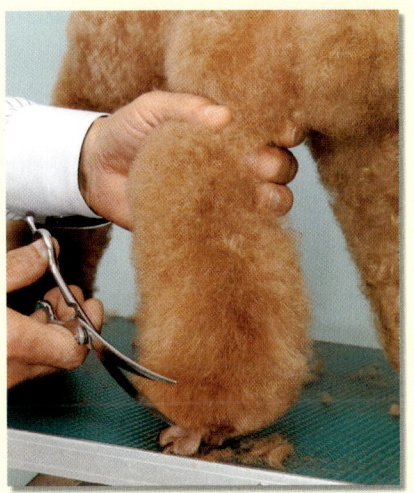

**23** 커브가위로 풋라인의 안쪽, 바깥쪽을 커트합니다. 완성 시 다리의 굵기 등도 고려하면서 둥근 모양으로 적당하게 연결되도록 커트합니다.

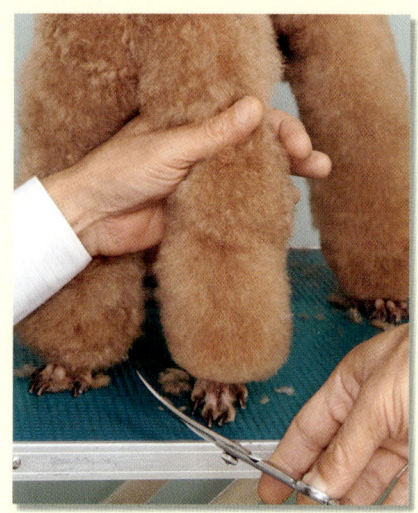

**24** 앞다리의 풋라인도 커브가위로 ⑳~㉓과 마찬가지로 커트합니다.

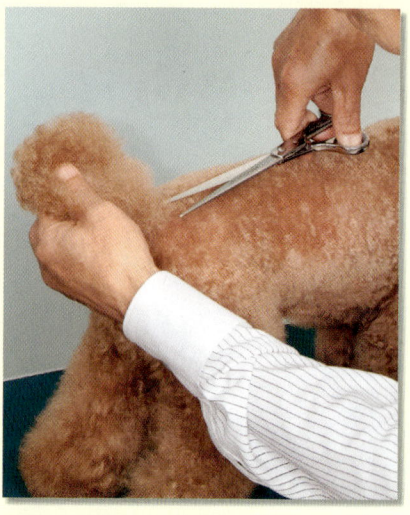

**25** 몸통을 커트합니다. 미근부~등선이 연결되도록 커트합니다.

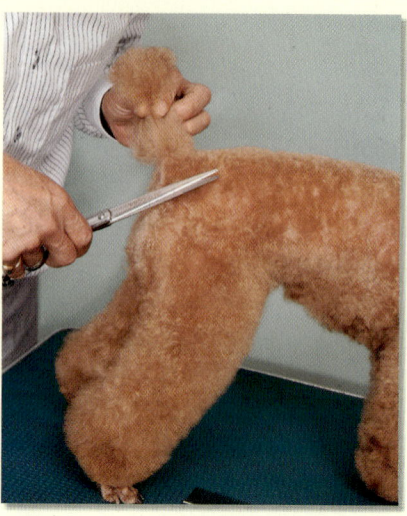

**26** 미근부 양쪽을 테이블 면과 30도 기준으로 커트합니다.

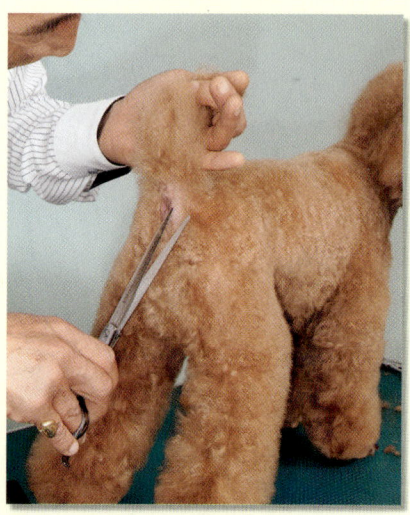

**27** 항문 주위의 클리핑라인을 덮는 털을 커트합니다.

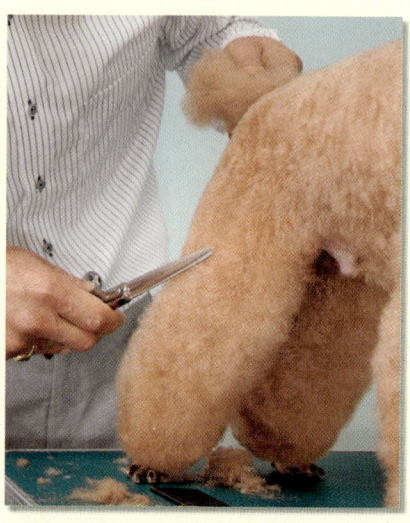

**28** 몸통을 커트합니다. 클리핑 한 부분의 아웃라인만 다듬는다는 생각으로 가위를 넣어줍니다.

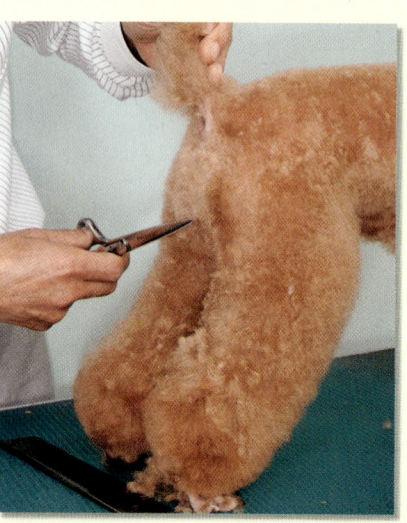

**29** 엉덩이와 후지의 끝부분을 자연스럽게 연결합니다. ㉖의 끝에서부터 앵귤레이션이 시작되는 포인트의 근처까지 테이블 면과 수직으로 커트합니다.

> 오른쪽 허벅지의 클리퍼로 만든 면에는 가능한 한 가위를 넣지 않습니다(⑰ 참조).

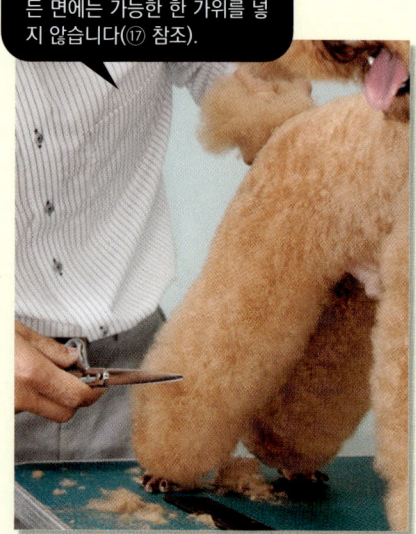

**30** 후지 바깥쪽을 커트합니다. 테이블 면과 수직선에 대해 10도 정도 아래가 벌어지며 평평한 면을 만듭니다.

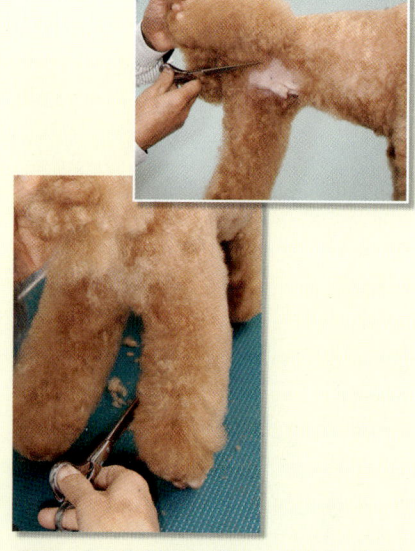

**31** 후지를 한쪽씩 올리고 서혜부~대퇴를 커트. 이어서 풋라인까지 10도 정도 벌어지며 평평한 면을 만듭니다.

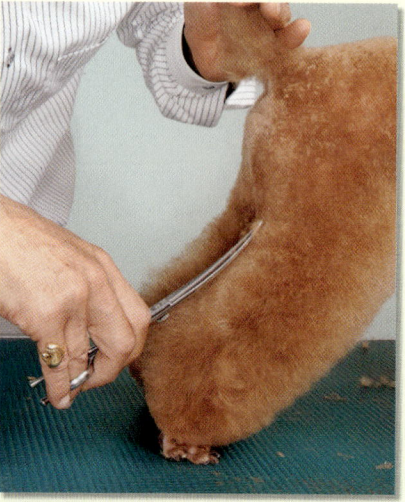

**32** 후지 뒤쪽을 커트합니다. 비절~앵귤레이션이 시작되는 포인트 근처를 연결하도록 커트하고, 바깥쪽, 안쪽 면에서 생긴 모서리를 제거합니다(커브 가위).

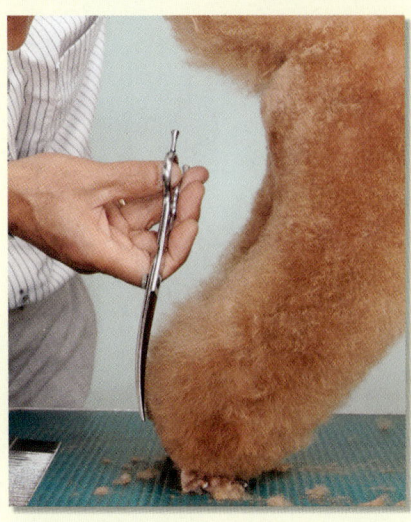

**33** 비절보다 아래는 커브가위로 테이블 면과 수직으로 커트합니다.

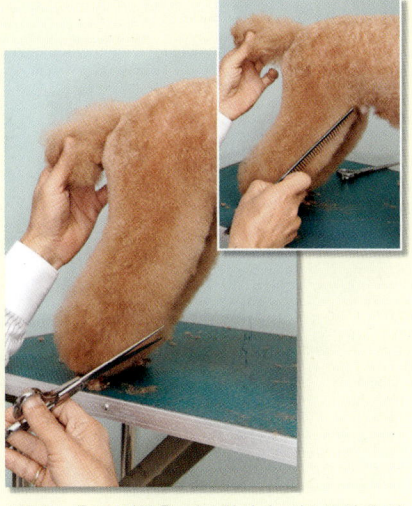

**34** 후지 앞쪽을 커트합니다. 비스듬하게 앞쪽으로 코밍하고, 풋라인에서 무릎까지 ㉜와 평행하게 커트합니다.

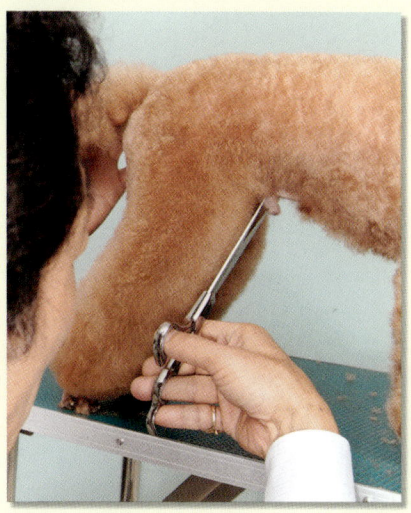

**35** 무릎보다 위는 가위를 약간 세워서 커트합니다. ㉞~㉟와 바깥쪽, 안쪽 면의 모서리를 제거합니다.

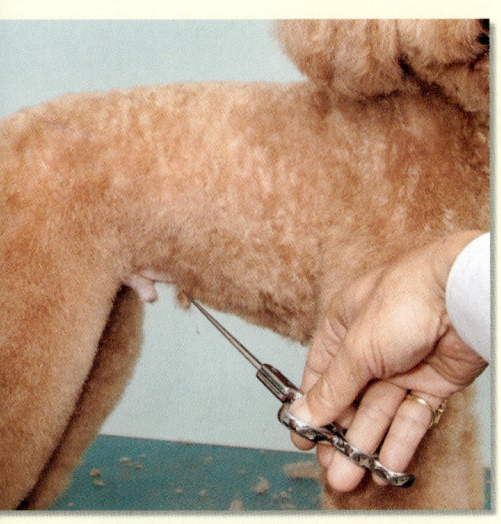

**36** 언더라인을 커트합니다. 몸통의 털을 코밍하여 커트합니다.

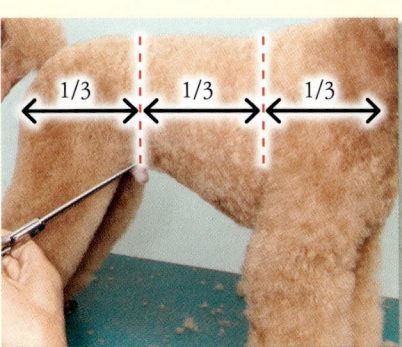

**37** 체장의 뒤에서 약 1/3의 지점에 턱업을 만듭니다. ㊱의 언더라인을 살짝 올려서 전지 앞쪽 라인과 연결되도록 합니다.

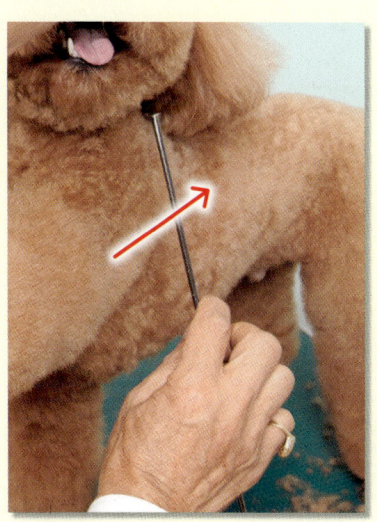

**38** 전지를 커트합니다. 다리의 털을 모류와 반대로 코밍하여 다리를 가볍게 흔들어 털을 정리해줍니다.

**39** 전지의 바깥쪽을 커트합니다. 몸통 측면의 클리핑 면에서 아래로 연결합니다. 가위는 흉추와 평행하게 들어가고 코밍~커트를 여러 번 반복합니다.

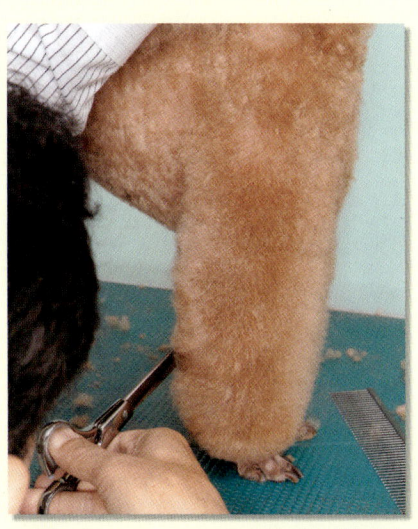

**40** 전지 뒤쪽, 앞쪽, 안쪽의 시작 지점~풋라인을 곧게 연결되도록 커트하고 각각의 면 사이에 생기는 모서리를 제거합니다.

**41** 앞가슴을 커트합니다. 아웃라인을 확인하면서 클리핑 면을 정리하고 몸통의 측면과의 모서리를 없애줍니다.

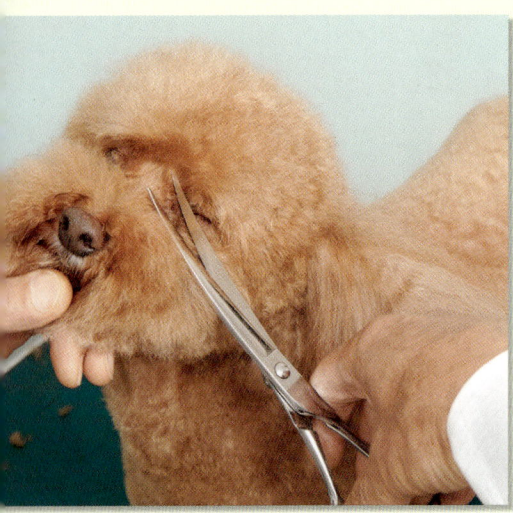

**42** 얼굴을 커트합니다. 눈시울의 털을 위로 향하게 코밍하고 커브가위로 눈에 띄는 털을 가위 끝으로 잘라줍니다.

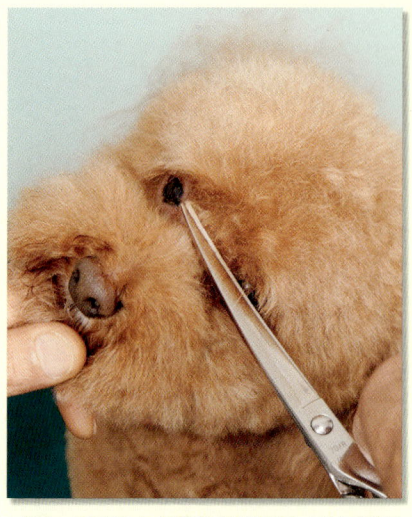

**43** 좌우의 눈시울을 연결하듯 커브가위로 스톱을 커트합니다.

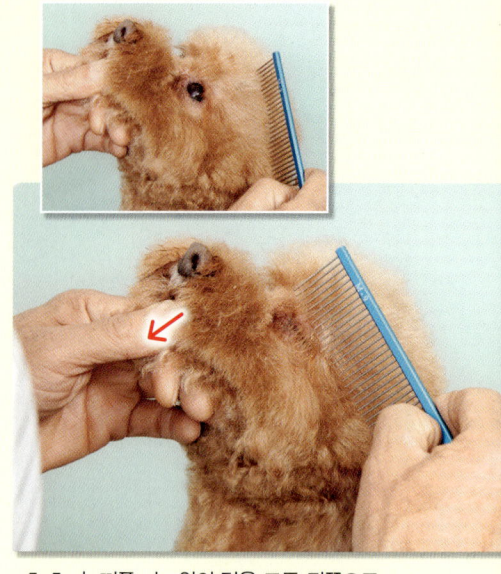

**44** 눈꺼풀~눈 위의 털을 모두 뒤쪽으로 코밍하고 눈꺼풀 털만 내려줍니다.

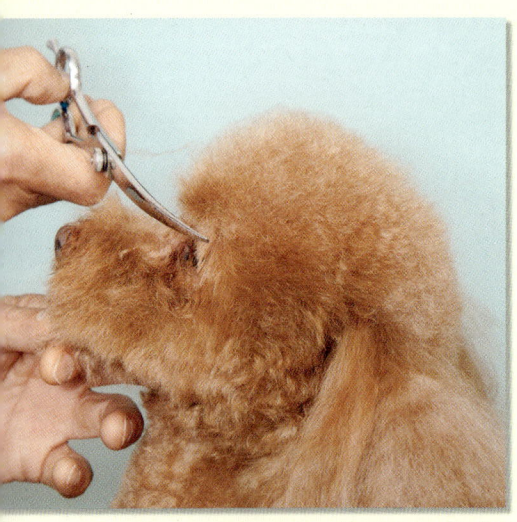

**45** 커브가위로 눈에 보이는 털을 커트합니다. 가위는 테이블 면과의 수직선에서 20도 정도 앞으로 기울여 커트합니다.

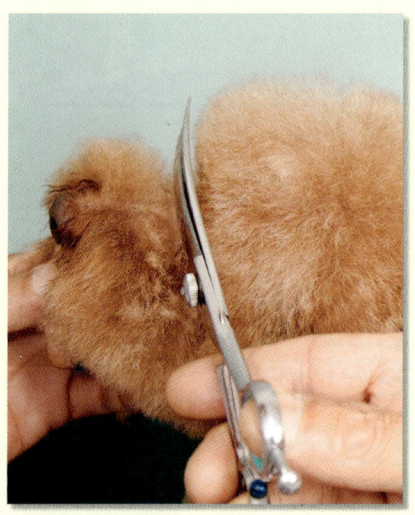

**46** 눈 위의 털을 앞쪽으로 코밍하고 머리 앞쪽을 커브가위로 똑바로 커트. 가위는 테이블 면과 수직으로 맞춥니다.

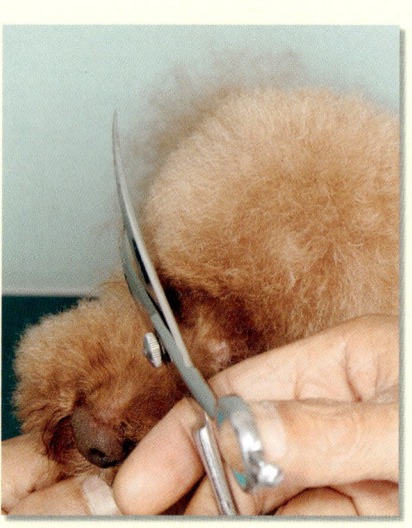

**47** 위에서 봤을 때 커브가위로 ㊻의 좌우를 비스듬히 커트합니다. 가위는 테이블 면과 수직으로 맞춥니다.

**48** 머즐의 털을 코밍하여 방사상으로 펼칩니다.

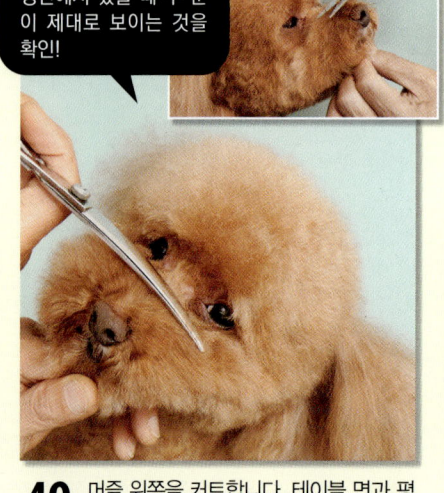

정면에서 봤을 때 두 눈이 제대로 보이는 것을 확인!

**49** 머즐 위쪽을 커트합니다. 테이블 면과 평행한 각도를 기준으로 커브가위로 약간 둥글게 연결하면서 커트합니다.

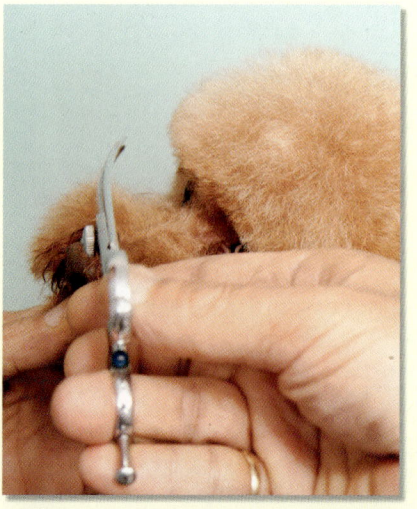

**50** 비경의 뒤쪽의 털을 앞으로 향하게 하여 코밍 후, 짧게 커트합니다.

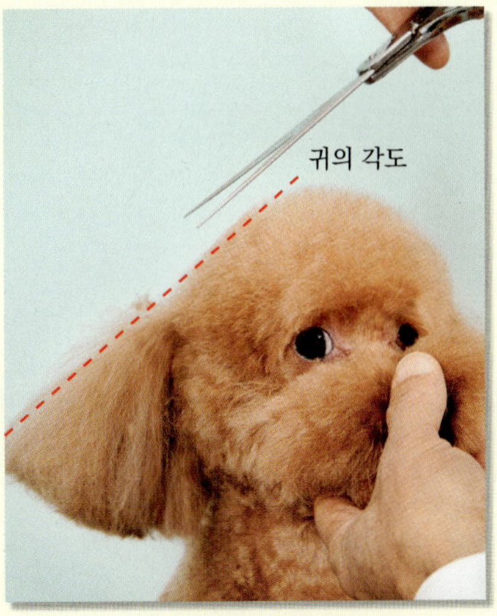


**51** 두정부(정수리)의 털을 세우면서 코밍. 앞쪽에서 보면서 귀의 각도에 맞춰서 머리의 양 측면을 커트합니다.

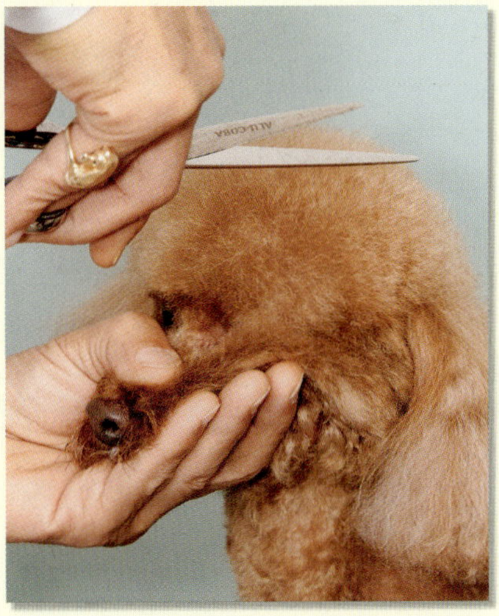

**52** 먼저 ⑤①을 정수리와 둥글게 연결합니다.

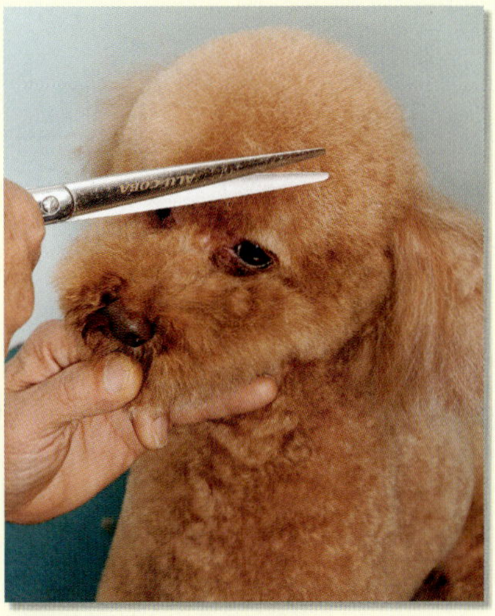

**53** 정수리의 털을 앞쪽으로 코밍하여 ④⑥과 ⑤①의 모서리를 제거해줍니다.

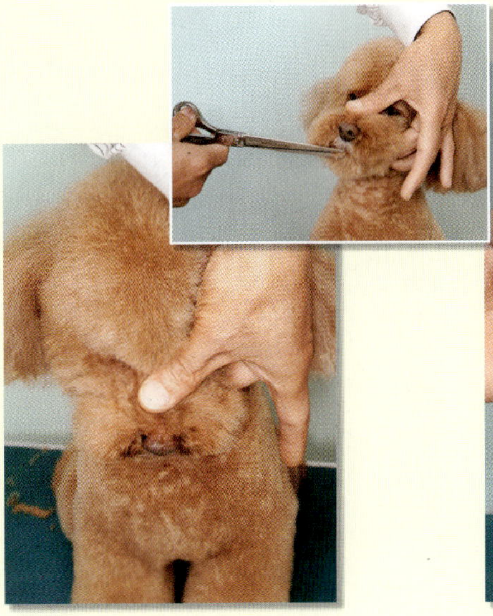

**54** 입술 끝의 털을 긁어내 듯 코밍한 후 비경 길이로 커트합니다.

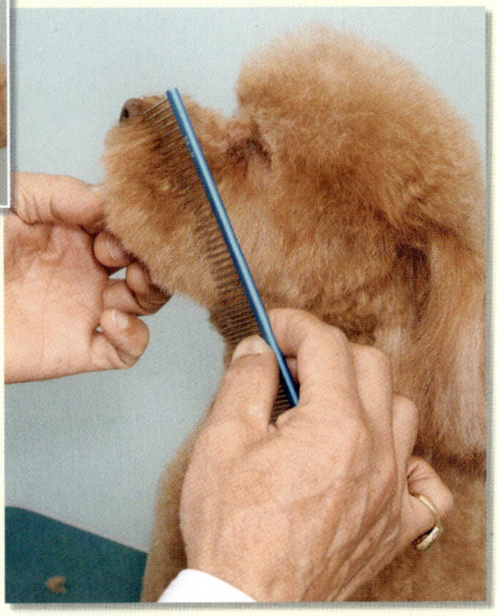

**55** 머즐을 비스듬하게 옆으로 돌려서 코밍한 후 볼 부분의 털을 아래로 코밍합니다.

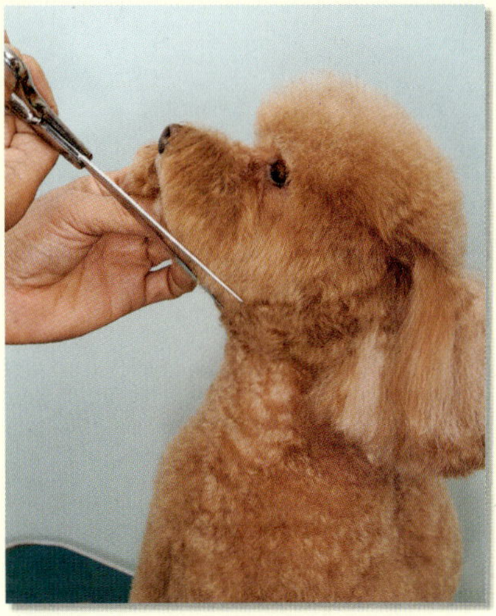

**56** 옆에서 봤을 때 코끝~목덜미까지 적당한 둥근 선으로 연결합니다.

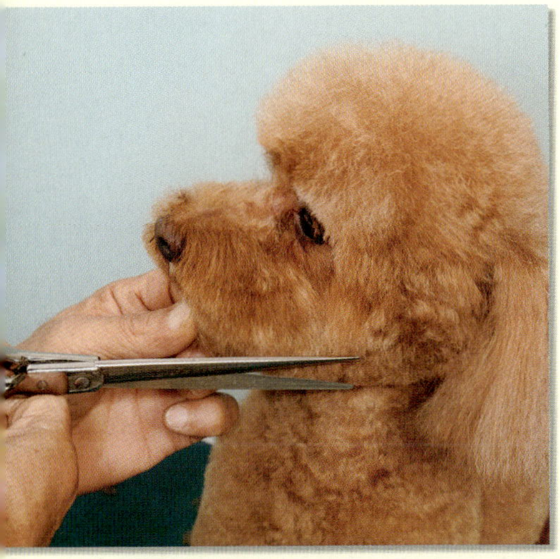

**57** 위에서 봤을 때 윤곽을 확실히 잡아줍니다. 머즐 부분은 털을 세우면서 코밍하여 둥글게 연결합니다.

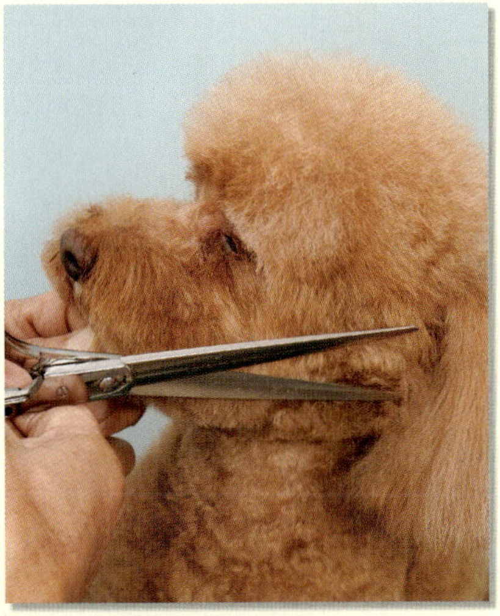

**58** 머즐 측면보다 뒤쪽은 둥글게 만들지 않고 평평하게 정리합니다.

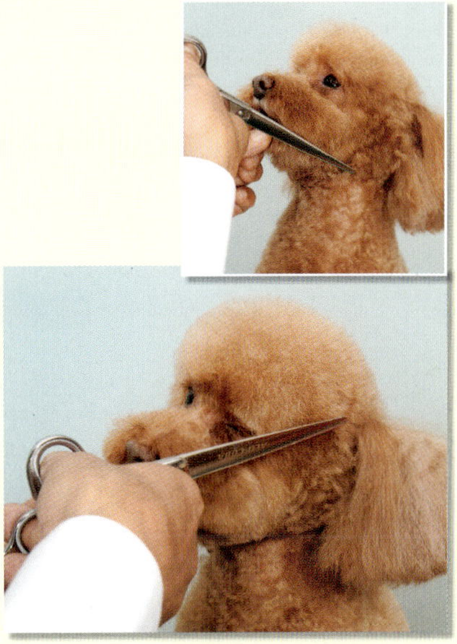

**59** ⑤⑥과 ⑤⑦, ⑤①과 ⑤⑧의 사이의 모서리를 제거합니다.

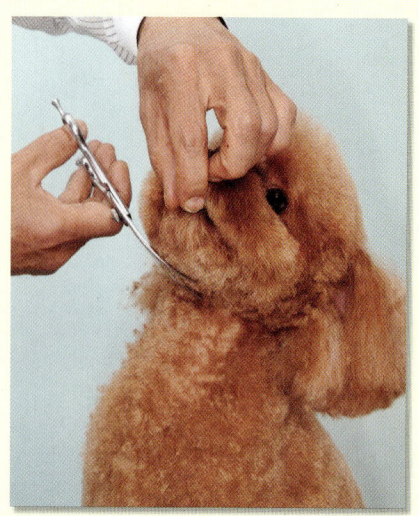

**60** 하악의 털을 앞쪽으로 내보내듯 코밍하고, 앞에서 보면서 좌우 윤곽을 하악으로 연결합니다.

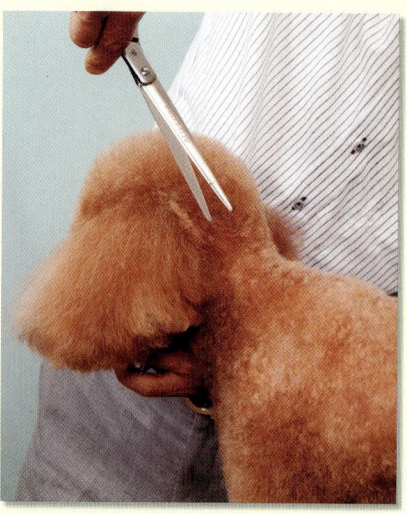

**61** 두정부~후두부를 정리해 줍니다. ⑤~⑥의 잘라주기 시작하면서 자연스럽게 연결되도록 후두부~귀 뒤쪽을 커트합니다.

**62** 귀를 커트합니다. 옆에서 봤을 때 귀 털의 끝을 테이블 면과 평행하게 커트합니다. 또한 앞뒤의 모서리를 없애줍니다.

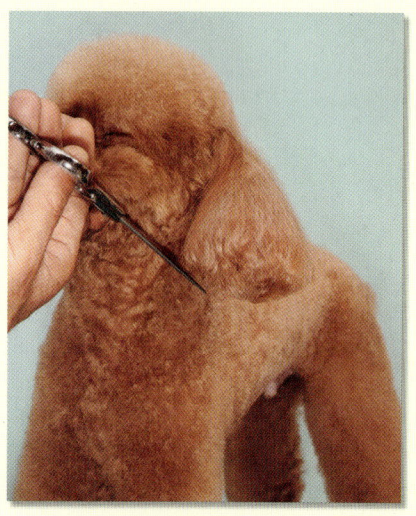

**63** 앞에서 보면서 바깥쪽과 안쪽 모서리를 둥글게 잘라줍니다.

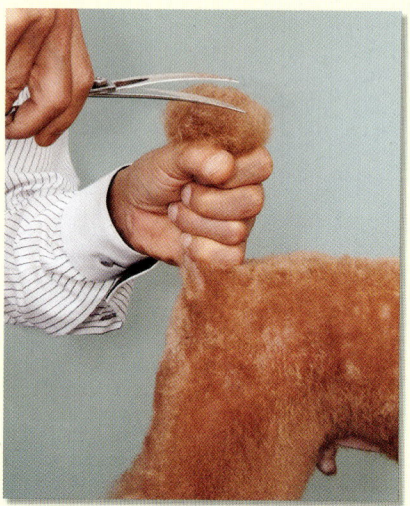

**64** 꼬리를 커트합니다. 꼬리의 털을 모아서 잡고, 커브가위로 털 끝부분을 커트합니다.

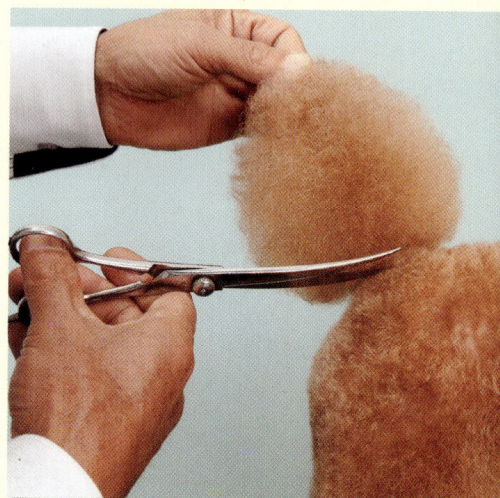

**65** 안쪽에서 바깥쪽으로 털을 꺼내듯이 코밍한 후, 꼬리의 뿌리를 따라서 커브가위로 빙 둘러서 커트합니다.

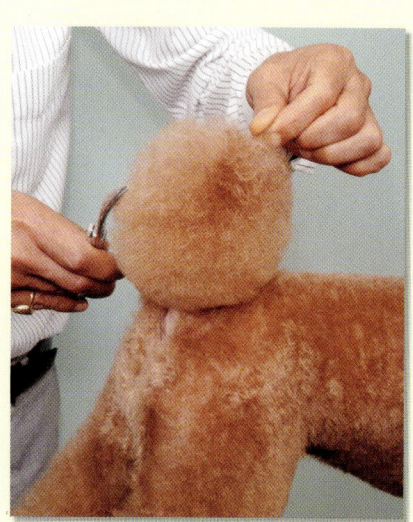

**66** 어느 면에서 봐도 둥글게 변하도록 커브가위로 폼폼 모양을 정리합니다.

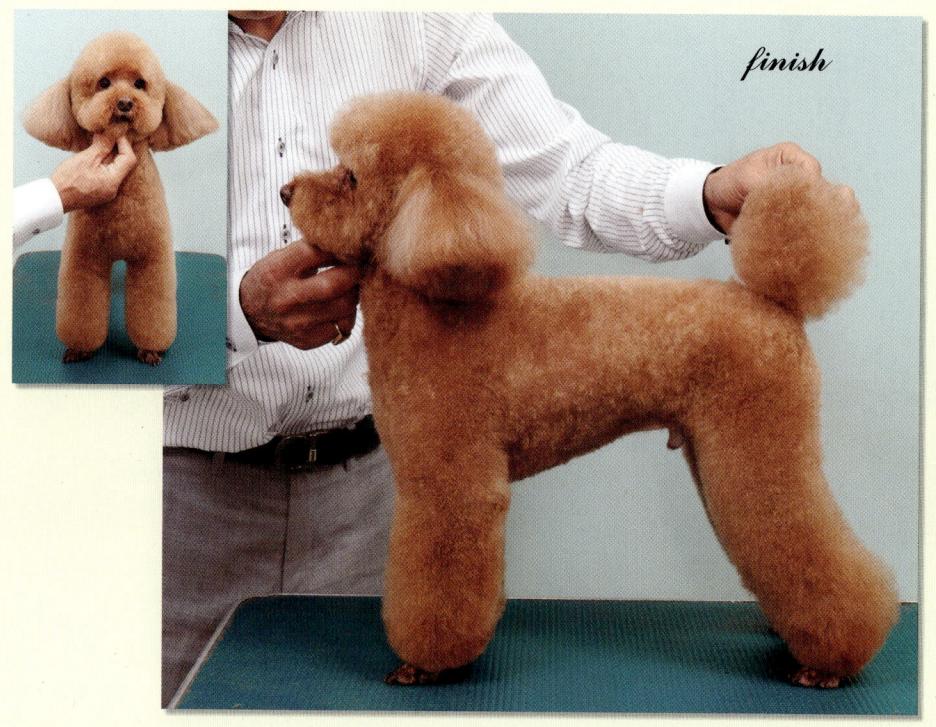

*finish*

*column*

## 발등 클리핑을 하지 않고 완성하고 싶을 때는……

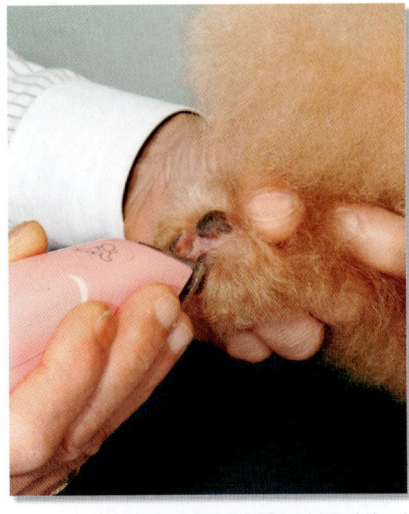

1 모든 다리의 발바닥 털을 밀어줍니다. 패드 사이의 털을 손가락으로 꺼내고 패드에서 빠져 나오는 털만 미니 클리퍼로 클리핑합니다.

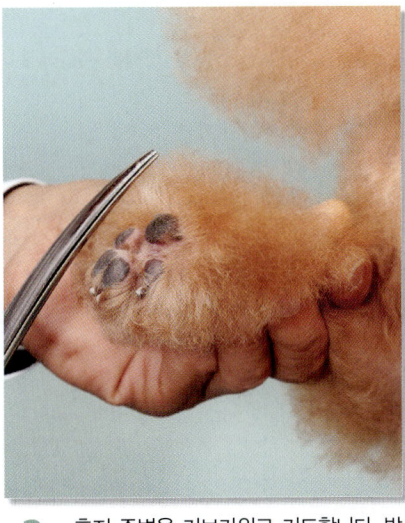

2 후지 주변을 커브가위로 커트합니다. 발 끝의 털을 코밍하고 패드의 둥근 라인에 맞춰서 가위를 대줍니다.

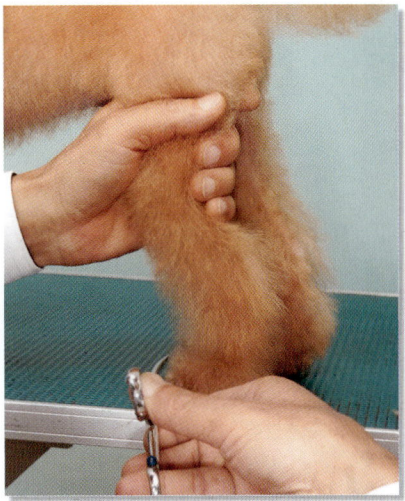

3 개를 세우고 커브가위로 발끝을 똑바로 커트합니다. 가위는 테이블 면과 수직으로 맞춥니다.

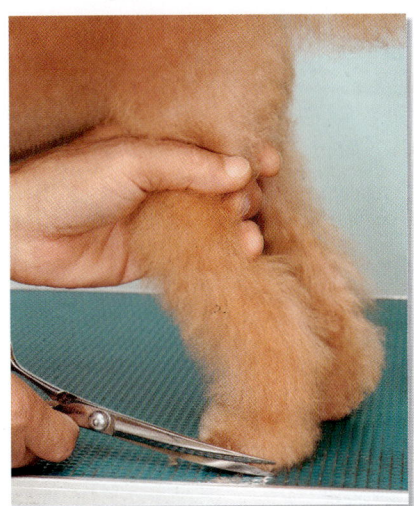

4 커브가위로 발의 바깥쪽을 커트합니다. 가위는 테이블 면과 수직으로 흉추와 평행하게 맞춥니다. ③과의 모서리를 제거합니다.

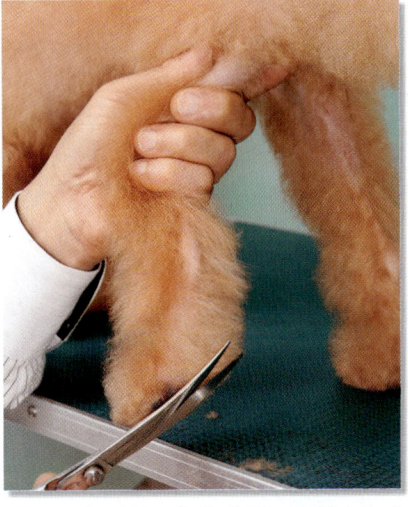

5 커브가위로 후지 뒤쪽을 커트합니다. 다리를 올려서 패드에 맞춰서 둥글게 커트하고 ④와의 모서리를 제거합니다.

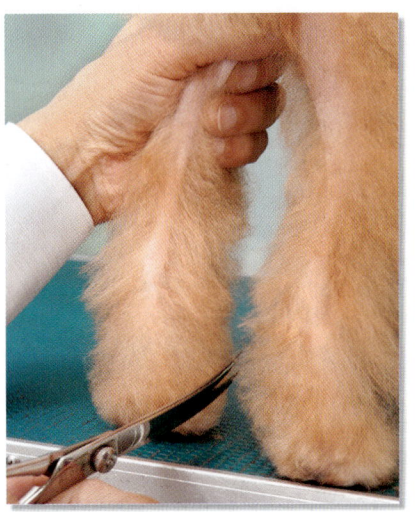

6 커브가위로 발의 안쪽을 커트합니다. 가위는 테이블 면과 수직으로 흉추와 평행하게 맞춥니다. ③, ⑤와의 모서리를 제거합니다.

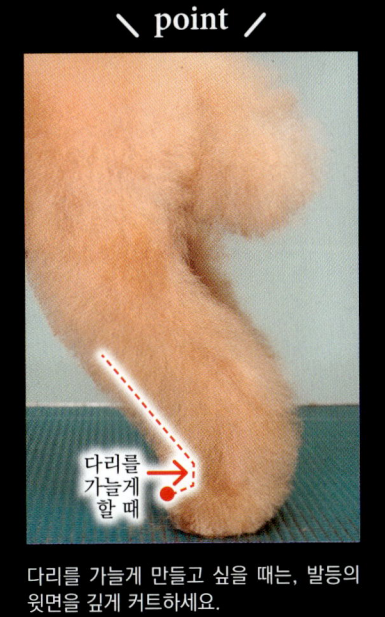

\ point /

다리를 가늘게 만들고 싶을 때는, 발등의 윗면을 깊게 커트하세요.

7 ③에서 자른 부분과 발등의 윗면의 모서리를 커브가위로 커트합니다. 후지는 굵게 만들어야 하므로 발톱을 덮은 길이로 털을 남겨 발목의 모양이 잘 나타나지 않도록 합니다.

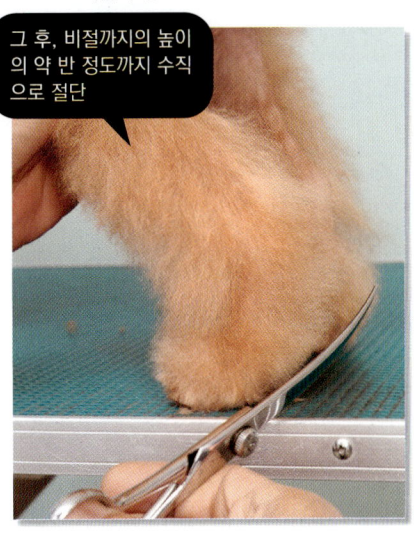

그 후, 비절까지의 높이의 약 반 정도까지 수직으로 절단

8 커브 가위로 풋라인의 뒤쪽을 커트합니다. 패드의 뒤에서 테이블 면과 45도로 하여 완성합니다.

※ 전지의 주변도 마찬가지로 작업합니다.

# 트리밍 용어 일람

| | | |
|---|---|---|
| **ㄱ** | 그루밍 | 개의 피모를 손질하는 모든 작업. 신체를 청결하게 하고 아름답게 유지하는 것을 목적으로 한다. |
| **ㄷ** | 더블코트 | 상모와 하모를 가진 견종의 피모. |
| | 데스코트 | 탈락기에 빠지는 털. 오래된 털, 죽은 털. |
| | 드라잉 | 드라이어를 사용하여 피모를 브러싱하면서 말리는 작업. |
| **ㄹ** | 라스트 리브 | 갈비뼈 맨 뒤의 작은 뼈. |
| | 랩핑 | 장모종의 피모 전체 또는 일부를 부분적으로 나누어 셋트페이퍼 등으로 감싸 고무줄로 고정시켜 보호하는 방법. |
| | 러프 | 목 주위의 길고 두꺼운 털. |
| | 러프코트 | 굵은 털이나 얇은 털이 불규칙하게 뒤섞인 털의 상태. |
| | 레이킹 | 나이프 등으로 데스코트를 긁어내는 작업. |
| | 로온 레그스 | 몸통이 길고, 다리가 짧은 체형. |
| | 로젯 | 허리에 좌우 1개씩 만드는 반구 형태의 부분. |
| | 롱 헤어드(롱코트) | 장모. |
| | 리어 브레슬릿 | 뒷다리에 만드는 팔찌 형태. |
| **ㅁ** | 메인 코트 | 콘티넨탈 클립이나 잉글리시 새들 클립으로 전구를 덮는 피모 부분. |
| **ㅂ** | 밴드 | 주로 더치 클립의 전후구를 구분하는 띠 모양의 선. |
| | 베이싱 | 샴푸 후 오염물을 제거하고 샤워로 충분히 헹구는 작업. |
| | 브레슬릿 | 푸들을 클리핑했을 때 다리 관절에 만드는 팔찌 같은 모양의 털. 잉글리시 새들 클립에서는 윗부분을 어퍼 브레슬릿, 아랫부분은 바텀 브레슬릿이라고 한다. |
| | 브로큰 헤어드(브로큰 코트) | 굵은 털의 일종. 서 있는 철사 모양의 피모. |
| | 블렌딩 | 코트의 긴 부분과 짧게 다듬은 부분이 자연스럽게 연결되도록 숱가위 등으로 라인을 자연스럽게 하는 기술. |
| | 비량(노즈 브릿지) | 스톱에서 코까지의 머즐 윗면. 콧날. |
| **ㅅ** | 셋업 | 이상적인 형태로 정리하는 것. 푸들의 쇼 클립에서 머리 부분을 정리할 때도 사용된다. |
| | 스무스 코트(스무스 헤어) | 촉감이 부드러운 단모. |
| | 스웨이백 | 등선이 아래로 내려간 등. |
| | 스웰 | 탑노트를 만들었을 때 만드는 볼륨. |
| | 스이닝 | 피모가 윗털과 아랫털이 연결되어 이중층(더블코트)으로 되어있지 않은 것. |
| | 스커트 | 장모견의 지표(땅의 표면)에 가까운 부분의 털 |
| | 스톱 | 스컬과 머즐 사이에 움푹 들어간 부분. |
| | 슬로프라인 | 후지의 완만한 선. |
| | 시저링 | 가위로 피모를 커트하는 작업. |
| | 실키코트 | 명주실처럼 부드럽고 가늘고 긴 털, 견상모. |
| | 싱글코트 | 하모(아랫털)이 없고 상모(윗털)만 피모를 가진 견종. |
| **ㅇ** | 아담스 애플 | 목젖. |
| | 아웃 오브 코트 | 환모기로 피모가 부족한 상태. |
| | 아웃라인 | 윤곽. |
| | 아이스테인 | 눈물이 흘러 내안각의 아래 털이 붉게 물든 상태. 눈물 자국. |
| | 애플 헤드 | 둥그스름한 사과 모양의 스컬(두개)를 말한다. |
| | 앵귤레이션 | 골격이 접합하는 각도. |
| | 언더코트 | 아랫털. 부드러운 솜털로 밀생하지만 견종에 따라 없는 것도 있다. |
| | 언더라인 | 옆에서 봤을 때 하흉부에서 하복부로 가는 라인. |
| | 에이프런(프릴) | 목부터 길게 앞가슴까지 연결되는 피모. |
| | 역클리핑 | 모류와 거꾸로 클리핑하는 작업. |
| | 오버코트(탑코트) | 상모, 피모의 볼륨이 많은 곳에도 사용. |

| | | |
|---|---|---|
| | 옥시풋 | 후두부. |
| | 와이어 헤어드(와이어 코트) | 상모는 강하고, 철사 모양의 모질을 말한다. |
| | 위스커 | 볼에 있는 수염. |
| | 이미지너리라인 | 마무리를 상정한 선. 푸들에서는 일반적으로 눈꼬리에서 귀 안쪽의 끝부분을 연결하는 선. |
| | 인덴테이션 | 눈과 눈 사이에 넣는 역V자 모양의 새김. |
| **ㅈ** | 자켓 | 더치클립의 상의 부분(전구부). |
| **ㅊ** | 촉모 | 접촉을 감지하는 감각모, 굵고 딱딱한 털. |
| | 치핑 | 피모 끝을 가위로 자르는 작업. |
| **ㅋ** | 카라라인 | 목둘레를 클리핑한 선. 일반적으로 기갑을 연결한 선. |
| | 캣풋(고양이 발) | 발가락이 모아진 아치 모양의 상태. |
| | 커플링 | 라스트 리브와 관골 사이의 몸통 부분. |
| | 케이프 | 목부터 어깨 끝을 감싸는 풍부한 피모. |
| | 코밍 | 빗을 사용해 털의 엉킴을 풀거나 털을 정돈하는 것. |
| | 코트 | 피모, 외모층, 하모층으로 이루어진 이중층(더블코트)이 일반적. 푸들은 싱글코트로 이루어짐. |
| | 큐롯 | 엉덩이 털이 좌우로 갈라져 볼륨감 있는 상태. |
| | 크라운 | 정수리 털, 관모, 두부의 장식털. |
| | 클리핑 | 클리퍼를 사용하여 피모를 깎는 작업. |
| | 키드니 패치 | 잉글리시 새들 클립에서 허리 부분에 만든 모양. |
| **ㅌ** | 탑노트 | 두정부의 긴 술모양의 장식털. 정수리에서 묶은 털. |
| | 탑라인 | 옆면을 봤을 때 옥시풋에서 꼬리 끝까지 개의 윗면의 아웃라인. |
| | 탑코트 | 바깥 털, 가장 바깥쪽에 있는 털. |
| | 탓셀 | 귀 끝에 모양을 내고 깎은 털. 귀 끝의 방모. |
| | 턱업 | 복부가 말려 올라간 부위. |
| | 테디베어 코트 | 얼굴 털을 클리퍼로 깎지 않은 스타일. |
| | 테일 세트 | 꼬리가 붙어있는 위치 또는 상태. |
| | 트리밍 | 견체 각부의 밸런스를 잡기 위해 플러킹, 클리핑 또는 시저링 등의 기법으로 피모를 정돈하는 작업. |
| **ㅍ** | 파팅라인 | 코트를 나누는 가르마 선. |
| | 패드 | 발바닥. 육구. |
| | 패스턴 | 앞다리의 수근 관절부터 발가락 부분까지의 중수골 부분. |
| | 퍼니싱 | 두부, 다리, 꼬리 등에 나 있는 긴 장식털. |
| | 퍼프 | 푸들을 클리핑할 때 앞다리에 남기는 동그란 털의 형태. |
| | 페더링 | 정수리, 귀, 다리의 뒤쪽 등에 있는 깃털 모양의 긴 장식털. |
| | 폴 | 얼굴에 덮이는 정수리 털. |
| | 폼폼 | 푸들의 꼬리 끝에 만드는 공 모양의 장식털. |
| | 프론트 브레슬릿 | 앞다리에 만드는 팔찌 모양의 형태. |
| | 프린지 | 장식모. |
| | 프릴 | 장식모, 특히 네 다리의 뒤쪽 장식모를 말한다. |
| | 플래그 | 삼각기처럼 늘어진 꼬리 모양. |
| **ㅎ** | 하이온 레그스 | 몸통이 짧고 다리가 긴 체형. |
| | 항문낭 | 항문 바로 아래 주머니. |
| | 힐패드 | 발바닥. 앞다리 발바닥 뒤꿈치 쪽. |

POODLE TRIMMING NO KYOKASHO  by Koichi Kaneko
Copyright © Koichi Kaneko, 2016
All rights reserved.
Original Japanese edition published by Midori Shobo Co.,Ltd.

Korean translation copyright © 2022 by BOOK PELITA
This Korean edition published by arrangement with Midori Shobo Co.,Ltd., Tokyo,
through HonnoKizuna, Inc., Tokyo, and BESTUN KOREA AGENCY

이 책의 한국어판 저작권은 일본 혼노키즈나 에이전시와 베스툰 코리아 에이전시를
통해 일본 저작권자와 독점 계약한 '북페리타'에 있습니다.
저작권법에 의해 한국 내에서 보호를 받는 저작물이므로
무단전재나 복제, 광전자 매체 수록 등을 금합니다.

# 푸들 트리밍 교과서

Midori Shobo Co.,Ltd

| | |
|---|---|
| **발행일** | 2022년 6월 20일 |
| **지은이** | 카네코 코이치(金子幸一) |
| **옮긴이** | 이민화 |
| **펴낸이** | 최민서 |
| **기획** | 추연민 |
| **책임 편집** | 신지항 |
| **펴낸곳** | (주)북페리타 |
| **등록** | 315-2013-000034호 |
| **주소** | 서울시 강서구 양천로 551-24 한화비즈메트로 2차 807호 |
| **대표전화** | 02-332-3923 |
| **팩시밀리** | 02-332-3928 |
| **이메일** | bookpelita@naver.com |
| **값** | 35,000원 |
| **ISBN** | 979-11-86355-14-5 (13490) |

본서의 무단 복제 행위를 금하며, 잘못된 책은 바꾸어 드립니다.

본서의 복사와 관련되는 복제, 상영, 양도, 공중 송신(송신 가능화를 포함한다)의 각 권리는 주식
회사 미도리쇼보가 관리의 위탁을 받고 있습니다.

---

| | |
|---|---|
| **발행소** | 주식회사 미도리쇼보(綠書房) |
| **편집** | 카와다 오에(川田央恵), 이토가 요코(糸賀蓉子), 야마다 리세(山田莉星) |
| **사진** | 오노토모미츠(小野智光) |
| **취재** | 야야구치 쿠미코(野口久美子), 『해피*트리머』 편집부 |
| **커버 본문 디자인** | quomodoDESIGN 미하시 리에코(三橋理恵子) |
| **본문DTP** | 명창당(明昌堂) |